KB194293

로드맵과 알파벳으로 푸는
A to Z 80일간의 신약일주 **1**

로드맵과 알파벳으로 푸는

A to Z 80일간의 신약일주 1

copyright ⓒ 한코북스 2012

초판 1쇄 인쇄 2012년 5월 16일
초판 1쇄 발행 2012년 5월 22일

지은이   권혁정
펴낸이   박경애

펴낸곳   한코북스
 등록   제 313-2012-101호(2012년 3월 29일)
 주소   서울시 마포구 공덕동 92-6, 201호
 전화   02-393-5705
 메일   luckykwonsa@hanmail.net
블로그   blog.naver.com/hancobooks

 총판   하늘물류센터(031-947-7777)
디자인   참디자인(02-3216-1085)

 ISBN   978-89-968836-1-6
        978-89-968836-0-9(세트)

| 로 드 맵 과 | 알 파 벳 으 로 | 푸 는 |

A to Z
80일간의 신약일주 ①

권혁정 지음

한코북스

추천의 글 1

권혁정 교수의 아이디어가 번뜩이는 신서(新書), 「A to Z 80일간의 신약 일주」의 출간을 진심으로 축하 드립니다.

이 책은 권 교수가 총신 성경 아카데미, 사이버 총신 등에서 평신도와 신학도에게 로드맵과 알파벳 A to Z를 활용하여 마태복음에서 요한계시록까지 신약 성경 27권 전체를 흥미진진하게 강의함으로써 호평을 받았던 내용들을 고스란히 책으로 담아낸 것입니다.

저자는 신약을 복음서(마태복음~요한복음), 역사서(사도행전), 서신서(로마서~유다서), 예언서(요한계시록)의 네 파트로 나눈 후, 각각의 책들의 제 1부에서는 전체를 이끌어 나가는 길 안내도를 제시했습니다. 그리고 이어서 2부에서는 그 제시된 로드맵(Road Map)에 따라 독자들이 신나는 알파벳 바이블 트래블(Bible Travel)을 할 수 있도록 했습니다.

이와 같이 전체 숲과 개개의 나무들을 동시에 볼 수 있는 균형 잡힌 접근법은 성경을 숙독하기 원하는 신앙인 누구에게나 유용할 것으로 믿어 의심치 않아 이 책을 기쁨 마음으로 적극 추천합니다.

총신대 총장
정일웅

추천의 글 2

 권혁정 박사님의 야심작 「로드맵과 알파벳으로 푸는 A to Z 80일간의 신약 일주」의 출판을 축하합니다.

 권 박사님은 학문의 양대 산맥이라 할 수 있는 유럽식 연구방식(남아공 프레토리아 대학 신학박사)과 북미식 연구 방식(미국 칼빈신학교 연구교수)을 두루 섭렵한 성경 전문가로서, 본서는 박사님이 제가 시무했던 두란노 바이블칼리지를 비롯해서 서울신학교, 칼빈신학교 등에서 알파벳과 로드맵을 이용해서 신약 성경을 쉽고 재미 있게 강의했던 내용들을 책으로 펴낸 것입니다.

 이 고전(古典) 「80일간의 세계일주」보다 훨씬 더 흥미진진한 「A to Z 80일간의 신약 일주」를 통해 독자 여러분 또한 두란노 바이블칼리지 수료자들이 경험했던 그 진한 감동을 만끽할 것이라고 확신합니다.

前 두란노 바이블칼리지 총괄국장

現 서번트리더십센터 대표

강문성

추천의 글 3

　김은호 목사님이 담임으로 시무하는 오륜교회에서 일년에 봄과 가을 두 차례 정기적으로 운영하고 있는 비전바이블칼리지는 자타가 인정하는 국내 최고의 성경 대학입니다. 이곳에서는 국내에서 내로라하는 Best 강사들을 초청하여 수준 높은 강의를 진행하고 있습니다.

　미국과 유럽 등지에서 오랜 기간 바이블을 연구한 권혁정 교수님은 저희 칼리지에 오셔서 로드맵과 알파벳 26자로 신약 성경 27권을 한 코에 꿰는 기막힌 비법을 제시함으로써 강의를 들은 수강자들에게 격찬을 받았습니다.

　이 책은 권 교수님이 그때 오륜교회에서 열강 했던 내용들을 액면 그대로 옮겨 놓은 것입니다. 현장 강의에 참석하지 못했던 분들은 본서를 통해서 오륜 바이블칼리지의 진수를 맛보는 귀한 시간이 될 것입니다.

오륜교회 비전바이블칼리지 총디렉터
여현구

◉ 바이블 로드맵을 알면 누구나 '경치 탈출' 할 수 있다

길 찾는 능력이 제로에 가까운 사람을 우리는 보통 '길치'라고 부릅니다.

하지만 자타가 공인하는 슈퍼 길치도 로드맵(현대식으로 말하면 '내비게이션')만 있으면 쉽게 '길치 탈출' 할 수 있습니다.

그런데 하나님의 말씀인 성경, 특히 신약 성경에도 로드맵이 그려져 있다는 사실을 아십니까?

저는 국내와 국외(미국, 중국, 남아공)에서 근 20년간 성경을 연구하고 가르치면서 마태복음에서 요한계시록까지 신약 스물 일곱 권에도 로드맵이 장착되어 있다는 사실을 알게 되었습니다. 따라서 제가 발견한 이 로드맵을 독자 여러분에게 소개해 드리고자 합니다.

이 책에 제시된 길 안내 지도를 따라 바이블 트래블을 하게 되면 비록 성경을 잠 못 이루는 불면의 밤에 수면제 대용으로 사용하는 사람일지라도 어렵지 않게 '경치 탈출' 할 수 있을 것입니다.

◉ 알파벳 A to Z로 '재미'와 '유익'의 두 토끼를 잡는다

신앙의 자유를 찾아 메이플라워 호에 몸을 싣고 신대륙 아메리카로 건너
온 청교도들은 자녀들에게 성경 이야기를 가르칠 때 알파벳과 결부시키는 지
혜를 발휘했습니다.

예를 들면, 'A'는 아브라함의 믿음(Abraham's Faith), 'B'는 '바벨탑 사건
(Babel Event),' 'C'는 '가인의 불순종(Cain's Disobedience),' 'D'는 '다윗의
승리(David's Victory)' ….

이런 식으로 알파벳을 통해 바이블을 배우면 최소한 두 가지 이점이 있습
니다. 첫째는 '흥미'가 유발됩니다. 'A'가 끝나면 'B'에서는 어떤 내용들이 전
개될지 호기심이 생깁니다. 자동적으로 궁금증이 발동합니다. 연속극의 다
음 편을 기대하듯이 저절로 그 다음 알파벳으로 눈이 가게 됩니다.

둘째는 '유익'합니다. 다 배운 후에 콩나물 시루에 물이 빠지듯 쑥 빠져나
가지 않고 남는 것이 있습니다. 알파벳만 기억해도 전체 내용이 파노라마처
럼 쭉 펼쳐집니다. 그야말로 성경을 체계적으로 한 코에 꿸 수가 있게 됩니
다. 이 책을 통해서 여러분들은 이러한 '재미'와 '유익'이라는 두 마리 토끼를
잡게 될 것입니다.

공덕동 서재에서 권혁정

목 차

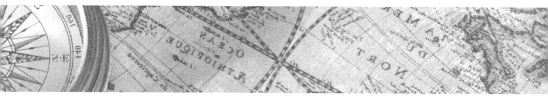

Part 1

신약 로드맵

마태복음부터 요한계시록까지 신약 성경 27권은 크게 네 파트, 즉 '복음서(마태복음~요한복음),' '역사서(사도행전),' '서신서(로마서~유다서),' '예언서(요한계시록)'로 이루어져 있습니다. 이 신약의 네 파트는 신기하게도 모두 맨 첫 장인 서론 부분에 '로드맵'을 장착하고 있습니다. 다시 말해서, 신약 기자들은 각 파트 제 1 장에 자신들이 글을 어떠한 방향으로 전개해 나갈 것인지를 미리 알려주는 길 안내 지도를 제시합니다.

복음서 로드맵

◎ 첫 장 어텐션!

마태복음부터 요한계시록까지 신약 성경 27권은 크게 네 파트로 되어 있습니다.

첫째 파트는 예수 그리스도의 사역과 교훈을 기록한 '복음서(마태복음~요한복음)'입니다. 둘째 파트는 그분의 제자들인 사도들의 활약상을 전하는 '역사서(사도행전)'입니다. 셋째 파트는 사도 바울의 편지로 대변되는 '서신서(로마서~유다서)'입니다. 그리고 마지막 파트는 사도 요한이 유배지 밧모 섬에서 반드시 속히 일어날 일들을 기록한 '예언서(요한계시록)'입니다.

이 신약의 네 부분은 신기하게도 모두 맨 첫 장인 서론 부분에 '로드맵'을 장착하고 있습니다. 다시 말해서, 신약 기자들은 각 파트 제 1 장에 자신들이 글을 어떠한 방향으로 전개해 나갈 것인지를 미리 알려주는 길 안내 지도를 제시합니다. 따라서 목차와 같은 역할을 하는 각 책들의 '제 1 장'을 세심히 관찰하는 것이 그 무엇보다도 중요합니다.

그러면 복음서의 첫 장은 어디입니까? '마태복음 1장'입니다. 역사서의 첫 장은 '사도행전 1장'입니다. 그리고 신약의 거의 대부분을 차지하는 서신서의 경우는 '각 편지들의 1장'입니다. 끝으로, 예언서의 첫 장은 '요한계시록 1장'입니다.

이 장들을 주목하십시오. 'Attention 제 1 장!!' 이 곳에 신약 성경을 여는 키(Key)가 숨겨져 있습니다. 이제부터 이러한 사실들을 하나씩 증명해 보이겠습니다.

● 엑사일(Exile)로부터 엑소더스(Exodus)

신약 성경을 시작하는 마태복음 1장은 예수 그리스도의 족보로부터 출발합니다. 그런데 이 족보 속에는 사복음서 전체를 여는 키워드가 숨겨져 있습니다. 하지만 이 핵심어는 "누가 누구를 낳고, 또 낳고, 또 낳고…"라는 다소 따분해 보이는(?) 구절의 반복 속에 파묻혀서 거의 주목받지 못한 채 간과되곤 합니다.

복음서를 이끌어가는 핵심 키워드는 바로 '바벨론으로 사로잡혀 갈 때'입니다. 이 어구는 25절 밖에 안 되는 마태복음 1장에서 무려 4번이나 반복됩니다.

"바벨론으로 사로잡혀 갈 때에 요시야는 여고냐와 그의 형제들을 낳으니라"(11절).

"바벨론으로 사로잡혀 간 후에 여고냐는 스알디엘을 낳고 스알디엘은 스룹바벨을 낳고"(12절).

"그런즉 모든 대 수가 아브라함부터 다윗까지 열네 대요 다윗부터 **바벨론으**

로 사로잡혀 갈 때까지 열네 대요 **바벨론으로 사로잡혀 간 후부터** 그리스도 까지 열네 대더라"(17절).

그러면 위의 '바벨론으로 사로잡혀 갈 때'란 도대체 어느 때를 말합니까? '바벨론 유수(幽囚)'란 주전 586년 신(新) 바벨론 제국의 느브갓네살 왕이 예루살렘 성전과 성을 함락시키고 유다 왕 시드기야의 두 눈을 도려낸 후, 발에 청동 족쇄를 채운 채 백성들과 함께 바벨론으로 끌고 간 사건을 말합니다.

여호와 하나님께 선택받은 유일한 민족으로서 자부심이 대단했던 유대 민족이 사탄의 자손이라고 멸시했던 이방인들의 말발굽 아래 처참하게 유린당한 사건이 바로 '바벨론 엑사일(Babylonian Exile)'이었습니다. 우리로 따지면 일제 36년간의 강점기와 같은 치욕의 역사였습니다.

그런데 왜 하필 신약 전체를 시작하는 마태복음 첫 장에 이스라엘 역사상 가장 수치스런 사건 –그래서 차마 입에도 담고 싶지 않은 사건– 인 '바벨론 엑사일'이 거듭거듭 언급되고 있는 걸까요?

그 해답은 족보를 요약하는 마태복음 1장 17절에 있습니다. 마태는 이 족보에서 의도적으로 다윗 왕을 연상시키는 14 x 3 구조를 사용하고 있습니다 (다윗에 해당하는 히브리어 알파벳을 다 합치면 숫자 '14'가 됩니다). 아브라함에서 다윗까지 14대, 다윗부터 바벨론 포로기까지 다시 14대, 그리고 마지막으로 바벨론 포로기에서 예수 그리스도까지 14대.

이 족보 결론부의 강조점은 마지막 두 구절, 즉 '다윗–바벨론 포로, 바벨론 포로–예수 그리스도'에 있습니다. 다윗 왕 시절은 이스라엘의 전성기를 의미합니다. 반면에 바벨론 포로 시기는 이스라엘이 바닥을 치는 시기입니다. 더 이상 내려갈 곳이 없는 최저점에 도달한 상태입니다.

마태는 다윗과 바벨론 포로를 교묘히 대비시킴으로써 지금 이스라엘이 바벨론 포로 상태와 같은 깊은 수렁에 빠져 있어서 다윗과 같은 강력한 왕의 재 출현을 학수고대하고 있음을 독자들에게 상기시키고 있습니다. 따라서 마지막 구절에서 바벨론 포로와 예수 그리스도의 대비는 자연히 예수님이 바로 포로 상태에 있는 이스라엘에게 해방을 주기 위해서, 즉 엑사일(Exile)로부터 엑소더스(Exodus)를 주기 위해서 이 땅에 오신 분이시라는 것을 시사합니다.

마태복음 1장 21절의 '예수'라는 이름의 뜻이 바로 '자기 백성을 그들의 죄에서 구원할 자'라는 사실이 이러한 점을 뒷받침합니다. 예수님은 사탄에 의해 죄의 포로 상태(Exile) 된 자기 백성 이스라엘을 구원(Exodus)하러 이 땅에 오신 분이십니다.

이어지는 1장 23절의 예수님의 또 다른 이름 '임마누엘(Immanuel)' 또한 이 사실을 지지해 줍니다. 바벨론으로 포로가 되어 끌려간다고 하는 것은 이스라엘이 하나님 말씀에 계속 불순종한 결과 심판을 받고 약속의 땅 가나안으로부터 −그리하여 하나님으로부터− 분리되는 것이므로 결국 하나님께서 더 이상 그들과 함께 하지 않는 것을 의미합니다. 그러나 이제 예수님은 그들과 '함께 하는 하나님(Immanuel)'이 되시기 위해 성육신하신 것입니다. '분리(Separation)'가 '엑사일(Exile)'이라면 '임재(Presence),' 즉 함께 하심이 바로 '엑소더스(Exodus)'입니다.

그렇다면 여기에서 한 가지 의문이 생깁니다. 예수님은 과연 어떤 방식으로 포로 상태에 있는 자기 백성에게 구원을 가져올까요?

문제의 키는 바벨론 포로 상태로부터 구원과 회복을 약속하는 구약 이사야서에 있습니다. 이사야서에서는 바벨론 포로 상태로부터 구원이 3단계로 진행됩니다(참고, 사 40-55장).

먼저, 여호와께서 열두 지파를 다시 세웁니다. 그리고 나서 그들과 함께 포로 상태에 있는 자기 백성들을 구출하기 위해 긴 여행을 떠납니다. 그리하여 악한 자에게 사로잡혀 있는 이스라엘을 구출해 냅니다. 끝으로, 이들을 이끌고 최종 목적지인 시온(Zion), 즉 예루살렘에서 여호와께서 왕으로 등극하면 구원은 완성이 됩니다.

복음서 기자들은 예수님께서 이 이사야서의 엑소더스 패턴을 재현하시는 것으로 묘사합니다.

먼저, 주님은 이스라엘 12지파를 상징하는 12사도를 세우십니다(마 10:1-4; 막 3:13-19; 눅 6:12-16). 이어서, 이들과 함께 사탄에 사로잡혀 있는 이스라엘을 구출하기 위해 긴 여행을 떠나십니다. 도중에 말씀과 치유 사역을 통해 포로 상태에 놓여 있는 수많은 하나님의 자녀들을 악한 마귀의 권세로부터 해방시키십니다. 그리고 나서 최종적으로, 왕으로 등극하기 위해서 나귀를 타고 예루살렘에 입성하십니다(마 21:1-11; 막 11:1-11; 눅 19:28-40; 요 12:12-19).

엑소더스의 최종 목적지가 예루살렘이라고 하는 사실은 세 번째 복음서의 기록자인 누가에 의해 더욱 분명해 집니다.

변화산 사건을 취급하는 누가복음 9장 30-31절에서 누가는 변형된 예수님 앞에 구약을 대표하는 두 인물 모세와 엘리야가 나타나서 '장차 예수께서 예루살렘에서 엑소더스하실 것'[1]을 논했다고 증언합니다.

예루살렘이 예수 여행의 종착지라는 사실은 복음서가 예루살렘 동편 감람산에서 예수 그리스도께서 승천하시는 기사로 끝난다는 점에서 지지를 받습니다.

《A to Z 복음서 일주》에서는 이 마태복음 1장에 소개된 사복음서 로드맵을 따라 죄와 사망의 포로 상태에 놓여 있는 인류를 구원하기 위해 이 땅에 오실 구주 탄생을 알리는 천사 수태 고지(Angel)로 시작하여 엑소더스를 완성하고 시온(Zion)에서 승천하는 예수 그리스도의 기사로 끝맺는 복음서 A to Z 알파벳 여행을 떠날 것입니다.

역사서 로드맵

◎ 복음의 여정(Itinerary): 예루살렘→ 유대 & 사마리아→ 땅끝

복음서와 역사서인 사도행전은 서로 짝을 이루는 책입니다. 둘 다 사건이 이야기(narrative) 식으로 전개되며 복음서가 예수 그리스도의 지상행전이라면, 사도행전은 성령을 통해 주님께서 하늘에서 통치하시는 천상행전이기 때문입니다.

앞서 살펴본 복음서와 마찬가지로 사도행전도 프롤로그 부분에 길 안내 지도가 그려져 있습니다. 복음서의 첫 장인 마태복음 1장, 특히 17절의 "바벨론으로 사로잡혀 간 후부터 그리스도까지"라는 구절이 복음서 전체를 이끌어 가는 로드맵 역할을 했듯이, 역사서인 사도행전 또한 1장, 즉 8절의 "오직 성령이 너희에게 임하시면 너희가 권능을 받고 예루살렘과 온 유대와 사마리아와 땅끝까지 이르러 내 증인이 되리라"는 말씀이 사도행전의 주제 성구이자 사도행전 전체를 끌고 나가는 청사진입니다.

사도행전은 하나님의 말씀인 복음이 예루살렘을 기점으로 인근지역인 유대와 사마리아를 거쳐 온 세상을 정복해 나가는 이야기입니다. 이러한 사실은 사도행전의 저자인 누가가 하나님의 말씀이 각 주요 거점 도시들을 하나하나씩 물들일 때마다 의도적으로 '말씀'과 '자라다'라는 단어를 함께 사용하여 결론을 내리고 있다는 점에서 분명히 드러납니다.

먼저 6장 7절은 복음이 예루살렘 전역에 확산되었을 때의 상황을 이렇게 전합니다.

> "하나님의 말씀이 점점 왕성하여[자라서] 예루살렘에 있는 제자의 수가 더 심히 많아지고 허다한 제사장의 무리도 이 도에 복종하니라."

이어서 12장 24절은 복음이 인근 유대와 사마리아로 퍼져나가 그 지역을 초토화시키자 "하나님의 말씀은 흥왕하여[자라서] 더하더라"고 증언합니다.

19장 20절 또한 복음이 소아시아의 주요 도시 중의 하나인 에베소를 점령했을 때, "이와 같이 주의 말씀이 힘이 있어 흥왕하여[자라서] 세력을 얻으니라"고 진술합니다.

끝으로 사도행전 마지막 장 마지막 절인 28장 31절은 당시 땅끝 중의 하나로 여겨졌던 로마에서 바울이 복음을 전파하는 모습을 다음과 같이 증거합니다.

> "하나님 나라를 전파하며 주 예수 그리스도에 관한 모든 것을 담대하게 거침없이 가르치더라."

이 구절은 비록 '말씀의 성장'에 대해 직접적으로 언급하고 있지는 않지만, '주 예수 그리스도'를 '하나님의 말씀'과 동일시할 수 있기 때문에 '주 예수 그리스도에 대한 가르침'은 '말씀의 성장'과 일맥상통한다고 볼 수 있습니다. 따라서 하나님의 말씀이 결국은 로마까지 정복해 나가고 있는 것으로 사도행전이 마무리 되고 있는 것을 알 수 있습니다.

복음서, 특히 누가복음은 예수 그리스도의 구원 여행이 베들레헴에서 시작하여 최종 종착지인 예루살렘 동편 감람 산에서 승천하는 것으로 끝납니다. 누가복음의 후속편인 사도행전은 그 승천 기사를 그대로 이어받아 예수님 자신의 분신인 '하나님의 말씀'이 1장 8절의 로드맵에서 제시된 여행 일정을 따라 예루살렘(1-7장)→ 온 유대와 사마리아(8-12장)→ 땅끝(13-28장)으로 차례차례 확산해 나갑니다.

《A to R 사도행전 일주》에서는 이 길 안내도를 따라 인류 구원의 대사명(大使命)을 완수하고 예루살렘에서 승천(Ascension)하시는 예수님의 기사로 시작하여 하나님의 말씀인 복음이 온 유대와 사마리아 땅을 거쳐 당시 서방의 수도이자 땅끝 중의 하나인 로마(Rome)를 정복하는 기사로 끝맺는 사도행전 알파벳 A to R 여행을 떠날 것입니다.

서신서 로드맵

◎ 네 개의 '왁구'

신약 서신들과 같은 시대에 쓰여진 1세기의 편지들을 '그레코-로만 레터(Greco-Roman Letters)'라고 합니다. 이들은 사적 서신(Private Letters), 공적 서신(Public Letters), 문학 서신(Literary Letters) 등 종류는 다양했지만, 공히 편지 여는 말(Letter Opening), 감사 단락(Thanksgiving Section), 편지 본문(Letter Body), 편지 맺는 말(Letter Closing)의 네 요소로 이루어져 있었습니다. 그리고 이 네 틀('왁구') 안에 정형화된 편지 관습들이 존재했습니다.

다음은 사도 바울 당시의 그레코-로만 레터 한 편을 재미있게 각색한 것입니다.

> Paul's mom to her son(엄마가 아들 바울에게), Greeting(안녕).
> I always thank God for you(나는 항상 너에 대해서 하나님께 감사한다).
> I have complaints against you, though(하지만 나 네게 불만 많다). So far, you have written lots of letters(지금까지 너는 많은 편지를 썼다). You wrote to the Romans(로마서도 쓰고). You wrote to the Corinthi-

ans(고린도전·후서도 쓰고). You wrote to the Thessalonians(데살로니가
전·후서도 썼다). But do you ever write to your mother(그런데 엄마에게
는 왜 한 번도 편지 안 하니)? Please send a letter to me, too(제발 내게도
편지 좀 하렴).

Socrates greets you(소크라테스가 너에게 문안한다).

방금 말씀 드린 대로, 이 편지는 네 개의 큰 틀로 이루어져 있습니다.

첫째, "Paul's mom to her son, Greeting"이 편지를 시작하는 여는 말 부
분에 해당합니다. 이 그레코-로만 레터의 여는 말 부분은 항상 편지 보내는
사람("Paul's mom"), 편지 받는 사람("her son"), 문안인사("Greeting")의
세 가지 구성 요소로 되어 있었습니다. 오늘날 편지와는 정반대로 편지 쓰
는 발신자가 편지를 받는 수신자보다 앞에 왔습니다.

둘째, "I always thank God for you"가 감사 단락입니다. 이 감사 단락
은 '감사 동사("thank")'를 통해 쉽게 식별할 수 있었습니다. 헬라인들과 로
마인들은 편지 수신자에게 문안인사를 한 후에, 건강과 재앙으로부터 구원
에 대해 신께 감사를 표시했습니다.

셋째, "I have complaints against you, though"부터 "Please send a let-
ter to me, too"까지가 편지 본문입니다. 본문의 내용은 편지 보내는 사람
과 받는 사람의 정황에 따라 다양성을 띠었지만, 이 부분 또한 호소 공식
(Listen Formula), 인지 공식(Know Formula) 등 일정한 편지 관습들이 존
재했습니다.

넷째, "Socrates greets you"가 편지 맺는 말에 해당합니다. 맺는 말의 주
된 관습들로는 재 문안인사(Re-Greeting), 자필서명(Signature) 등이 있었
습니다. 자필서명의 경우는 서기의 도움으로 쓰여진 편지에 흔히 등장했습

니다.

다음의 빌레몬서를 보면 위의 그레코-로만 레터의 네 개의 프레임을 그대로 차용하여 쓰고 있는 것을 알 수 있습니다.

편지 여는 말(1-3절)

그리스도 예수를 위하여 갇힌 자 된 바울과 및 형제 디모데는(편지 보내는 사람) 우리의 사랑을 받는 자요 동역자인 빌레몬과 자매 압비아와 우리와 함께 병사된 아킵보와 네 집에 있는 교회에 편지하노니(편지 받는 사람) 하나님 우리 아버지와 주 예수 그리스도로부터 은혜와 평강이 너희에게 있을지어다(문안인사)

감사 단락(4-7절)

내가 항상 내 하나님께 감사하고(감사 동사) 기도할 때에 너를 말함은 주 예수와 및 모든 성도에 대한 네 사랑과 믿음이 있음을 들음이니 이로써 네 믿음의 교제가 우리 가운데 있는 선을 알게 하고 그리스도께 이르도록 역사하느니라 형제여 성도들의 마음이 너로 말미암아 평안함을 얻었으니 내가 너의 사랑으로 많은 기쁨과 위로를 받았노라

편지 본문(8-22절)

이러므로 내가 그리스도 안에서 아주 담대하게 네게 마땅한 일로 명할 수도 있으나 도리어 사랑으로써 간구하노라(호소 공식) 나이가 많은 나 바울은 지금 또 예수 그리스도를 위하여 갇힌 자 되어 갇힌 중에서 낳은 아들 오네시모를 위하여 네게 간구하노라 …(중략)… 오직 너는 나를 위하여 숙소를 마련하라 너희 기도로 내가 너희에게 나아갈 수 있기를 바라노라

편지 맺는 말(23-25절)

그리스도 예수 안에서 나와 함께 갇힌 자 에바브라와 또한 나의 동역자 마가, 아리스다고, 데마, 누가가 문안하느니라(재 문안인사) 우리 주 예수 그리스도의 은혜가 너희 심령과 함께 있을지어다

사도 바울을 비롯한 신약 서신서 저자들 또한 시대의 아들들이기에 그레코-로만 레터 틀을 가지고 편지를 썼습니다. 하지만 이들은 당시의 편지 관습들을 기독교적으로 변형하여 창조적으로 사용하였습니다.

◉ 프롤로그에 예고된 주제들

이 네 개의 틀로 이루어진 서신서 또한 이전의 복음서와 역사서와 마찬가지로 맨 첫 장이 로드맵 역할을 합니다. 신약 서신서 기자들은 대개 이 프롤로그 부분을 통해서 편지 본문에서 전개될 중심 주제(로드맵)를 미리 자신의 편지 수신자들에게 예고합니다.

이제 이러한 사실을 입증하기 위해 사도 바울의 대표적인 편지 두 편(로마서와 빌립보서)과 사도 베드로의 첫 편지(베드로전서) 그리고 사도 요한의 편지 세 편(요한일서, 요한이서, 요한삼서)을 살펴보겠습니다.

1) 로마서 로드맵: '복음'

로마서 서론 부분을 보면 바울이 이 편지에서 다루고자 하는 가장 중요한 주제가 '복음'임을 알 수 있습니다. 사도는 1장을 '복음'이라는 단어로 거의 도배하다시피 합니다.

"예수 그리스도의 종 바울은 사도로 부르심을 받아 하나님의 **복음**을 위하여 택정함을 입었으니 이 **복음**은 하나님이 선지자들을 통하여 그의 아들에 관하여 성경에 미리 약속하신 것이라"(1-2절).

"내가 그의 아들의 **복음** 안에서 내 심령으로 섬기는 하나님이 나의 증인이 되시거니와 항상 내 기도에 쉬지 않고 너희를 말하며 … 그러므로 나는 할 수 있는 대로 로마에 있는 너희에게도 **복음** 전하기를 원하노라"(9, 15절).

"내가 **복음**을 부끄러워하지 아니하노니 이 **복음**은 모든 믿는 자에게 구원을 주시는 하나님의 능력이 됨이라 먼저는 유대인에게요 그리고 헬라인에게로다 **복음**에는 하나님의 의가 나타나서 믿음으로 믿음에 이르게 하나니 기록된 바 오직 의인은 믿음으로 말미암아 살리라 함과 같으니라"(16-17절).

사도는 자신이 1장에 제시한 이 로드맵에 따라 로마서 본문을 채워 나갑니다. 그는 2-4장에서 '믿음으로만 경험할 수 있는 하나님의 의의 계시인 **복음**'을, 5-8장에서 '구원을 위한 하나님의 능력인 **복음**'을, 9-11장에서 '**복음**과 이스라엘의 관계'를, 그리고 12-15장에서 '**복음**과 삶의 변화'를 다룹니다.

2) 빌립보서 로드맵: '그리스도 안에서 누리는 기쁨'

감옥에서 쓴 옥중서신(에베소서, 빌립보서, 골로새서, 빌레몬서) 가운데 하나인 빌립보서 또한 1장에 주제가 녹아 있습니다. 이러한 사실은 바울 사도가 편지 첫 장에서 어떤 낱말을 빈번히 사용하고 있는지만 체크해 보아도 쉽게 드러납니다.

빌립보서에서 가장 많이 되풀이 되고 있는 단어는 '그리스도'입니다. 4장으로 된 이 짧은 편지에 이 용어는 무려 서른여섯 번 등장합니다. 그리고 그것의 정확히 절반인 열여덟 번이 1장에 나옵니다.

몇 가지 예를 들면, "**그리스도** 예수의 종 바울과 디모데는 **그리스도** 예수 안에서 빌립보에 사는 모든 성도와 또한 감독들과 집사들에게 편지하노니 하나님 우리 아버지와 주 예수 **그리스도**로부터 은혜와 평강이 너희에게 있을지어다"(1:1-2), "너희 안에서 착한 일을 시작하신 이가 **그리스도** 예수의 날까지 이루실 줄을 우리는 확신하노라"(1:6), "내가 예수 **그리스도**의 심장으로 너희 무리를 얼마나 사모하는지 하나님이 내 증인이시니라"(1:8)

이 주제를 받아서 이어지는 2장부터 마지막 4장까지 각 장마다 '그리스도'라는 단어가 언급됩니다(2장 5번, 3장 8번, 4장 5번). 특히, 2장에서는 겸손의 본을 보인 그리스도 찬송시가 소개됩니다(2:5-11).

이 편지에서 '그리스도' 다음으로 바울이 애용하는 말은 '기쁨'입니다. '기쁨' 혹은 '기뻐하다'라는 용어는 총 열여섯 번 등장하는데, 그 중 1장에서 4번 언급됩니다.

"간구할 때마다 너희 무리를 위하여 **기쁨**으로 항상 간구함은"(1:4).

"그러면 무엇이냐 겉치레로 하나 참으로 하나 무슨 방도로 하든지 전파되는 것은 그리스도니 이로써 나는 **기뻐하고** 또한 **기뻐하리라**"(1:18).

"내가 살 것과 너희 믿음의 진보와 **기쁨**을 위하여 너희 무리와 함께 거할 이것을 확실히 아노니"(1:25).

그리고 매 장마다 이 기쁨의 주제가 거론됩니다. 장 별로 한 절씩만 뽑아보면, "만일 너희 믿음의 제물과 섬김 위에 내가 너를 전제로 드릴지라도 나는 **기뻐하고** 너희 무리와 함께 **기뻐하리니** 이와 같이 너희도 **기뻐하고** 나와 함께 **기뻐하라**"(2:17-18), "끝으로 나의 형제들아 주 안에서 **기뻐하라** 너희에게 같은 말을 쓰는 것이 내게는 수고로움이 없고 너희에게는 안전하니라"(3:1), "주 안에서 항상 **기뻐하라** 내가 다시 말하노니 **기뻐하라**"(4:4).

사실 빌립보서를 쓰는 바울이나 빌립보서를 받는 성도들이나 상황적으로 보면 기뻐할 조건이 하나도 없는 상태입니다. 사도는 지금 옥에 갇혀서 무죄 석방될 것이냐 사형 선고를 받을 것이냐 생사의 갈림길에 서 있었습니다. 빌립보교회 또한 환란과 궁핍과 내분이라는 삼중고에 시달리고 있었습니다.

이러한 극한 상황 속에서도 '그리스도'를 전폭적으로 의지하는 심령은 말로 다할 수 없는 '기쁨'을 누릴 수 있음을 미리 수신자들에게 일러주기 위해 바울 사도는 편지 첫 장에서부터 '그리스도'와 '기쁨'이라는 용어를 반복 사용하고 있는 것입니다.

3) 베드로전서 로드맵: '고난 & 영광'

사도 베드로의 첫 편지 또한 사도 바울의 편지들과 마찬가지로 첫 장에 이미 주제들이 암시되어 있습니다. 베드로전서 1장을 통해 짐작할 수 있는 주제는 '고난과 영광'입니다.

먼저 저자는 1장 11절에서 "자기 속에 계신 그리스도의 영이 그 받으실 **고난**과 후에 받으실 **영광**을 미리 증언하여 누구를 또는 어떠한 때를 지시하시는지 상고하니라"고 말함으로써 이 주제를 예고합니다. 그리고 예고된 주제를 이어받아 2장부터 5장 10절("너희를 부르사 자기의 영원한 **영광**에 들어가게 하신 이가 잠깐 **고난**을 당한 너희를 친히 온전하게 하시며 굳건하게 하시며 강하게 하시며 터를 견고하게 하시리라")까지 '고난'과 '영광'이라는 용어를 빈번히 사용하며 편지를 진행시켜 나갑니다.

본 서신에서 '고난'이라는 단어가 총 14회 등장합니다. 게다가, '고난받다'라는 헬라어 동사 '파스코'가 12회나 나옵니다. 이 단어는 본 서신을 제외하면 신약 서신서 전체를 통틀어도 11회 밖에 등장하지 않는 단어입니다. 아울러, 영광이라는 말 또한 12회나 사용되었습니다.

따라서 사도 베드로는 편지 서론부에서부터 이 두 낱말을 빗발치게 씀으로써, 폭군 네로 황제 하에서 자신처럼 고난 받는 성도들에게 고난 그 너머에는 현재의 고난과 족히 비교할 수 없는 영광이 있다는 사실을 상기시켜 주고 있는 것입니다.

4) 요한서신 로드맵: '진리 & 사랑'

요한의 세 편지 또한 서론 속에 이미 주제가 예고되어 있습니다. 요한일·이·삼서 통틀어 사도의 주된 관심사는 두 가지로 압축될 수 있는데, 그 중 하나는 '진리'입니다. 진리를 의미하는 헬라어 '알레쎄이아'는 요한서신의 핵심 키워드입니다. 이 단어는 일반서신에서 총 26번 사용되었는데, 그 중에 요한서신에만 20번 등장합니다(요한일서 10번, 요한이서 4번, 요한삼서 6번). 특히, 세 편지의 서론부 모두에 이 용어가 언급됩니다.

먼저 요한일서에서는 1장에 두 번 나옵니다.

> "만일 우리가 하나님과 사귐이 있다 하고 어둠에 행하면 거짓말을 하고 **진리**를 행하지 아니함이거니와"(요일 1:6).

"만일 우리가 죄가 없다고 말하면 스스로 속이고 또 **진리**가 우리 속에 있지 아니할 것이요"(요일 1:8).

그리고 달랑 한 장으로 되어 있는 지극히 짧은 편지인 요한이서와 요한삼서에는 서론 부분에서 일곱 번이나 나옵니다.

"장로인 나는 택하심을 받은 부녀와 그의 자녀들에게 편지하노니 내가 **진리** 안에서 사랑하는 자요 나뿐 아니라 **진리**를 아는 모든 자도 그리하는 것은 우리 안에 거하여 영원히 우리와 함께 할 **진리**로 말미암음이로다 은혜와 긍휼과 평강이 하나님 아버지와 아버지의 아들 예수 그리스도께로부터 **진리**와 사랑 가운데 함께 있으리라"(요이 1:1-3).

"장로인 나는 사랑하는 가이오 곧 내가 **진리** 안에서 사랑하는 자에게 편지하노라 … 형제들이 와서 네게 있는 **진리**를 증언하되 네가 **진리** 안에서 행한다 하니 내가 심히 기뻐하노라"(요삼 1:1, 3).

이어서 요한은 각 편지 본론에서 서론에 예시된 이 진리 주제를 집중 조명합니다. 예를 들면, 요한일서에서는 인간을 타락시키는 적그리스도를 경계하라는 취지에서 진리를 거듭 강조합니다.

"내가 너희에게 쓰는 것은 너희가 **진리**를 알지 못하기 때문이 아니라 알기 때문이요 또 모든 거짓은 **진리**에서 나지 않기 때문이라"(요일 2:21).

요한이서와 요한삼서에서는 편지 본론을 시작하자마자 진리를 행하는 자를 보고 듣는 즐거움을 표현합니다.

> "너의 자녀들 중에 우리가 아버지께 받은 계명대로 **진리**를 행하는 자를 내가 보니 심히 기쁘도다"(요이 1:4).

> "내가 내 자녀들이 **진리** 안에서 행한다 함을 듣는 것보다 더 기쁜 일이 없도다"(요삼 1:4).

요한서신의 또 한 주제는 '사랑'입니다. '사랑'에 해당하는 헬라어 '아가페'는 일반서신에서 21번 사용되었는데, 그 중에 요한서신에만 18번 발견됩니다(요한일서 15번, 요한이서 2번, 요한삼서 1번).[2]

사랑의 이슈가 가장 극명하게 드러나는 서신은 요한일서입니다. 이 편지에서 사도는 하나님의 사랑(3:1; 4:7-21), 하나님과 예수님에 대한 사랑(2:5, 15; 3:17; 4:10, 12, 20-21; 5:1-3)[3], 서로에 대한 사랑(3:11, 23; 4:7, 11-12), 형제에 대한 사랑(2:10; 3:10, 14)에 대해서 진술합니다.

요한일서에서는 첫 장이 진리에 초점을 맞춰 2장부터 사랑의 주제가 집중 거론되지만, 요한이·삼서에서는 이 주제가 서론부에서부터 등장합니다.

> "장로인 나는 택하심을 받은 부녀와 그의 자녀들에게 편지하노니 내가 진리 안에서 **사랑**하는 자요 … 은혜와 긍휼과 평강이 하나님 아버지와 아버지의 아들 예수 그리스도께로부터 진리와 **사랑** 가운데 함께 있으리라"(요이 1:1, 3).

> "장로인 나는 **사랑**하는 가이오 곧 내가 진리 안에서 **사랑**하는 자에게 편지하

노라 **사랑**하는 자여 네 영혼이 잘됨 같이 네가 범사에 잘되고 강건하기를 내
가 간구하노라"(요삼 1:1-2).

이어서 사도는 레터 본론에서 이 주제를 연거푸 거론합니다. 요한이서의
경우, 5절에서 그는 "부녀여, 내가 이제는 네게 구하노니 서로 **사랑**하자"라
고 권함으로써 교인 상호간에 사랑할 것을 강조합니다. 또 6절에서 "**사랑**은
이것이니 우리가 그 계명을 따라 행하는 것이요 계명은 이것이니 너희가 처
음부터 들은 바와 같이 그 가운데서 행하라 하심이라"고 말함으로써 사랑
이란 바로 계명을 행하는 것이라고 정의를 내립니다.

요한삼서에서는 본문 5절과 11절에 편지 수신자 가이오를 "**사랑**하는 자
여"라고 친근히 부르며 그가 나그네 대접한 일을 칭찬하는 동시에 선한 것
을 본받으라고 권면합니다.

따라서 요한 사도는 서론부에서부터 이 두 주제어를 암시함으로써 자신
의 세 편지 수신자들에게 '진리'안에서 서로 '사랑'할 것을 역설하고 있는 것
입니다.

《A to T 서신서 일주》에서는 '사도 바울(Apostle Paul)'이라는 편지 발신
자로 시작하여 은혜기원 축도라는 편지를 완전히 마무리하는 '최종 종결 부
호(The End Sign)'로 끝맺는 신나는 서신서 알파벳 A to T 여행을 떠날 것
입니다.

◎ '네가 본 것, 지금 있는 일, 장차 될 일'

신약의 마지막 책이자 유일한 예언서인 요한계시록 또한 이전의 책들과 마찬가지로 맨 첫 장에 로드맵이 제시되어 있습니다. 그런데 많은 사람들은 계시록 1장 19절, 즉 "그러므로 네가 본 것과 지금 있는 일과 장차 될 일을 기록하라"는 구절을 요한이 계시록 전체를 이끌어 가는 길 안내도로 생각합니다.

그럴 경우 '네가 본 것'은 '과거 계시'를 말하며 이는 승귀하신 영광스러운 그리스도의 모습을 여덟 가지로 묘사하고 있는 계시록 1장에 해당합니다. 그리고 '지금 있는 일'은 '현재 계시'로 소아시아 일곱 교회에 현재 일어나고 있는 사실들을 서술한 편지인 계시록 2-3장을 가리킵니다.

마지막으로 '장차 될 일'은 계시록 4장 1절의 "이 후에 마땅히 일어날 일들을 네게 보이리라"는 표현을 통해서 알 수 있듯이 앞으로 일어날 일들을 기록한 '미래 계시'로 계시록 4-22장을 지칭합니다.

그러나 이러한 구분은 일견 그럴듯해 보이지만 논거에 약점이 있습니다. 왜냐하면 현재 계시라고 하는 계시록 2-3장 속에는 현재뿐만 아니라 미래 계시도 있고, 미래 계시라고 하는 계시록 4-22장에도 미래 외에 과거와 현재 계시가 포함되어 있기 때문입니다. 따라서 저는 계시록 1장에 아로새겨진 또 하나의 로드맵을 제시하겠습니다.

● '성령 안에서(엔 프뉴마티)'

요한계시록의 보다 설득력 있는 로드맵은 1장 10절에 등장하는 '성령 안에서(엔 프뉴마티)'입니다. 이 문구는 본 서신에서 1장을 필두로 21장까지 총 4회 반복됩니다.

> "주의 날에 내가 **성령에 감동되어**(엔 프뉴마티) 내 뒤에서 나는 나팔 소리 같은 큰 음성을 들으니"(1:10).

> "내가 곧 **성령에 감동되었더니**(엔 프뉴마티) 보라 하늘에 보좌를 베풀었고 그 보좌 위에 앉으신 이가 있는데"(4:2).

> "곧 **성령으로**(엔 프뉴마티) 나를 데리고 광야로 가니라 내가 보니 여자가 붉은 빛 짐승을 탔는데 그 짐승의 몸에 하나님을 모독하는 이름들이 가득하고 일곱 머리와 열 뿔이 있으며"(17:3).

> "**성령으로**(엔 프뉴마티) 나를 데리고 크고 높은 산으로 올라가 하나님께로부터 하늘에서 내려오는 거룩한 성 예루살렘을 보이니"(21:10).

이는 사도 요한이 '성령 안에서,' 즉 '성령에 감동되어' 네 개의 환상을 본 것을 의미합니다. 그리하여 이 문구는 계시록을 서론과 본론, 그리고 결론으로 나누는 역할을 합니다.

먼저 서론은 제 1 환상으로 승귀하신 주님과 일곱 교회에 대한 환상(1~3장)입니다. 그리고 본론은 제 2 환상으로 일곱 인·나팔·대접에 대한 환상(4~16장)입니다. 마지막으로 결론은 이중 환상으로 되어 있는데, 첫째 환상인 제 3 환상은 큰 성 바벨론의 멸망에 대한 환상(17~20장)이고 둘째 환상인 제 4 환상은 거룩한 성 새 예루살렘에 대한 환상(21~22장)입니다.

간단히 정리하면, 계시록은 1장 10절의 '성령 안에서'라는 키워드를 중심으로 서론(1~3장), 본론(4~16장), 결론(17~22장) 3부·4중 환상으로 이루어져 있습니다.

《A to O 요한계시록 일주》에서는 이 구조 틀에 맞추어서 '예수의 계시(Apocalypse)'라는 표제로 시작하여 '예수의 재림 대망(O Jesus come)'으로 끝맺는 신나는 요한계시록 알파벳 A to O 여행을 함께 떠날 것입니다.

Part 2

A to Z 복음서 일주 | 1~26일 |

복음서의 맨 첫 장인 마태복음 1장, 특히 17절의 '바벨론 포로에서 예수 그리스도까지' 라는 구절은 복음서 전체를 이끌어 가는 로드맵입니다. 이제 이 길 안내 지도를 따라 죄의 포로 상태에 놓여 있는 인류 구원의 대사명(大使命)을 띠고 이 땅에 오실 구주 탄생을 알리는 천사 수태고지(Angel)로 시작하여 엑소더스를 완성하고 시온(Zion)에서 승천하는 예수 그리스도 기사로 끝맺는 신나는 복음서 알파벳 A to Z 여행을 함께 떠납시다. Let's go!

A(Angel) 천사 수태고지

● 첫 번째 천사 방문 – 사가랴에게

예수 그리스도의 탄생은 세 번에 걸친 천사 방문과 관련되어 발생합니다. 첫 번째는 세례 요한의 부친인 사가랴(눅 1:5-25)에게, 그리고 두 번째와 세 번째는 예수님의 부모인 마리아(눅 1:26-38)와 요셉(마 1:18-25)에게 각각 천사가 나타나서 메시아의 전령과 메시아 탄생을 고지합니다.

구약에서 하나님께서는 아브라함 언약(창 12:1-3)과 다윗 언약(삼하 7:12-14) 등을 통해 포로 상태에 놓여 있는 이스라엘 백성을 구원해 줄 메시아를 이 땅에 보내시겠다고 끊임없이 약속하셨습니다. 그런데 구약의 마지막 구절인 말라기 4장 5-6절은 약속된 메시아가 오기 전에 먼저 하나님께서 엘리야를 보내 이스라엘이 메시아 맞을 준비를 하게 할 것이라고 예언합니다. 이 말씀은 사백 년 후 세례 요한의 탄생 소식으로 성취가 됩니다. 왜냐하면 세례 요한이 바로 '올 엘리야'였기 때문입니다.

하나님께서는 세례 요한의 탄생 소식을 알리기 위해 천사 가브리엘을 통해 예루살렘의 제사장 사가랴를 찾아오셨습니다. 마침 사가랴는 자신의 순번이 돌아와서 성소 안에서 분향을 하고 있었습니다(눅 1:8-9). 하나님의 성소에 들어가면 오른쪽에 떡상이 있고, 왼쪽에 등대가 있습니다. 지성소와 성소를 가르는 휘장 앞에 향단이 있습니다. 분향을 한다고 하는 것은 이 향단에 제사장이 향을 피우는 것을 말합니다. 제사장이 향을 필 때 모든 성도들은 밖에서 간절히 기도를 합니다.

이렇게 성소에서 하나님께 분향하고 있는 사가랴에게 갑자기 한 천사가 등장합니다(11절). 성소 안에는 제사장을 제외한 그 어떤 사람도 들어올 수 없는 곳인데 이런 곳에 갑자기 사람의 모습을 띤 천사가 나타나니 사가랴가 얼마나 놀랐겠습니까? 그래서 천사의 첫 마디는 "사가랴여 무서워 말라 너의 간구함이 들린지라"였습니다(12-13절). 그리고 나서 천사는 "네 아내가 아들을 낳을 텐데 그가 바로 구약에 올 엘리야다"라고 예언했습니다(14-17절). 이에 대해 사가랴는 아브라함처럼 '무능한 자신'을 바라봅니다. 그 결과 안타깝게도 의문과 불신앙으로 반응을 했습니다.

> "사가랴가 천사에게 이르되 내가 이것을 어떻게 알리요 내가 늙고 아내도 나이가 많으니이다"(18절).

제사장이기에 그 누구보다 "여호와의 크고 두려운 날이 이르기 전에 엘리야를 보내서 죄 사함을 통한 구원의 약속을 선포할 것이다"(말 4:5) 라는 말라기 선지자의 예언을 잘 알고 있었을 텐데 —그러기에 아멘하며 받아들였어야 했는데— 사가랴는 이 엄청난 일이 나이 많은 자기를 통해 일어난다고 하니 믿을 수가 없었습니다.

제사장임에도 믿지 못하자 가브리엘은 불신의 대가로 사가랴에게 "이 일이 이루어질 때까지(약 10개월간) 말 못하는 자가 될 것이다"라고 한정적인 벌을 선고했습니다(20절). 하지만 인간의 불신에도 불구하고 천사의 예언, 곧 하나님의 말씀은 성취가 되어 결국 사가랴의 아내 엘리사벳은 요한을 잉태하게 됩니다(24-25절).

◉ 두 번째 천사 방문 – 마리아에게

6개월 후 하나님께서는 동일한 천사를 통해 갈릴리 호수 서남쪽에 있는 작은 마을 나사렛에 한 소녀를 찾아가십니다. 가브리엘은 예수님의 모친이 될 마리아에게 나타나서 처녀의 몸으로 수태할 것을 예언합니다.

"보라 네가 잉태하여 아들을 낳으리니 그 이름을 예수라 하라"(눅 1:31).

이에 마리아는 "나는 남자를 알지 못하니 어찌 이 일이 있으리이까?"라고 반응합니다(34절). 여기서 '안다'는 말은 지식적으로 아는 것이 아니라 체험해서 아는 것을 의미합니다. 즉, '비록 정혼은 했지만 성관계를 경험하지 못했는데 어떻게 이런 일이 일어날 수 있단 말입니까?'라는 반문입니다.

이때 천사는 "성령이 임하시고 하나님의 능력이 너를 덮으면 이 일이 일어날 것이다." 다시 말해서, 하나님의 성령이 역사하시면 가능하다고 답변하면서 친족 엘리사벳이 노년에 아들을 잉태한 사실을 지적합니다.

"보라 네 친족 엘리사벳도 늙어서 아들을 배었느니라 본래 임신하지 못한다고 알려진 이가 이미 여섯 달이 되었나니 대저 하나님의 모든 말씀은 능하지 못하심이 없느니라"(36-37절).

주님은 뭐든지 다 하실 수 있다는 천사의 말을 듣고 마리아는 '전능하신 하나님'을 바라봅니다. 그리고 믿음으로 반응합니다.

"주의 여종이오니 말씀대로 내게 이루어지이다"(38절).

이때의 마리아의 처지를 이해하십니까? 비록 마리아는 정혼은 했지만 아직까지 사내를 상대해 보지 않았습니다. 그런데 아기를 가졌다면 ─그러고는 성령으로 잉태했다고 하면─ 정혼한 남자는 얼마나 황당하겠습니까? 그녀는 파혼에 이를 것입니다. 하지만 마리아는 '그러면 내 인생은 어떻게 될 것인가?' 이런 것 안중에도 없었습니다. "비록 내 인생이 산산조각 난다 할지라도 나를 통해서 주님의 뜻이 이루어지길 원합니다"고 신앙고백했습니다. 이런 마리아의 믿음과 헌신을 통해서 예수 그리스도께서 이 땅에 오시게 되고 하나님의 영광이 드러나게 되었습니다.

◉ 세 번째 천사 방문 ─ 요셉에게

이제 카메라 앵글이 누가복음에서 마태복음으로 옮겨집니다. 최종적으로는 아버지 요셉이 믿어야 합니다. 그렇지 않으면 예수님은 사생아로 태어나는 것입니다. 요셉은 자신과 정혼한 마리아가 잠자리를 함께 한 적이 없는데도 아이를 가졌다는 소식을 듣고 엄청나게 당황합니다.

마태복음 1장 18절의 '정혼(定婚)'이란 유대 사회에서 결혼에 앞서 대개 일년 정도 유지되던 관습이었습니다. 이 정혼은 오늘날 약혼보다 훨씬 강한 법적 구속력을 가지고 있었습니다. 일단 남녀가 정혼하게 되면 둘은 법적으로 부부가 됩니다. 하지만 이들은 결혼 때까지 동거하지 않았으며 따라서 육체적 관계도 금지되어 있었습니다. 이 정혼 관계는 이혼이나 죽음에 의해서만 종결될 수 있었습니다. 만일 정혼 기간 중에 여자가 부정(不淨)한 일을 저지른 것으로 판명되면 구약 시대에는 돌로 쳐 죽이도록 되어 있었지만(신 22:20-21), 신약 시대에는 이혼하도록 되어 있었습니다. 4)

마태는 요셉을 '의로운 사람'이라고 소개합니다(19절). 이는 모세의 율법에 철저히 순종하는 사람을 말합니다. 요셉은 율법을 지키는 의로운 사람이었지만 바리새인들처럼 마리아에게 율법이라고 하는 잣대를 문자적으로 엄격하게 적용하기를 원하지 않았습니다. 대신에 가만히 끊고자 했습니다. 율법이 요구하는 공개 재판(public trial)을 거치게 되면 결국 마리아의 비행이 드러나 그녀는 온갖 수모를 겪게 됩니다. 하지만 요셉은 망신을 주는 대신에 조용한 이혼(private divorce)을 통해 그녀의 허물을 덮고자 했습니다. 이것이 '요셉의 의(義)'입니다.

성경에서 말하는 '의'란 다른 게 아닙니다. 남의 약점을 덮어주는 게 의입니다. 흔히 사람들은 남의 약점들을 자꾸 들춰내려고 합니다. 남자들도 마찬가지고, 여자들도 마찬가지입니다. 상대의 약점이 보이면 악플을 엄청나게 답니다. 그걸 업(業)으로 삼는 사람들이 많습니다. 배고픈 건 참아도 배 아픈 건 못 참는다고 남 잘 되는 꼴을 못 봅니다. 그래서 무조건 깝니다. 무조건 반대합니다. 그런데 성경은 뭐라고 말합니까?

"사랑은 허다한 죄를 덮느니라"(벧전 4:8).

사람을 건지기 위해서는 덮어주는 부분도 있어야 됩니다. 우리의 타락한 본성은 강한 자에게는 약하고 약한 자에게는 강해지려는 경향이 있습니다. 그러나 요셉은 강자의 입장에서 얼마든지 보복을 할 수 있었습니다. 그런데 덮어줄 줄 알았습니다. 이것이 바로 요셉의 의로운 행동이었고 우리는 이런 사람을 '신사(gentleman)'라고 부릅니다.

'정숙한 여인인 줄 알았는데 이럴 수가!'하고 요셉은 마리아에게 적지 않게 실망했을 것이 분명합니다. 하지만 마리아의 부정이 드러나면 그녀가 갖은 치욕을 당할까 봐 조용히 끊고자 계획했습니다. 이때 주의 천사가 꿈에 나타나 "네 아내 마리아 데려오기를 무서워 말라. 그에게 잉태된 자는 성령으로 잉태된 것"이라고 일러주었습니다(20절). 마리아의 실수로 그리 된 것이 아니라 하나님으로 말미암아 잉태된 것이라고 말했습니다.

성령으로 말미암아 잉태된 것을 알려주지만 사실 이것을 믿기가 인간적으로 그리 쉽지만 않지요. 그래서 천사는 구약의 증거를 들이 대었습니다.

> "보라 처녀가 잉태하여 아들을 낳을 것이요 그의 이름을 임마누엘이라 하리라"(23절, 사 7:14 인용).

메시아가 동정녀의 몸에서 탄생될 것을 예언한 이사야의 말씀이 너의 정혼자 마리아를 통해 성취될 것이라고 천사는 선포했습니다. 요셉은 이 말을 듣고 마리아와 마찬가지로 믿음으로 반응했습니다. 그래서 꿈에서 깨자마자 바로 일어나 정혼한 마리아를 데려왔습니다. 이것은 결혼을 의미합니다. 결국 하나님께서는 마리아라고 하는 믿음의 사람과 요셉이라고 하는 믿음의 사람을 동시대에 준비시켜서 그들의 신앙의 터 위에 예수 그리스도의 동정녀 탄생이 가능하게 하셨습니다.

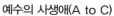

B(Bethlehem) 베들레헴 탄생

◉ 베이커리에 오신 구세주

미가 선지자는 주님이 성육신하기 오래 전에 메시아는 유대 땅 베들레헴에서 태어날 것이라고 예언했습니다(미 5:2). 그래서 하나님은 이 예언을 성취하기 위해 로마 황제 가이사 아구스도(Caesar Augustus)를 도구로 사용하였습니다.

"그 때에 가이사 아구스도가 영을 내려 천하로 다 호적하라 하였으니"(눅 2:1).

로마는 군대를 징집할 때 전투가 가능한 자원을 미리 예측하고 세금을 효과적으로 거두는 근거를 마련하기 위해 14년에 한 번씩 대대적인 인구조사를 단행했습니다. 이때 모든 유대인 성인 남자들은 자신의 본적지에 가서 신고를 해야 했습니다.

다윗의 후손 요셉 또한 이 호적령에 응해서 임신하여 만삭이 된 아내 마리아와 함께 자신이 살던 갈릴리 나사렛으로부터 남서쪽 120km 떨어진 다윗의 고향인 베들레헴으로 향했습니다(4절). 마침내 마리아의 해산의 날이 되어 아이를 낳아야 했는데 베들레헴에 너무 늦게 도착한 연고로 여관이 다 차서 하는 수 없이 아기를 마구간에서 낳아 강보로 싸서 말 구유에 누이게 되었습니다(5-7절).

누가복음의 이 예수님 탄생 기사는 적어도 네 가지를 우리에게 교훈해 줍니다.

첫째, 예수 그리스도의 탄생은 역사적 사건이라는 것입니다. 일부 급진주의자들이 주장하듯이 신화나 허구가 아니라는 말입니다. 예수님은 가이사 아구스도(주전 27-주후 14년)가 로마 황제로 재위하고 있을 때, 유대 왕 헤롯(주전 37-주후 4년) 말년인 주전 6년경에 베들레헴 허름한 마구간에서 탄생하시어 아구스도의 후계자 디베료(주후 14-37년) 재임 시기인 주후 27-30년 사이에 갈릴리 가버나움과 예루살렘을 중심으로 사역하시다가, 본디오 빌라도(주후 26-36년)가 유대의 제 5대 총독으로 있을 때인 주후 30년경에 예루살렘 성문 밖 골고다 언덕에서 로마 병사에 의해 십자가에 달려 죽으시고 부활하셨습니다.

둘째, 우리는 이 사건을 보면서 세상 역사 속에 나타나는 하나님의 놀라운 섭리를 발견할 수 있습니다. 로마 황제는 자기 제국을 효과적으로 통치하기 위해 호적령을 내렸을 것입니다. 그러나 그 배후에는 메시아가 베들레헴에서 탄생할 것이라는 선지자 미가의 예언을 성취시키려는 하나님의 섭리가 숨어 있었습니다.

가이사는 자신의 명령이 하나님의 말씀을 이루는 일에 사용되고 있다는 것을 알지 못했을 것입니다. 하지만 하나님께서는 누가를 통해서 이 일이 하나님의 섭리 가운데 일어났다는 사실을 계시해 주셨습니다.

우리는 이 일을 통해서 하나님께서 세계 역사를 주관하고 계시다는 것을 발견할 수 있습니다. 하나님은 아구스도와 구레뇨와 같은 이방 나라의 임금들을 세우시고 그들을 통해 하나님이 원하시는 일들을 이루셨습니다. 그러므로 성도들은 세상의 통치자를 두려워하기 보다는 그들을 세우고 주관하시는 하나님을 더 경외(敬畏)해야 합니다.

셋째, 마리아의 헌신입니다. 우리는 요셉 혼자 호적하러 가면 되지 굳이 만삭이 된 마리아가 120km나 떨어진 베들레헴까지 요셉을 따라가야만 했을까 의구심을 갖게 됩니다. 하지만 마리아는 가브리엘 천사의 수태고지를 통해서 자신이 임신할 아이가 메시아가 될 것과 구약 예언을 통해 그 메시아가 베들레헴에서 태어날 것이라는 사실을 잘 알고 있었습니다. 따라서 비록 몸은 무거웠지만 수태고지를 받아들일 때와 마찬가지로 자신의 한 몸 기꺼이 헌신하여 미가 선지자를 통해 예언된 하나님의 말씀을 성취시키기 위해서 그녀는 남편 요셉을 따라 베들레헴으로 갔던 것입니다.

끝으로, 기득권(旣得權) 문제입니다. 예수님께서는 저 높고 영광스러운 하늘 나라를 떠나 죄로 인해 사탄의 포로가 되어 신음하고 있는 가엾은 인생들을 구원하시려고 하나님의 아들로서 자신이 가지고 있는 모든 기득권을 포기하고 이 낮고 천한 세상에 오셨습니다. 그러나 먼저 와서 여관에 자리잡고 있던 소위 하나님의 백성이라는 유대인들, 그것도 다윗 왕의 집안 족속들이 "이 방은 내가 먼저 와서 계약했으니까 당연히 내가 사용할 권리가 있어"라고 말하며 저마다 자기 기득권을 주장하면서 자기 가문에 속한 배부른 여인이 왔는데도 방 한 칸 양보해 주지 않았다는 사실입니다.

혹시 이것이 오늘날 예수님을 믿노라고 공언하는 저와 여러분들의 모습은 아닌지요?

각자 자기의 권리를 주장하는 사람들 때문에 하나님의 아들이 거할 곳이 없었던 것입니다. 이것이 예수님께서 인간이 아닌 소나 나귀와 같은 짐승들만이 머무는 더럽고 냄새 나고 누추한 베들레헴 어느 허름한 마구간에서 태어나셔서 구유에 누이신 이유인 것입니다.[5]

'베들레헴'이라는 말은 '벧'이라는 명사와 '레헴'이라는 명사가 결합해서 이루어진 합성명사입니다. '벧'이란 '집'이라는 뜻입니다. 그리고 '레헴'이란 '빵'이라는 의미입니다. 그래서 '베들레헴'은 '빵집,' 즉 '베이커리(bakery)'가 되는 것입니다. 이러한 의미를 지닌 곳에 하나님께서 자신의 아들을 보내셨다고 하는 사실은 아기 예수께서 장차 인생들의 주린 배를 빵빵하게 채우시는 '생명의 빵'(요 6:35)으로서 사역하실 것임을 예견하게 합니다.

○ 목자들의 방문

아기 예수의 탄생 소식을 가장 먼저 접한 사람들 −그리하여 주를 최초로 방문하는 영광을 맛본 사람들− 은 베들레헴 주변에서 한밤중에 양떼를 지키던 '목자들'이었습니다. 당시에 목자라는 계층은 사회적으로 그다지 대접받지 못했던 하층민들이었습니다. 이는 하나님의 관심이 우선적으로 소외되고 천대받는 자들에게 있다는 사실을 보여줍니다.

천민으로 멸시 받던 목자들에게 한 천사가 나타나 구주 예수 그리스도 탄생의 기쁜 소식을 전합니다(눅 2:10-12). 이어서 수많은 천군 천사들이 홀연히 등장하여 "지극히 높은 곳에서는 하나님께 영광이요, 땅에서는 하나님이 기뻐하신 사람들 중에 평화로다"라고 찬송을 제창합니다(14절).

평화의 왕인 로마 황제가 다스리던 태평성대(?)에 왜 또 평화의 메시지입니까? 당시 로마는 세계사에 팍스 로마나(Pax Romana), 혹은 팍스 아우구스타(Pax Augusta), 즉 '로마 황제 아구스도 하의 평화'라고 알려진 유래없는 평화의 시기(주전 27 - 주후 180년까지 약 200년간)로 접어 들었습니다. 하지만 누가의 관점에서 볼 때 진정한 평화는 아직 도래하지 않았습니다. 누가에게 진정한 평화의 황제는 구중 궁궐 황위에 앉아 어깨에 힘 주고 있는 옥타비안이 아니라 초라한 말구유에 누워 조용히 잠들어 있는 '아기 예수'였습니다.

세상 임금은 제아무리 강력한 파워를 가지고 있을지라도 참된 평화를 자신의 신민(臣民)들에게 줄 수 없습니다. 그것은 '하늘 위'에서 내려옵니다. 진정한 평화는 만 왕의 왕으로 오신 하나님의 아들 예수 그리스도를 통해서만 맛볼 수 있습니다. 그러면 누가 이 평화를 누리게 됩니까?

"하나님이 기뻐하신 사람들 중에 평화로다"(14절).

하나님이 기뻐하시는 자, 즉 이 땅에 오신 하나님의 아들 예수 그리스도를 믿고 받아들이는 자에게만, 그분을 영접하는 자에게만 평화입니다. 크리스마스의 평화는 모든 사람들에게 주어지는 평화가 아니라 바로 하나님의 메시지에 반응하는 사람들에게만 하늘로부터 주어지는 평화입니다.

◉ 동방 박사들의 방문

누가는 목자들의 방문을 기록하는 반면에 마태는 동방 박사들의 출현을 언급합니다. 목자들은 유대인이었으나 가난하고 천대 받는 하층민들이었습니다. 하지만 동방 박사들은 이방인으로 부유하고 대접 받던 상류층 인사들이었습니다. 하나님께서는 무지한 목자들에게는 천사를 통해 아기 예수 탄생을 직접 계시해 주셨습니다. 이에 반해 학식 있는 박사들에게는 별의 연구를 통해 간접적으로 구주 탄생을 알게 하셨습니다.

바벨론이나 페르시아 출신 점성가 혹은 사제들로 추정되는 동방 나라에서 온 박사들은 신비한 별을 보고 예루살렘에 도착하여 "유대의 왕으로 태어난 이가 어디 있느냐 우리가 동방에서 그의 별을 보고 그에게 경배하러 왔노라"고 말했습니다. 그러자 헤롯 왕과 온 예루살렘이 듣고 한바탕 소동을 일으켰습니다(마 2:1-3).

에서의 후예로 에돔 족속 출신인 헤롯은 로마에 잘 보여 정권은 잡았지만 국민 대다수가 유대인, 즉 야곱의 후손이었으므로 마음 한 켠에는 늘 자신이 야곱 족속이 아니라는 콤플렉스가 있었습니다. 다시 말해서, 권력의 정통성 문제가 있었습니다. 그리하여 헤롯은 정적(政敵)이 나타나면 가차없이 제거했습니다. 정권 유지를 위해서는 자신의 부인과 아들들까지도 처형하는 냉혈한(冷血漢)이었습니다.

이런 상황에서 뜬금없이 동방 박사들이 나타나서 "유대인의 왕으로 나신 이가 어디 있느냐?"고 하늘의 계시를 선포하니 온 예루살렘 사람들은 '또 한바탕 피바람이 불겠구나!' 생각하며 숨을 죽이고 있었던 것입니다.

대제사장과 백성의 서기관들은 그 누구보다도 구약에 정통하여 그리스도가 베들레헴에서 난다는 사실을 잘 알고 있었지만 헤롯이 무서워서 감히 그곳에 갈 엄두를 내지 못했습니다. 그리하여 아이러니하게도 유대인이 아닌 이방인 동방 박사들이 이스라엘이 대망하던 메시아를 먼저 만나는 해프닝이 벌어졌습니다. 이와 같은 사실을 통해 마태는 예수님께서 단지 유대인의 왕으로만 오신 것이 아니라 유대인과 이방인 모두를 포함하는 '만민의 구주'로 이 땅에 오신 분이심을 분명히 드러냅니다.

비록 이방인들이었지만 동방에서 온 박사들은 최소한 네 가지 면에서 위대한 인물들이었습니다.

첫째, 동방 박사들은 별을 본 데서 그친 것이 아니라 직접 행동에 옮겼습니다.

둘째, 에스라 7장 9절에 보면 바벨론에서부터 예루살렘까지는 4개월이나 걸리는 거리였음에도 불구하고 동방 박사들은 그 먼 길을 마다하지 않고 걸어왔습니다.

게다가, 그 길은 대적과 매복자들, 즉 도둑떼들이 우글거리는 길이었습니다. 따라서 동방 박사들은 생명의 위험을 무릅쓰고 왔습니다(라 8:31).

마지막으로, 그 험난한 길을 오면서도 동방 박사들은 빈 손으로 오지 않고 황금과 유향과 몰약이라는 귀중한 예물까지 들고 왔습니다(마 2:11).

하나님께서는 자신을 간절히 찾는 이들을 홀로 버려 두지 않으셨습니다. 적어도 네 가지의 선하신 하나님의 인도하심이 동방 박사들과 함께 했습니다.

첫째, 하나님께서는 그들을 효과적으로 인도하셨습니다. 아기 예수 탄생을 알리는 별을 보게 해 주셨습니다(2절).

둘째, 계속해서 인도해 주셨습니다. 한 번만 별을 보여주신 것이 아니라 계속해서 보여주셨습니다(9절 상).

셋째, 끝까지 인도해 주셨습니다. 별이 아기 있는 곳에 머물러 서는 그 순간까지 인도하셨습니다(9절 하).

마지막으로, 정확하게 인도하셨습니다. 아기가 있는 그 집으로 한치의 오차도 없이 정확히 인도하셨습니다(11절).

그리하여 자신들의 수고와 하나님의 선하신 인도하심 덕분에 결국 동방 박사들은 만 왕의 왕으로 이 땅에 오신 아기 예수를 만나는 기쁨을 누리게 되었습니다. 마태는 강조에 강조를 더해 그 순간을 다음과 같이 증언하고 있습니다.

"그들은 엄청나게 큰 기쁨으로 기뻐했다(10절 원문 직역)."

동방 박사들은 예수 그리스도를 만나서 입이 귀에 걸릴 정도로 말로 다할 수 없는 기쁨을 맛보게 되었습니다.

C(Childhood) 유년 시절

⊙ 메시아를 만난 두 선지자

    누가복음은 나머지 복음서에 기록되지 않은 예수님의 어린 시절 기사 몇 편을 소개합니다. 그 중에 첫 번째는 아기 예수가 율법에 명시된 대로 난 지 8일 만에 할례를 받고 40일에 하나님께 바쳐지는 의식을 치르는 기사입니다 (눅 2:21-24). 이 기사에서 누가는 어머니 마리아의 정결 예식과 아기 예수를 봉헌하는 행위를 함께 묘사하고 있습니다.

    유대의 모든 산모는 자녀를 낳은 후 율법에서 정한 기한(레 12:1-5, 남자 아이는 40일, 여자 아이는 80일)이 지나면 제사장에게로 가서 규례대로 예물을 드려 속죄를 받아야 했습니다. 그 이유는 자녀를 해산한 산모는 부정하게 된 것으로 여겨졌기 때문입니다. 또한 초태생은 하나님께 속한 것으로 예수님은 마리아와 요셉의 첫 번째 사내 아기셨기에(참고, 출 13:2), 하나님께 봉헌되기 위해 부모와 함께 베들레헴에서 예루살렘으로 여행을 해야만 했습니다.

여기서 우리는 예수님의 부모 마리아와 요셉이 철저히 율법 즉, 하나님의 말씀에 순종하는 모습을 봅니다. 예수님 또한 산상 설교를 통해 자신이 율법을 폐하러 오신 것이 아니라 율법을 지켜 완성하러 오신 분이심을 분명히 하셨습니다(마 5:17).

요셉과 마리아 부부는 정결 예식과 봉헌식을 위해 아기 예수와 함께 예루살렘 성전을 방문했는데 그곳에서 메시아 탄생을 학수고대하며 기다리던 두 명의 선지자를 만나게 되었습니다(눅 2:25-39). 한 사람은 이스라엘의 위로를 기다리는 경건하고 의로운 시므온 선지자였고, 다른 한 사람은 금식과 기도를 하며 성전을 떠나지 않았던 84세 된 안나 선지자였습니다. 이들은 하나님의 은혜로 일생의 소원인 구주 예수를 예루살렘 성전에서 만나 큰 위로를 받게 되었습니다.

이스라엘의 위로, 즉 구원(Exodus)을 손꼽아 기다리며 경건하게 살아왔던 시므온은 성령이 늘 함께하는 사람이었습니다(눅 2:25). 그는 성령으로부터 "메시아를 볼 때까지는 결코 죽지 않을 것"이라는 약속을 받았습니다 (26절). 그리하여 그 날도 성령의 감동을 받아 성전에 들어갔는데 마침 율법의 관례대로 행하고자 하여 성전을 방문한 마리아의 품에 있는 주님을 만나게 되었습니다(27절).

그동안 수많은 사람들이 메시아를 기다렸고 보기를 간절히 원했으나 소원을 이루지 못하고 사라졌는데 모세의 율법과 선지자들을 통해 수천 년 동안 약속했던 바로 그 메시아를 자신의 눈으로 직접 본 시므온은 당장 죽어도 여한이 없을 만큼 큰 위로를 받았습니다. 그래서 시므온은 아기 예수를 품에 안고 긴 찬양을 하나님께 올려 드렸습니다(28-35절).

시므온과 더불어 고대하던 아기 예수를 만나는 영광을 누린 사람은 바누엘의 딸 안나였습니다(36-38절). 안나 선지자는 결혼한 지 7년 만에 남편과 사별하고 과부가 되었습니다. 이스라엘에서 남자는 13세에, 그리고 여자는 12세에 성년이 됩니다. 그러므로 만약 안나가 12살에 결혼을 했다면 약 20살 정도에 청상과부가 되었을 것이고 지금 84세니까 거의 65년을 과부로 생활해 왔을 겁니다. 이 긴 세월 홀로 되어 살아온 안나에겐 얼마나 큰 고통이었을까요?

인간이 겪는 고통 중에 가장 견디기 힘든 고통이 사랑하는 사람을 잃는 고통이라고 심리학자들은 말합니다. 연인을 잃은 충격은 사람을 바보로 만든다고 합니다.

게다가, 고대 근동의 과부는 자신이 과부인 것을 사람들이 쉽게 알아볼 수 있도록 검은 옷을 입게 되어 있었습니다. 그래서 과부는 사회로부터 격리되어 따돌림을 받으며 살았습니다. 남편을 잃은 것도 서러운데 따돌림까지 받으니 견디기가 쉽지 않았을 것입니다. 하지만 이러한 이중적인 고통을 겪는 비참한 상황에서도 안나는 주님의 전을 사모했습니다. 그래서 성전을 떠나지 않았습니다(37절 상). 성전을 자신의 삶의 중심으로 삼았습니다.

안나는 또한 주야로 금식하며 기도함으로 하나님을 섬겼습니다(37절 하). 여기서 기도와 금식은 반복적 기도와 금식을 의미합니다. 철저한 자기 희생과 헌신을 하며 기도하고 금식한 것을 말합니다. 자신의 불행에도 불구하고 하나님의 전을 떠나지 않고 기도하고 금식하며 메시아를 기다리던 참으로 경건한 사람, 놀라운 믿음의 사람 안나에게 하나님께서는 대망의 메시아 예수 그리스도를 만나는 영광을 주셨습니다.

안나는 아기 예수를 만난 후 밖에 나가서 많은 사람에게 그를 증거했습니다(38절). 웬만하면 이런 불행을 당했을 때 될 대로 되라 하며 자포자기하거나 타인을 원망할 텐데 안나는 불행 중에도 감사했습니다. 불행을 극복하고 오히려 하나님을 찬양했습니다. 이렇게 안나 선지자처럼 자신의 불행을 넘어서서 사역을 감당하는 사람이 진짜 믿음의 사람입니다.

● 순종의 전형, 소년 예수

예수님의 소년 시절에 관한 기록은 누가복음에만 등장합니다(눅 2:40-52). 소년 예수는 12살 되었을 때 부모를 따라 유월절 명절을 지키기 위해 예루살렘에 올라갔습니다. 성전을 방문한 후 돌아오는 길에 마리아와 요셉은 자기 애가 없는 것을 알아채고 사흘간 찾아 헤매다 성전에서 선생들과 문답을 하고 있는 예수님을 발견했습니다.

이 기사를 열고 닫는 40절("아이가 자라며 강하여 지고 **지혜**가 충족하며…")과 52절("예수는 그 **지혜**와 그 키가 자라가며…")이 잘 보여주듯이, 여기에서 누가는 예수님의 탁월한 '지혜'를 강조합니다.

중간에 끼어있는 41-51절에서는 이 주님의 지혜가 무엇인지 두 가지로 드러납니다.

첫째로, 소년 예수는 비록 나이는 어렸지만 자신이 누구인지 분명히 알고 있었다는 사실입니다. 마리아가 그에게 '네 아버지와 내가' 걱정하며 찾았다고 했을 때 주님은 "내 아버지의 집에 있어야 한다"(눅 2:49)고 대답하셨습니다.

이 말은 요셉이 예수님의 아버지가 아니라 하나님을 가리켜 아버지라고 말한 것으로 예수님의 자아의식이 얼마나 확실하셨는가를 단적으로 보여줍니다. 아마도 마리아와 요셉은 시간이 흘러감에 따라 천사가 알려준 하나님의 아들로서의 예수님의 진정한 정체성을 잊어버렸던 것 같습니다. 하지만 소년 예수는 하나님께서 자신의 진정한 아버지시고 자신은 하나님의 아들

이라는 자기 정체성이 분명했습니다. 6)

둘째로, 주님은 자신이 하나님의 아들, 즉 하나님(창조주)이라는 사실을 너무도 잘 알고 있었지만, 자신이 만든 피조물인 마리아와 요셉에게 철저히 순종했다는 점입니다. 이는 누가복음 2장 51절 말씀("예수께서 나사렛에 이르러 순종하여 받드시더라")이 잘 보여주는데, 여기서 '순종하고 받드시더라'는 동사구는 헬라어 미완료형으로 한 번으로 끝나는 것이 아닌 계속되는 예수님의 순종을 강조합니다.

하나님이신 예수님이 보기에 마리아와 요셉은 얼마나 부족한 존재였겠습니까? 하지만 인간의 몸을 입고 오신 소년 예수는 짝퉁 부모(?) 마리아와 요셉의 권위를 인정하고 순복했습니다. 비록 흠이 있고 연약할지라도 하나님이 세운 권위를 무시하지 않고 존중하는 것, 이것이 참 지혜입니다.

D(Deep Water) 요단 강 세례

◎ 장차 올 엘리야

주님은 목수인 육신의 아버지 요셉을 도와 그의 목공소에서 성실히 일하며 사생애를 보내다가 인류 구원의 때가 가까워 오자 서서히 공생애 사역을 준비하셨는데, 그 첫 단계가 요단 강 깊은 물 속에서 자신의 종 세례 요한에게 세례를 받는 사건이었습니다(마 3:13-17; 막 1:9; 눅 3:21-22).

하나님께서는 구약에서 아브라함 언약과 다윗 언약 등을 통해 메시아를 이 땅에 보내 주시겠다고 끊임없이 약속하셨습니다. 그런데 구약의 마지막 구절인 말라기 4장 5-6절에 보면, 그전에 메시아의 전령으로 엘리야를 보내 그를 통해서 이스라엘이 메시아를 맞이하기 위한 마음의 밭을 준비시키겠다고 말씀하셨습니다.

말라기의 예언이 있은 후 무려 400년간의 침묵기(신구약 중간기)가 있었습니다. 이 긴 기간 동안 하나님께서는 어떤 선지자도 이스라엘에 보내시지 않았습니다. 그리고 드디어 노(老) 제사장 사가랴와 엘리사벳의 가정을 통해 세례 요한이 탄생했는데 이 사람이 바로 '오리라 한 그 엘리야'였습니다 (눅 1:5-25).

이 사실은 마태복음이 잘 증명해 주고 있습니다. 먼저 마태복음 11장을 보면 예수님께서 메시아에 대한 세례 요한의 제자들의 질문에 답을 하고 나서 그들이 물러간 후, 무리에게 요한을 칭찬하시면서 요한을 가리켜 "오리라 한 엘리야가 이 사람이다"고 말씀하셨습니다(14절).

또한 마태복음 17장에 보면 변화산에서 모세와 엘리야를 본 후 제자들이 "서기관들은 왜 엘리야가 먼저 와야 하리라 하나이까?"라고 질문하자(10절), 예수님께서 "엘리야가 이미 왔으되 사람들이 알아보지 못하고 임의로 대우하였도다"고 말씀하셨습니다(12절). 그제서야 제자들이 예수님께서 말씀하신 것이 세례 요한인 줄 깨달았습니다(13절). 이상의 기사를 통해 우리는 세례 요한이 바로 오리라고 말라기에서 약속한 선지자 엘리야임을 알 수 있습니다.

그러면 엘리야와 세례 요한은 어떤 면에서 서로 공통점이 있는지 신·구약 성경을 통해 한 번 비교해 보겠습니다. 우선 이 둘은 겉모습, 즉 외형이 비슷했습니다. 열왕기하 1장 8절에는 '털이 많은 사람으로 허리에 가죽 띠를 띠었다'고 디셉 사람 엘리야의 용모를 소개합니다. 마태복음 3장 4절에도 이 요한은 '낙타 털 옷을 입고 허리에 가죽 띠를 띠었다'고 말합니다.

엘리야와 세례 요한은 또한 속모습, 즉 내면이 서로 닮았습니다. 열왕기상 19장 10절에 엘리야는 자신이 '여호와께 열심이 유별[특심]'한 사람이었다고 고백합니다. 누가복음 1장 17절은 세례 요한이 '엘리야의 심령과 능력'을 지녔다고 증언합니다.

우리 신앙인들은 선진들의 겉모습을 굳이 닮으려고 애쓸 필요는 없습니다. 하지만 엘리야나 세례 요한과 같이 하나님을 뜨겁게 사랑하며 경건하게 살고자 했던 그분들의 속사람은 닮으려고 애써야 할 것입니다.

◉ 광야에서 외치는 자의 소리

복음서 기자들은 한결같이 세례 요한을 선지자 이사야가 750년 전에 예 언한 '광야에서 외치는 자의 소리'라고 소개합니다(마 3:3; 막 1:3; 눅 3:4; 요 1:23. 참고, 사 40:3). 메시아의 전령으로서의 사명을 띠고 이 땅에 태어난 요한은 이스라엘에 나타나기까지 광야에서 혹독한 연단과 훈련을 받으며 긴 시간을 보냈습니다.

그가 오랜 시간을 보낸 광야는 아마도 요단 계곡이 인접한 유다 광야였 을 것입니다. 이스라엘 백성이 바벨론의 포로가 되었다가 젖과 꿀이 흐르는 땅 가나안으로 들어갈 때 거쳐야 했던 곳이 바로 광야였습니다.

그러기에 선지자 이사야는 하나님의 백성이 바벨론 포로 생활에서 돌아올 것을 예언하면서 광야에 나가서 주님을 맞을 준비를 해야 한다고 선포했던 것입니다. 그들은 광야에서 주님을 영접하여 가나안 땅으로 들어가게 될 것 입니다. 그러므로 세례 요한이 나타나 광야의 외치는 소리로 하나님의 백성 을 준비시키고 있었던 것입니다. [7]

세례 요한의 정체가 광야에서 외치는 자의 '소리'라고 했는데 '소리'의 특징 은 무엇입니까? 크게 두 가지인데 하나는 보이지 않는 것입니다. 다른 하나 는 한 번 발설하고 나면 사라지는 것입니다. 소리와 관련해서 세례 요한의 정체성을 가장 잘 드러내는 말씀은 요한복음 3장 30절입니다.

거기 보면 세례 요한은 예수님과 자신을 비교하면서 "그는 흥하여야 하겠 고 나는 쇠하여야 하리라"고 말합니다. 이 말은 자신을 철저하게 숨기고 자신의 사역을 통해서 예수 그리스도만 나타내다가 결국 예수님께서 등장하시면 소리 소문 없이 사라지겠다는 세례 요한의 신앙고백인 것입니다. 요한은 자신의 그 고백대로 한평생을 살다 간 사람입니다.

요단 강에서 수많은 사람들에게 세례를 베풀며 잘 나가던(?) 요한은 예수님의 등장과 함께 사람들의 이목이 그에게 집중되자 주변이 한산해지기 시작했습니다. 게다가, 안드레를 포함한 자신의 두 제자까지 예수님을 따라갔습니다(요 1:35-37). 그 후 세례 요한은 권력자에게 말 한마디 그만 너무 심하게 해서(?) 옥에 갇혔습니다. 그리고 나서 다시는 감옥에서 나오지 못하고 그곳에서 순교하고 말았습니다(마 14:3-11). 그래서 결국 세례 요한은 예수님만이 흥하여 지고 자신은 소리와 같이 쇠하여 사라지는 삶을 살다 갔습니다.

주님의 일을 감당하는 사역자들은 세례 요한을 지표로 삼아야 할 것입니다. 세례 요한의 모범을 좇아 자신이 아닌 주님이 크게 보이게 해야 할 것입니다. 자신의 사역을 통해 양떼들이 믿음이 좋아지면 그것으로 만족해야지 양떼들이 자신을 알아주지 않는다고 섭섭하게 생각해서는 안 될 것입니다. 이는 주의 종으로서 세례 요한의 위치를 이탈하는 것이기 때문입니다.

● 형통한 사역

광야에서 외치는 자의 소리로서 세례 요한은 "회개하라 천국이 가까이 왔느니라"고 선포했습니다(마 3:2). 예수님께서도 공생애를 시작할 때 동일하게 "회개하라 천국이 가까이 왔느니라"고 외쳤습니다(마 4:17). 여기서 세례 요한이 선포한 것은 예수님과 함께 하나님 나라가 이미 왔으니 회개하고 그분의 통치와 다스림 안으로 들어오라는 것입니다.

그러면 "회개하라 천국이 가까이 왔느니라"고 할 때 세례 요한이 말하는 '회개'란 무엇을 의미할까요? 이 말은 동일한 세례 요한의 기사를 다루는 누가복음이 잘 설명해 주고 있는데 거기 보면 회개를 길을 닦는 것에 비유하고 있습니다.

> "모든 골짜기가 메워지고 모든 산과 작은 산이 낮아지고 굽은 것이 곧아지고 험한 길이 평탄하여질 것이요"(눅 3:5).

골짜기같이 낮은 곳은 메워서 높여 평평하게 하고 산같이 높은 곳은 깎아서 낮추어 평평하고 곧은 길을 만들어 왕이 아주 편안하고 기쁘게 오실 수 있도록 하는 것이 회개입니다. 여기서 '길'이란 문자 그대로 길이 아니라 '마음의 길'을 의미합니다. 예수님께서 오실 수 있도록 우리의 마음의 길을 잘 닦아 놓는 것이 바로 세례 요한이 말하는 회개입니다.

요한은 회개의 표시로 물세례를 주었지만 자신이 베푸는 세례로는 사람을 근본적으로 변화시킬 수 없다는 점을 잘 알고 있었습니다. 요한의 물세례는 단지 백성들에게 회개의 절박함을 깨우쳐 주는 일에 지나지 않았습니다. 그러므로 요한은 자기 뒤에 오실 분, 즉 예수님께서 베푸실 보다 완전한 세례에 대해서 언급하지 않을 수 없었습니다.

요한은 예수님을 성령과 불로 세례를 베푸실 분으로 소개합니다. 예수님께서 베푸실 성령 세례는 구원과 관계되어 있고 불세례는 멸망과 관련되어 있습니다. 그리스도를 믿는 신자는 성령으로 세례를 받아 구원에 이를 것이고 믿지 않는 불신자들은 불로 세례를 받아 멸망할 것이라는 말입니다.

회개한 표로 물세례를 주는 요한의 사역은 최소한 다섯 가지 면에서 성공한 사역이었습니다.

첫째로, 요한은 수적[양적]인 면에서 성공했습니다. 세례를 받기 위해 예루살렘과 온 유대와 요단 강 사방에서 다 그에게 나아왔습니다(마 3:5). 주의 사역에 있어서 수적 성장은 무시할 수 없는 부분입니다. 초대 예루살렘 교회는 '구원 받는 자가 날마다 더하는' 폭발적으로 부흥하는 교회였습니다(행 2:47). 변화와 성장이 없는 고인 물은 썩게 마련입니다.

둘째로, 질적인 면에서도 성공했습니다. 요한이 회개하고 세례를 받으라고 하자 부자들과 세리들과 군인들이 죄를 자복하고 세례 받았습니다(마 3:6; 눅 3:10-14). 부자들은 가진 옷과 음식을 가난한 자들에게 나누어 주고(눅 3:10), 세리들은 정한 세금 이상 징수하지 않고(12절), 군인들은 폭력이나 거짓으로 남의 것을 늑탈하지 않고 자신들의 봉급에 만족하는 회개에 합당한 열매까지 맺는 사역이었습니다(14절).

셋째로, 시간적인 면에서 성공했습니다. 마태복음 3장 5-6절에 "예루살렘과 온 유대와 요단 강 사방에서 다 그에게 나아와 그에게 세례를 받았다"고 했는데 여기서 '나왔다'는 동사와 '세례를 받았다'는 동사는 헬라어 미완료형으로 동작이 계속해서 진행되고 있는 것을 보여줍니다. 사람들이 계속해서 요단 강으로 나오고 또 계속해서 세례를 받고 있었습니다. 한 번만 반짝하고 끝난 것이 아니라 계속해서 모여들었습니다. 교회로 말하면 계속해서 부흥했습니다. 사업으로 따지면 계속해서 번창했습니다.

넷째로, 인간적인 체면을 초월한 면에서 성공한 사역이었습니다. 지체 높은 에디오피아 내시가 평신도 빌립에게 세례 받듯이(행 8:38), 수도 예루살렘에 사는 콧대 높은 인간들이 체면 무릅쓰고 산 사나이 요한에게 세례를 받았습니다.

마지막으로, 주님께서 요한의 사역을 인정해 주셨다는 점에서 성공한 사역이었습니다. 사실 다른 면에서 다 성공해도 예수님께 인정받지 못하면 아무 것도 아닙니다. 마태복음 21장 32절에 예수님께서 요한이 "의의 도로 너희에게 왔다"고 증언하셨습니다. 이는 요한의 세례가 주님 보시기에 의로웠다는 말입니다.

◉ 사역 성공의 비결

세례 요한이 사역에 성공한 이유는 세 가지로 집약될 수 있습니다.

첫째는, 그가 하나님께로부터 왔기 때문입니다. 다시 말해서, 하나님께서 그를 보내셨기 때문입니다(요 1:6). 병자를 고친 베드로와 요한에 대해서 율법사 가말리엘이 잘 말했듯이(행 5:38-39), 하나님께로서 난 자는 결코 실패하지 않습니다. 사울은 대제사장의 신임장을 가지고 왔음에도 그리스도인들을 진멸하는데 실패했지만(행 9:1), 바울과 바나바는 성령 하나님의 보내심을 받아 선교에 성공했습니다(행 13:2, 4).

둘째로, 성령의 충만을 받아서 사역했기 때문입니다(눅 1:15-16, "이는 그가 주 앞에 큰 자가 되며 … 모태로부터 **성령의 충만함**을 받아 이스라엘 자손을 주 곧 그들의 하나님께로 많이 돌아오게 하겠음이라"). 선지자 스가랴에게 천사가 말했듯이(슥 4:6, "그가 내게 대답하여 이르되 여호와께서 스룹바벨에게 하신 말씀이 이러하니라 만군의 여호와께서 말씀하시되 이는 힘으로 되지 아니하며 능력으로 되지 아니하고 오직 **나의 영**으로 되느니라"), 하나님의 일은 오직 성령의 능력으로만 감당할 수 있습니다.

베드로는 공생애 3년간 예수님을 지척에서 모셨지만 결정적일 때 부인하고 심지어는 저주까지 했던 무기력한 제자였습니다. 그러나 그가 오순절 날 성령의 충만을 받자 사람들이 그의 설교를 듣고 3,000명이나 회개하고 주께 돌아오는 역사가 일어났습니다(행 2:41). 그러므로 우리도 또한 늘 말씀과 기도로 무장하여 성령 충만한 삶을 살아야 할 것입니다.

마지막으로, 사생활이 깨끗했기 때문입니다(눅 1:15, "이는 그가 주 앞에 큰 자가 되며 포도주나 독한 술을 마시지 아니하며…"). 나실인으로서 세례 요한은 낙타 털옷을 입고 허리에 가죽 띠를 띠고 음식은 메뚜기와 석청[야생 꿀]을 먹는 등 금욕적인 생활을 하며 절제된 삶을 살았습니다(마 3:4).

자신의 사생활이 깨끗하지 못한 사람이 남에게 영향을 미칠 수는 없습니다. 고인이 되신 한경직 목사님은 사시사철을 한 벌 옷으로 지내셨다고 합니다. 신의주 제 2 교회에서 시무하실 때 자주 교회 옥상에 올라가서 성도들의 집을 돌아보고 굴뚝에 연기가 나지 않는 집을 찾아가 쌀을 주고 오곤 했다는 미담이 전해집니다.

● 무죄한 주님이 죄인의 세례를 받으신 이유

예수님은 자진해서 요단 강에서 세례를 베풀고 있는 요한에게 나아와 세례를 받으셨습니다. 주님은 죄가 없는 분이기에 굳이 죄 회개의 표로 주어지는 요한의 세례를 받을 필요가 없었습니다. 또한 주님은 왕이시고 요한은 그의 길을 준비하기 위해 파견된 전령에 불과했기 때문에 요한은 안 된다고 극구 말렸습니다. 하지만 주님의 설득이 요한의 사양보다 더 강했습니다. 그리하여 요한은 주님께 세례를 베풀었습니다.

죄가 없으신 예수님께서 요한에게 물세례를 자진해서 받으신 이유는 세 가지로 요약될 수 있습니다.

첫째로, 요한이 증거하듯이(요 1:29), 예수님께서는 '세상 죄를 지고 가는 하나님의 어린 양'으로서 우리의 모든 죄를 한 몸에 짊어지셨기 때문에 죄 짐을 대신 짊어지신 분이라는 것을 보여주기 위해 세례를 친히 받으셨습니다. 이 말은 곧 죄 없으신 하나님께서 자기 백성과 동일한 죄인이 되셨다는 말입니다. 죄인의 자리에 기꺼이 서셨다는 말입니다.

둘째로, 주님께서 친히 말씀하셨듯이 '모든 의를 이루기 위해서'였습니다 (마 3:15). 이 말을 통해 예수님께서는 요한의 물세례 사역이 의로운 사역임을 인정해 주셨습니다. 그 의로운 일에 '한 의(義)'라도 더 보태어 '모든 의'를 이루고자 했던 것이 주님의 심정이었습니다. 이것은 바로 로마서에서 사도 바울이 말하는 '모든 것이 합력하여 선을 이룬다'는 말과 맥이 통하는 사상입니다(롬 8:28).

끝으로, 메시아로서 공적인 사역에 공개적으로 헌신하기 위해서였습니다. 구약에서 세례나 안수는 공적인 세움을 입는 자(왕, 선지자, 제사장)가 그의 사역을 시작하기 위해 필요한 선결 과정이었으므로 주님께서는 지금 요한의 물세례를 통해 공적인 사역에 들어가고 계신 것입니다. 어떤 의미에서 지금 왕이신 예수님께서 신하요, 종인 요한에게 무릎을 꿇고 즉위식[취임식]을 거행하고 있는 것입니다. 이러한 행위는 이 왕이 앞으로 어떤 왕 —군림하는 왕이 아닌 섬기는 왕— 이 될 것인지를 미리 사람들에게 보여주시는 것입니다.

성부 하나님께서 친히 예수님의 취임식을 인쳐주셨습니다(마 3:16-17). 이 사람이 바로 오리라고 한 그 메시아요 하나님의 아들임을 인쳐주셨습니다. 하나님께서는 세 가지 방법으로 인쳐주셨습니다. 예수님께서 요한에게 세례를 받고 물에서 올라오실 때 세 가지 놀라운 일이 벌어졌습니다.

첫째로, 하늘이 열렸습니다(16절 상). 둘째로, 성령이 비둘기같이 내려 예수님 위에 임하셨습니다(16절 하). 마지막으로, 하늘로부터 "이는 내 사랑하는 아들이요 내 기뻐하는 자"라는 음성이 들렸습니다(17절).

구약 성경에 보면 '하늘이 갈라지는 일'은 하나님께서 강림하신 일과 깊은 관계가 있습니다(시 18:9, 16-19 등). 그래서 이사야는 '원컨대 주는 하늘을 가르고 강림하옵소서!'라고 기도했던 것입니다(사 64:1). 성령 강림은 메시아로서 맡은 사역을 잘 감당할 수 있도록 성부 하나님께서 특별한 능력을 성자 예수님께 부여하신 것을 의미합니다. 구약에 특별한 사람들을 거룩한 직분에 세울 때에는 하나님의 신이 그에게 임했으며 이를 통해 특별한 능력과 은사가 임했습니다. 이제 예수님께서도 하나님의 구속 사역을 감당하기 위해 공식적으로 세움을 받고 있음으로 그의 머리 위에 성령이 임한 것이며 더불어 성령의 능력을 덧입으신 것입니다.

우리가 여기서 한 가지 기억해야 할 것은 하나님의 아들도 하나님의 일을 하기 위해서는 성령 충만을 겸비하지 않고 할 수 없었다는 사실입니다. 하나님의 아들이요, 죄 없으신 분 일지라도 죄 많은 이 세상에서 하나님의 일을 잘 감당하기 위해서는 성령 충만이 필요했습니다. 그러므로 하나님의 사람이 되기를 진정 원한다면 먼저 성령의 사람이 되어야 합니다.

하늘 문이 열리고 성령이 임한 후에 들린 "이는 내 사랑하는 아들이요 내 기뻐하는 자"라는 하늘의 음성은 시편 2편 7절의 다윗의 즉위식을 인용한 말입니다. 하나님께서는 이스라엘을 위해 왕을 세우시고 그를 자신의 '아들'로 인정해 주셨습니다. 그리고 그 왕에게 열방을 구하라고 하셨고 만일 그가 구하면 열방을 유업으로 주실 것이라고 약속하셨습니다. 그러나 주변 국가들은 여호와께서 세우신 왕을 대적하려고 했습니다. 시인은 그들을 향해서 여호와를 경외함으로 섬기고 그 아들에게 입 맞추라고 권면하면서 아들에게 입 맞추는 자는 구원을 받지만 그를 대적하는 자는 멸망할 것이라고 경고하였습니다(시 2:7-12).

이 왕은 일차적으로 '다윗'이었습니다. 하나님은 다윗을 이스라엘의 왕으로 세우고 그를 통해 하나님의 영광을 나타내시기를 원하셨습니다. 그러나 주변의 민족들은 그 통치를 거부하고 힘을 모아 그를 치려고 했습니다. 그러나 그 왕은 하나님이 세운 왕이었기에 그를 대적하는 자는 멸망하고 말았습니다.

이 예언은 예수 그리스도를 통해서 완전히 성취되었습니다. 하나님께서는 자기 아들을 '다윗의 후손'으로 보내셨으며 그를 왕으로 세우셨습니다. 하나님께서는 그에게 성령으로 기름을 부으셨으며 그를 인류 구속을 위한 왕[메시아]으로 세우셨습니다. 하나님께서는 예수님에게 하늘과 땅의 모든 권세를 주셨습니다.

일부 사람들은 그분의 통치를 받아들였지만 다른 사람들은 그분의 통치를 거절했습니다. 성령님께서는 세상 사람들에게 하나님의 아들에게 입을 맞추라고, 즉 그를 영접하라고 권고하고 있습니다. 이 음성을 듣고 하나님의 아들을 영접하는 자는 하나님의 자녀가 될 것입니다. 그러나 그것을 거부하는 자는 영원한 심판을 받게 될 것입니다.

E(Enemy) 원수 마귀의 시험

○ 시험 삼종 세트

죄로 인해 사탄의 포로 상태에 있는 세상에 구원을 주시기 위해 성육신하신 주님께서 본격적인 공생애 사역에 임하시기 전에 세례 의식을 통해 -특히, '너는 내 아들이라'는 하늘의 음성을 통해- 하나님의 아들이란 공적 인증을 거쳤다면, 이제 광야 시험을 통해 진정 하나님의 아들임을 입증하는 내적 인증의 절차를 밟으실 필요가 있었습니다. 그리하여 성령께서 사해 옆 유다 광야로 예수님을 이끄셨습니다.

공관복음 기자들은 주님께서 이 삭막한 광야에서 사십 일 금식하신 후에 원수 마귀에게 세 가지 시험을 받으신 사실을 기록하고 있습니다(마 4:1-11; 막 1:12-13; 눅 4:1-13).

이 시험의 내용은 창세기에서 하와가 선악과를 통해 받았던 유혹, 즉 '그 나무 열매는 먹음직도 하고, 보암직도 하고 지혜롭게 할 만큼 탐스럽기도

했던' 유혹과 동일했습니다(창 3:6). 사도 요한은 자신의 첫 번째 편지에서 이 시험을 '육신의 정욕과 안목의 정욕과 이생의 자랑'이라고 잘 요약하고 있습니다(요일 2:16).

이 세 가지는 이천 년 전 주님에게만 국한되는 것이 아니라 오늘날도 그리고 앞으로도 계속해서 모든 그리스도인들에게 변함없는 시험거리가 될 것입니다.

● 첫 번째 시험 과목: 육체의 정욕

사십 일을 금식한 후, 주리신 예수님께 '돌로 떡을 만들어 먹으라'는 첫 번째 시험(마 4:3; 눅 4:3)은 육체의 정욕과 필요를 채우는 문제와 관련된 시험이었습니다. 사실 먹고 사는 문제, 즉 경제 문제만큼 인류 역사에서 중요한 이슈가 또 어디 있습니까? 우리 현직 대통령 또한 결국 경제 문제를 해결해 줄 수 있다고 해서 몰표를 받고 당선된 것 아닙니까? 예수님께서도 광야에서 물고기 두 마리와 보리떡 다섯 개로 오천 명을 먹이시는 이적을 베풀자, 군중들이 당장 임금 삼으려고 하지 않았습니까?

무슨 수단을 쓰든지 배고픔의 문제만 해결해 주면 능력자로 인정해 주는 세상에서 돌을 떡으로 만들어 먹으라는 사탄의 시험은 예수님께 뿌리치기 쉽지 않은 유혹이었을 것입니다. 사탄은 항상 인간의 가장 취약한 부분을 공략합니다. 사탄은 얼마든지 다른 시험을 던질 수도 있었지만 40일을 금식하고 주린 예수님께 가장 적당한 시험은 음식에 관한 것이었습니다.

예수님은 하나님이니까 이 정도의 시험쯤은 쉽게 이겨내실 수 있었을 것이라고 생각하는 것은 옳지 않습니다. 주님 또한 목마르면 물이 필요하셨고 배고프면 떡이 필요하셨던 우리와 똑같은 인성을 가지신 분이셨습니다. 이러한 사실을 너무나 잘 알고 있었던 사탄은 "네가 만일 하나님의 아들이어 든 이 돌들로 떡을 만들어 먹으라"고 유혹했던 것입니다(마 4:3). 이 말을 뒤집어 해석하면 무슨 수단을 사용하든지 당장의 굶주림의 문제만 해결하면 능력자요 하나님의 아들 메시아로 인정받는 것처럼 착각하게 만듭니다.

이 유혹에 빠지게 되면 예수님은 떡을 얻기 위해 온갖 수단을 다 정당화하면서 철저히 떡에 매어 사는 존재, 즉 '떡으로만 사는 사람'으로 전락하고 마는 것입니다. 이것이 바로 첫 번째 시험을 통한 사탄의 노림수였습니다.[8]

예수님께서도 우리 인간은 육체를 가지고 있기에 떡이 필요하다는 것을 인정하셨습니다. 그러나 사람은 '떡'으로만 사는 것은 아닙니다. 우리에게 진정으로 생명을 주는 것은 물질의 떡이 아니라 생명의 떡인 하나님의 말씀입니다(마 4:4). 그래서 아모스는 "주 여호와의 말씀이니라 보라 날이 이를지라 내가 기근을 땅에 보내리니 양식이 없어 주림이 아니며 물이 없어 갈함이 아니요 여호와의 말씀을 듣지 못한 기갈이라"고 외쳤습니다(암 8:11).

주님께서는 누가 떡을 주는 자인지 정확히 알고 계셨습니다. 사탄은 굶주린 예수님에게 돌로 떡을 만들라고 질문은 했지만 어떠한 것도 공급하지 않았습니다. 사탄은 주는 자가 아니라 오히려 빼앗는 자입니다.

"도둑[사탄]이 오는 것은 도둑질하고 죽이고 멸망시키려는 것뿐이요"(요 10:10 상).

사탄은 절대로 주지 않습니다. 아니 줄 수도 없습니다. 하지만 하나님은 우리에게 양식을 주시는 분이십니다. 그것도 풍족히 주시는 분이십니다.

"내가 온 것은 양으로 생명을 얻게 하고 더 풍성히 얻게 하려는 것이라"(요

10:10 하).

이러한 사실을 잘 아셨기에 주님께서는 떡을 얻기 위해서 하나님만 신뢰하셨습니다. 그래서 신명기 말씀을 인용하셨던 것입니다.

"예수께서 대답하여 이르시되 기록되었으되 사람이 떡으로만 살 것이 아니요 하나님의 입으로부터 나오는 모든 말씀으로 살 것이라 하였느니라 하시니"(4절, 신 8:3 인용).

신명기 8장 3절은 이스라엘을 위한 하나님의 공급과 관련되어 있습니다. 하나님께서는 이스라엘을 보호하시고 만나로 먹이시리라는 약속을 하셨습니다(출 16장). 그 약속대로 하나님께서는 광야 40년 동안 이스라엘에게 그렇게 하셨는데 신명기에서 모세는 이스라엘 백성에게 그 사실을 상기시켜 주고 있는 것입니다.

예수님께서도 역시 세례 받으실 때 하나님의 아들로 인치심을 받으셨으므로(마 3:17), 하나님께서는 약속대로 아들을 보호하실 것입니다. 따라서 음식이 만일 아들에게 온다면 그것은 오직 하나님께로부터만 올 것입니다. 그런데 돌을 떡으로 만듦으로써 음식을 스스로 공급하게 되면 예수님께서는 독립적으로 행동하는 것이고 이는 하나님의 약속을 신뢰하지 않는 행위일 것입니다. 따라서 예수님께서는 하실 능력이 충분히 있으셨음에도 불구하고 자신을 위한 기적적인 음식 공급을 스스로 포기하고 전적으로 아버지 하나님의 보호에만 의존하는 길을 택하셨던 것입니다.

첫 사람 아담은 하나님 아버지를 떠나 자기 힘에만 전적으로 의존하여 자신의 안녕과 번영을 도모했습니다. 하지만 그는 실패했습니다. 그러나 예수님은 둘째 아담으로 이 땅에 오셔서 아담의 전철을 밟지 않고, 하나님께 전적으로 의지하고 순종함으로 말미암아 사탄의 첫 시험에 당당히 승리하셨습니다.

● 두 번째 시험 과목: 이생의 자랑

'예루살렘 성전 꼭대기에서 뛰어내리라'는 마귀의 두 번째 시험(마 4:5-6; 눅 4:9-11)은 이생의 자랑, 즉 자기 과시욕에 대한 시험이었습니다. 인간은 누구나 자기 잘난 것을 드러내고 싶어하는 욕망이 있습니다. 오늘날은 특히 그렇습니다. 이제 더 이상 겸손이 미덕인 시대가 아닙니다. 그야말로 피(P)할 것은 피하고 알(R)릴 것은 적극 알리는 '자기 피알(PR)시대'입니다. '스타가 되고 싶으면 연락해'라는 유행어가 생겨날 정도로 너나 할 것 없이 스타가 되고 싶어 안달하는 시대입니다.

어떤 방법을 써서라도 소위 뭔가 보여줘서 뜨게 되면 능력자로 인정해 주는 타락한 세상에서 가만히 있지 말고 만인이 보는 성전 꼭대기에서 뛰어내림으로써 하나님의 아들인 것을 드러내라는 사탄의 달콤한 유혹은 첫 번째 시험 못지않게 예수님께서 뿌리치시기 힘든 유혹이었을 것입니다.

'당신이 능력자라는 것 나도 안다. 그러니 한 번 뛰어 내려봐'라는 사탄의 속삭임은 주님께서 십자가에 달리셨을 때 군중들에 의해 그대로 재현됩니다.

> "십자가에서 내려와 보라. 한 번 기적을 행해 보라. 그러면 메시아로, 하나님의 아들로 인정해 줄게"(마 27:40 원문 의역).

마귀는 결국 예수님께서 괜한 고집 부려서 쓸데 없이 고생할 것이 아니라 한 번 자신의 능력을 마음껏 발휘함으로써 모든 사람한테 인정받는 편한 길을 가라고 부추기는 것입니다. 만일 이러한 마귀의 제안을 덥석 받아들였다면 주님은 능력자로, 하나님의 아들로 인정받으셨겠지만 그렇게 되면 우리 인간은 구원 받을 길이 없어지는 것입니다. 왜냐하면 십자가 없이 구원은 없기 때문입니다. 고난 없이 영광은 없기 때문입니다. 죽음 없이 부활은 없기 때문입니다.

예수님께서는 세상 사람들이 가기를 원하는 넓은 길이 아닌 좁은 길을 가기 원하셨습니다. 샛길이 아닌 정도(正道)를 걸어가시길 원하셨습니다. 그래서 또 한 번 신명기 말씀을 인용하셨습니다.

> "예수께서 이르시되 또 기록되었으되 주 너의 하나님을 시험하지 말라 하였느니라 하시니"(4:7, 신 6:16 인용).

신명기 6장 16절은 이스라엘이 40년간의 광야 생활 동안 하나님을 시험한 것과 관련되어 있습니다. 하나님께서는 만나와 메추라기를 비같이 내려주신 것을 비롯하여 수많은 이적을 이스라엘에게 베풀어 주셨지만 그들은 끊임없이 불평하고 원망함으로 계속해서 더 많은 기적을 요구하며 하나님을 시험했습니다. 그래서 모세는 지금 신명기에서 그들이 가나안에 들어갔을 때는 더 이상 그렇게 하지 말 것을 상기시키는 것입니다.

자기 과시를 위해 높은 곳에서 뛰어내림으로써 굳이 그럴 필요 없으신데도 하나님께서 자신을 위해서 기적을 일으키지 않으시면 안 되는 상황으로 몰고 가는 것이 바로 '하나님을 시험하는 것'입니다. 이것은 믿음이 아니라 죄입니다. 그래서 예수님께서는 사탄의 제안을 단호히 거절하셨던

것입니다. [9)]

곧 알게 되겠지만, 예수님께서는 자기 과시와 자기 영광을 위해서 예루살렘 성전에 입성하지 않았습니다(마 21:1-11). 예루살렘은 자기 과시와 자기 자랑의 장소가 아니라 자기 부인과 자기 희생의 장소입니다. 예수님께서는 그곳에서 자기 뜻을 포기하고 아버지의 뜻에 순종함으로써, 즉 십자가를 짐으로써 인류에게 구원(Exodus)을 주실 것입니다.

● 세 번째 시험 과목: 안목의 정욕

사탄이 천하 만국을 보여주며 자신에게 절하라는 마지막 시험(마 4:8-9; 눅 4:5-7)은 안목의 정욕 즉, 눈에 보이는 권세에 대한 시험이었습니다. '말 타면 경마 잡히고 싶어한다'거나 '말 타면 종 두고 싶어한다'는 속담이 잘 말해 주듯이, 인간의 마음 한 켠에는 남을 자신의 발 아래 두고 싶어하는 무한한 권력욕이 도사리고 있습니다. 그러기에 수차례 고배(苦杯)를 마신 후 정계를 은퇴한다고 스스로 선언하고도 때가 되면 자신이 한 약속을 헌신짝같이 뒤집고서라도 다시 대권에 도전하는 것 아니겠습니까?

누구나 손에 넣고 싶어하는 세상의 모든 부와 권세와 영광을 단지 자신에게 한 번 무릎만 꿇으면 주겠다는 사탄의 제안은 앞선 두 시험 못지않게 주님이 거절하기 힘든 유혹이었을 것입니다.

이 제안은 예수님께서 하나님으로부터 이 모든 것들을 획득하기 위한 방법보다 훨씬 더 수월한 방법입니다. 예수님께서 한 번 무릎만 꿇으면 세상의 모든 권세를 가지게 되고 세상을 지배하게 되시는 아주 쉬운 길이 여기 제시되고 있는 것입니다. 하지만 하나님 외에 다른 권세에 절하는 순간에 모든 것들은 의미가 없어짐을 예수님께서는 잘 아셨기에 또 다시 신명기 말씀을 인용하심으로 사탄의 제안을 거절하셨습니다.

> "이에 예수께서 말씀하시되 사탄아 물러가라 기록되었으되 주 너의 하나님께 경배하고 다만 그를 섬기라 하였느니라"(10절, 신 6:13 인용).

신명기 6장 13절은 사람의 진정한 행복은 눈에 보이는 우상을 숭배하는 데서 나오는 것이 아니라 영(靈)이신 하나님을 경배하는 것에서 나오는 것임을 말하고 있습니다.

사람은 눈에 보이는 것이 전부인 양 좇아갑니다. 하지만 겉으로 보이는 것이 다는 아닙니다. 히브리서 11장 24-26절은 신앙의 사람 모세를 이렇게 소개합니다.

> "믿음으로 모세는 장성하여 바로의 공주의 아들이라 칭함 받기를 거절하고 도리어 하나님의 백성과 함께 고난 받기를 잠시 죄악의 낙을 누리는 것보다 더 좋아하고 그리스도를 위하여 받는 수모를 애굽의 모든 보화보다 더 큰 재물로 여겼으니 이는 상주심을 바라봄이라."

여기 보면 모세는 지금 제정신이 아닙니다. 모세는 40년간 애굽 왕 바로의 공주의 아들, 즉 애굽의 왕자였습니다. 애굽은 그 당시 전 세계에서 가장 문명이 발달한 나라였습니다. 지금의 미국이나 중국과 견주어도 뒤지지 않는 나라였습니다. 모세는 그런 나라의 왕자였습니다.

애굽 왕 바로가 죽게 되면 태양신의 아들이라 일컬어지는 절대 권력자 바로가 될 수도 있는 권세 있는 자리에 있었습니다. 그런데 그런 엄청난 위치를 스스로 포기하고 노예들인 이스라엘 민족과 운명을 같이하여 한평생 고난 받는 길을 걷겠다고 하니 이게 제정신입니까? 모세는 완전히 미쳤습니다. 시쳇말로 완전 맛이 갔습니다.

그러면 과연 모세는 그토록 모자란 사람일까요? 사도행전 7장 22절에서 스데반은 "모세가 애굽 사람의 모든 지혜를 배워 그의 말과 하는 일들이 능하더라"고 증언합니다. 모세는 말과 일에 능했다고 했습니다. 이론과 실제를 두루 갖춘 사람이었습니다. 머리도 되고, 실력도 되는 사람이었습니다. 그런 사람이 이러한 결정을 내렸다면 거기에는 분명 이유가 있었을 것입니다. 히브리서 11장 26절의 마지막 구절에 그 이유가 제시됩니다.

"상주심을 바라봄이라."

뭔가를 보았기 때문입니다. 그것도 분명히 보았기 때문입니다. 두 눈으로 똑똑히 보았기 때문입니다. 애굽의 왕자로 남부러울 것 없이 지내던 어느 날 모세는 영안(靈眼)이 열려 하나님 나라의 영광을 보았습니다(좀 더 정확히 말하면, 하나님께서 보여주셨습니다). 왕만 되면 천하를 얻을 줄 알고 단꿈에 부풀어 있던 모세는 그 순간 확 깼습니다. 그리고 영리한 모세는 비교하기 시작했습니다.

'이 세상 부귀영화, 왕으로서 누릴 권세 대단한 것 같지만 죽으면 끝나는 것 아닌가? 권불십년(權不十年)이라고 하지 않았던가? 하지만 하나님 나라의 상급은 영원하지 않은가? 그것과 비교하면 현재의 영광은 배설물에 불과하지 않은가?' 이 진리를 깨달았기에, 이것을 보았기에 모세는 기꺼이 보이지 않는 하나님을 위하여 받는 수모를 보이는 애굽의 모든 보화보다 더 큰 재물로 여겼던 것입니다.

주님도 모세처럼 실상(實像)을 보았기에 사탄이 제시하는 천하만국이라는 허상(虛像)의 광휘에 휘둘리지 않으셨던 것입니다.

◎ 패배한 이스라엘과 아담 vs 승리한 예수 그리스도

주님의 광야 시험은 이스라엘의 광야 시험과 평행을 이룹니다(참고, 출 15:22-17:7). 이스라엘이 하나님의 은혜로 애굽을 탈출하여 가나안에 들어가기 전에 광야에서 40년간 시험을 받았듯이, 참 이스라엘이신 예수님께서도 애굽에서 돌아오신 후(마 2:19-23) 하나님 나라의 영광에 들어가시기 전에 40일간 광야에서 시험을 받으셨습니다.

이스라엘은 10가지 재앙, 홍해의 갈라짐, 만나와 메추라기 등 헤아릴 수 없이 많은 이적을 체험했음에도 불구하고 조그마한 시험에도 불평불만을 토로하면서 불순종함으로써 하나님의 마음을 갈갈이 찢어 놓았습니다. 하지만 새 이스라엘인 예수님은 전혀 기적을 맛보지 못했고 사탄의 전방위(全方位) 시험이 있었음에도 말을 아끼면서 초지일관 순종함으로써 하나님의 마음을 시원하게 해 드렸습니다.

예수님의 광야 시험은 또한 아담의 에덴 동산 시험과도 비견됩니다. 하나님 나라 백성으로 살기 시작하던 첫 사람 아담에게 시험이 주어졌듯이 새로운 하나님 나라를 시작하려는 둘째 아담 예수께 시험이 주어진 것입니다.

아담은 없는 것이 없는 그야말로 파라다이스인 에덴 동산에서도 만족하지 못하고 하나님과 같이 되려고 함으로써 시험에 들어 쓰러졌습니다. 그러나 예수님은 있는 것이라고는 고작 돌멩이 몇 개와 들짐승이 전부인 삭막한 광야에서도 자족함으로써 당당히 시험을 물리쳤습니다.

구약의 두 시험은 결국 실패로 끝나서 인류에게 정죄와 사망이라는 저주를 물려주었지만 예수님의 시험은 승리로 끝나서 구원과 영생이라는 축복을 가져왔습니다.

◉ 시험에서 승리하는 비결: 삼중 충만

그러면 우리 주님께서는 전대(前代)에 두 번의 실패에도 불구하고 어떻게 해서 악한 마귀의 시험으로부터 승리하실 수 있었을까요? 주님이 이러한 악조건 속에서도 승리할 수 있었던 비결, 즉 예수님의 승리 노하우(Know-how)는 다음 세 가지로 압축될 수 있습니다.

첫째, '성령으로 충만'했기 때문이었습니다(눅 4:1, "예수께서 성령의 충만함을 입어").

예수님께서는 항상 성령으로 충만하셨습니다. 성령으로 동정녀 마리아의 몸에서 잉태되었습니다(마 1:20). 공생애를 시작하시기 전에 두 번(세례와 광야 시험)이나 성령의 충만함을 덧입었습니다(눅 3:22; 4:1). 성령의 능력으로 귀신도 쫓아냈고, 병자도 고쳤습니다(마 12:28). 심지어, 성령의 능력으로 부활하셨습니다(롬 1:4). 예수님께서는 처음부터 끝까지 성령 충만한 분이셨기에 사탄의 시험을 능히 이겨낼 수 있었습니다.

둘째, '말씀으로 충만'했기 때문이었습니다. 사탄의 세 시험 모두를 예수님께서는 신명기에 기록된 말씀(신 8:3; 6:16; 6:13)을 사용하여 물리치셨습니다. 하나님의 말씀이 없는 자는 사탄의 시험을 절대 이겨낼 수 없습니다. 그 심령에 말씀이 있는 자만이 시험을 넉넉히 이겨낼 수 있습니다. 육신을 가진 인간이 악한 마귀의 시험을 이겨낼 수 있는 유일한 무기는 하나님의 말씀입니다. 그러므로 신자는 주님처럼 언제 어떠한 사탄의 공격이 있을지라도 하나님 말씀으로 철저히 무장해서 대비해야 합니다.

마지막으로, '하나님으로 충만'했기 때문이었습니다. 예수님께서 인용하신 신명기 말씀의 공통점은 모두 '하나님'을 언급하고 있다는 것입니다. 예수님께서는 성경 가운데서도 모두 '하나님'이라는 단어를 포함하고 있는 구절을 의도적으로 선택하셨습니다.

"사람이 떡으로만 살 것이 아니요 **하나님**의 입으로 나오는 모든 말씀으로 살 것이라"(마 4:4, 신 8:3 인용). "주 너의 **하나님**을 시험하지 말라"(마 4:7, 신 6:16 인용). "주 너의 **하나님**께 경배하고 다만 그를 섬기라"(마 4:10, 신 6:13 인용).

이 세 인용문을 통해 예수님은 진정한 양식은 하나님께로부터 오며, 진정한 확신은 하나님께 대한 것이며, 진정한 예배는 하나님만이 받으셔야 하는 것임을 인정했습니다. [10)]

하나님의 첫 아들 아담은 에덴 동산이라고 하는 축복받은 낙원에서도 사탄의 유혹을 받아 실패하였지만 하나님의 마지막 아들 예수님께서는 들짐승만이 으르렁대는 저주받은 광야에서도 사탄의 시험을 당당히 물리치시고 승리하셨습니다. 시험의 성패(成敗)는 환경에 달려있는 것이 아니라 얼마나 '성령과 말씀과 하나님'으로 충만한가에 달려있습니다.

F(First Disciples) 첫 제자들

◉ 세상 죄를 지고 가는 하나님의 어린 양

광야의 시험을 무사히 통과하신 후, 예수님께서는 포로 상태에 놓인 자기 백성을 사탄의 손아귀로부터 해방시켜 주는 일에 동참할 첫 제자 다섯 명을 만나셨습니다.

어느 날 세례 요한이 자기 제자 중 두 사람과 함께 섰는데 예수님께서 지나가시는 것을 보고 요한이 그를 가리켜 "보라 하나님의 어린 양이로다"라고 말했습니다(요 1:36). 요한은 그 전에도 예수님을 "세상 죄를 지고 가는 하나님의 어린 양이로다"고 말한 적이 있었습니다(요 1:29).

요한이 주님을 '세상 죄를 지고 가는 분'이라고 칭했을 때 '지고 간다'라는 말 속에는 '(죄를) 대신 짊어진다'는 대속(代贖)의 의미와 '(죄를) 제거한다'는 청산(淸算)의 의미가 내포되어 있습니다.

전자(前者)를 취하면 예수님이 '하나님의 어린 양'이란 표현은 창세기에서 이삭 대신 준비된 여호와 이레 어린 양(창 22:13)이나 출애굽기에서 이스라엘 민족 대신 드려진 유월절 어린 양(출 12:1-10) 혹은 이사야서에서 인류 대신 도수장으로 끌려가는 어린 양(사 53:7)의 이미지가 연상됩니다. 반면에 후자(後者)를 택하면 요한계시록에 자주 등장하는 죄악 된 세상을 심판하는 전사(戰士)로서의 어린 양(계 5:6,12; 7:17; 13:8; 17:14; 19:7, 9; 21:22-23; 22:1-3)의 이미지가 떠오릅니다. 게다가, '세상 죄'라는 표현은 예수님께서 이스라엘의 죄만이 아닌 온 세상의 죄 문제 해결을 위해 오신 분이심을 강조합니다.[11]

따라서 '세상 죄를 지고 가는 하나님의 어린 양을 보라'는 세례 요한의 선언은 인류의 모든 죄를 대속 혹은 제거해 주시기 위해 하나님에 의해서 보냄 받은 (요한이 아닌) '예수'를 주목하라는 말이었습니다. 이 말의 뜻을 어렴풋이나마 이해하고 함께 있던 세례 요한의 두 제자(안드레와 세베데의 아들 요한)가 예수님을 좇기 시작했습니다(36-37절).

◉ 와 보라

예수님께서는 계속해서 자신을 뒤따라오는 두 사람을 향해 몸을 돌이키고 "무엇을 구하느냐?"고 물으셨습니다(37-38절 상). 전지(全知)하신 주님께서는 그 두 사람이 무엇을 원하는지 이미 알고 계셨습니다. 주님께서 이 질문을 던지신 것은 그들로 하여금 그들 심중에 있는 것을 말하도록 기회를 주려는 단순한 동기에서 였습니다.

그들이 원하는 것은 요한이 말한 대로 예수님이 정말 자신들이 그토록 기다렸던 메시아[하나님의 어린 양]인지 알고자 함이었습니다. 그러나 초면에 이러한 것들을 꼬치꼬치 캐물어 본다고 하는 것은 주제넘어 보일 수도 있었습니다. 그래서 "랍비여 어디 계시오니이까?"라고 소재 파악을 하는 것만으로 만족하게 여겼습니다(38절 하).

그들이 거기 서서 몇 마디의 대화를 주고 받는다 해도 좋을 판이었습니다. 그러나 자신들이 전혀 기대하지 못했던 "와 보라"라는 초청을 받자 즉시 그 청을 받아들이게 되었습니다(39절).

'와 보라'는 말은 '오다'와 '보다'라는 두 동사의 합성어로 '오라 그러면 보게[알게] 될 것이다'는 의미입니다. 그래서 그들은 예수님을 따라 그가 계신 곳으로 와서 밤이 깊도록 함께 시간을 보냈습니다. 그리고 주님의 말씀을 들으면서 눈이 뜨이기 시작했습니다. 영안이 열리자 자기들과 마주하신 예수님한테서 하나님의 영광을 볼 수 있었습니다. 이분이 바로 자신들이 그토록 기다리던 메시아요, 하나님의 아들임을 알게 되었습니다.

● 일등만 기억하는 더러운 세상

메시아를 만난 흥분을 주체할 수 없었던 안드레는 날이 새자마자 자기 형제 베드로에게 달려가서 "우리가 메시아를 만났다"고 소리쳤습니다(41절). 그리고 시몬을 예수님께로 데려왔습니다(42절).

그런데 40절에 보면 재미난 표현이 하나 눈에 띕니다. 네 번째 복음서를 기록한 사도 요한은 안드레를 '시몬 베드로의 형제 안드레'라고 소개합니다. 요한복음을 기록할 때쯤에 베드로의 이름이 너무나 크리스천 독자들에게 잘 알려져 있어서 안드레의 신분을 밝힐 때에 그의 형제로 밝히고 있는 것입니다. 분명히 안드레는 기독교 역사의 무대에 자기 형제 베드로보다 더 먼저 나타났는 데도 말입니다.

안드레 입장에서 보면 다소 섭섭할 수도 있습니다. 베드로가 양지에서 스포트라이트(spotlight)를 받으면서 화려하게 주의 사역을 했을 때 안드레는 음지에서 주목 받지 못하면서 초라하게 사역했습니다. 베드로의 행적에 대해서는 성경이 자세하게 기록하고 있지만 안드레는 이름조차 희미합니다. 사도행전을 보면 베드로가 설교할 때 하루에 삼천 명이 회개하고 돌아오는 놀라운 기적이 벌어집니다(행 2:41). 하지만 안드레는 고작 열두 제자들의 이름을 언급할 때 딱 한 번 등장합니다(행 1:13).

예수 믿은 순서로는 안드레가 먼저인 데도 주님께서는 베드로를 열두 제자 중 수제자로 세우셨습니다. 그리고 야고보, 요한과 함께 핵심 그룹의 한 사람으로 일진에 두시고 안드레는 주변 그룹인 이진에 배치하셨습니다. 하지만 안드레는 이러한 부당 대우(?)를 한 번도 불평하지 않고 예수님과 삼 년을 같이 보내면서 늘 잘 드러나지 않은 일에 묵묵히 헌신한 제자였습니다.

수많은 청중들이 빈들에서 삼 일 동안 예수님과 함께 지내다가 먹지 못해 허기진 채 집으로 돌아가야 할 형편이 되었을 때 안드레는 조금이라도 도움이 될까 해서 먹을 것을 찾아 사방으로 뛰어다녔습니다. 그러다가 떡 다섯 덩이와 물고기 두 마리를 가지고 있는 소년을 발견하고는 그를 예수님께 인도했습니다(요 6:8-9). 또 헬라인들이 예수님을 면회하고 싶어 찾아왔을 때 안드레는 그들을 주님 앞으로 조용히 인도하는 안내자가 되었습니다(요 12:20-22).[12]

어느 개그맨의 말처럼 이 땅은 '일등만 기억하는 더러운 세상'일 수도 있습니다. 하지만 하나님의 나라는 '꼴찌도 얼마든지 일등이 될 수 있는 아름다운 세상'입니다. 안드레는 오천 명을 전도한 적이 없습니다. 그러나 오천 명을 구원한 베드로를 전도한 사람이었습니다. 만일 안드레의 인도가 없었다면 시몬은 주님을 만나지 못했을 것이고 그리하여 초대교회의 기둥 사도 '베드로'로서 불꽃같은 인생을 살다가 주님께 가지도 못했을 것입니다.

드와이트 무디(Dwight Moody)하면 우리는 100만 명을 주님께 돌아오게 한 그의 화려한 사역에 감탄하고 찬사를 보낼 것입니다. 하지만 무디를 주님께로 인도한 에드워드 킴볼(Edward Kimball)이라는 그리스도인은 잘 모를 수 있습니다. 그러나 하나님 앞에 가면 세상이 잘 알아 주지 않는 킴볼이 무디보다 더 큰 사람일 수도 있습니다. 누가 더 큰 일을 하였는지는 주님만이 판단할 것입니다.

● 장차 게바라 하리라

예수님께서는 안드레가 데려온 시몬을 보자마자 "네가 요한의 아들 시몬이니 장차 게바[베드로]라 하리라"고 말씀하셨습니다(42절). 게바(Kepha)는 당시에 통용되던 아람어인데, 이를 헬라어로 바꾸면 베드로(Petros)가 됩니다. 베드로는 반석, 즉 '바위(rock)'를 의미합니다. 이에 반해서 시몬(Simon)은 '자갈' 혹은 '조약돌'을 뜻합니다. [13]

'조약돌'하면 우리는 언뜻 시골 개울가에 있는 매끈매끈하고 단단한 돌들을 연상하기 쉽습니다. 하지만 이스라엘은 건조한 지역으로 겉모습은 돌 같지만, 실지로는 모래들이 뭉쳐서 굳어진 덩어리를 '시몬'이라고 합니다. 그래서 손으로 살짝만 움켜쥐도 툭 하고 터져버리는 그런 연약한 흙덩어리와 같은 존재가 바로 '시몬'인 것입니다.

그러므로 예수님께서는 지금부터 자신과 함께하면 시몬과 같이 별 볼 일 없는 인생도 베드로와 같은 굳건한 반석으로 변화될 수 있다고 약속하시는 것입니다. 이 예언의 말씀은 빌립보 가이사랴에서 시몬이 "주는 그리스도시요 살아 계신 하나님의 아들이시니이다"라고 신앙고백한 후, 주께서 "바요나 시몬아 네가 복이 있도다 … 너는 베드로라 내가 이 반석 위에 내 교회를 세우리니 음부의 권세가 이기지 못하리라"고 축복하시는 장면에서 성취가 됩니다(마 16:16-18). 그래서 시몬은 베드로로 이 세상에 나타날 하나님의 교회의 기초석이 되었던 것입니다.

시몬과 같은 약속을 받았던 인물이 기드온입니다. 사사기 6장에 보면, 미디안 사람들을 두려워해서 남자답지 못하게 포도주 짜는 좁은 통 속에 쥐처럼 숨어서 곡식을 타작하고 있는 겁쟁이 기드온이 나옵니다(삿 6:11). 그런데 이 못난이에게 어느 날 여호와의 사자가 나타나 대뜸 "큰 용사여!"라고 부릅니다(12절 상). 이것은 역설적인 표현입니다. 여기에 담긴 뜻은 '네가 지금은 비겁하게 숨어서 타작이나 하고 있는 보잘것없는 존재지만 곧 내가 너를 큰 용사로 만들어 주겠다'는 하나님의 약속인 것입니다. 그리고 나서 천사는 곧 바로 기드온이 큰 용사로 거듭날 수 있는 비결을 제시합니다.

"여호와께서 너와 함께 계시도다"(12절 하).

임마누엘의 축복을 선언합니다. 하나님께서 함께하시면 겁쟁이도 큰 용사가 될 수 있다는 말입니다.

이제 하나님께서는 기드온을 용사로 만들기 위한 작업에 착수하십니다. 그래서 기드온은 이스라엘의 사사가 되어 미디안과 전쟁을 합니다. 상대의 수는 13만 5천입니다. 하지만 이스라엘 군대를 톡톡 털어 모은 숫자가 불과 3만 2천 명입니다. 그런데 대격전의 때가 다가오자, 하나님께서는 "수를 줄이라"고 명령하십니다. 온 수 가운데 삼분의 이가 돌아가고 일만 명만 남았습니다. 그런데도 "더 줄이라"고 명령하십니다. 그 결과 최후까지 남은 수는 고작 300명이었습니다.

미디안 군대 13만 5천 대(對) 이스라엘 군대 300명의 싸움. 무려 450배가 많은 적과 백병전에 가까운 전투. 이것은 기드온에게 '미션 임파서블'이었습니다.

하지만 '임파서블(impossible)'이란 말에 '콤마(comma)' 하나만 첨가되면 '아임 파서블(I'm possible)'로 변한다는 사실을 아십니까? 불가능(impossible)해 보이는 임무(mission)가 "나는 할 수 있습니다(I'm possible)"라는 자신감으로 바뀌는 것은 겨우 콤마 하나 차이입니다. 콤마가 들어가면 '임파서블'이 '파서블'이 됩니다. '불가능'이 '가능'이 됩니다. 그런데 우리 인생에서 이 콤마 역할을 하는 것이 바로 '하나님'이십니다.

하나님께서 내 삶에 개입하시면, 불가능이 가능이 됩니다. 하나님께서 나와 함께하시면 임파서블한 문제들이 파서블로 풀리기 시작합니다. 결국 하나님께서는 기드온의 300용사와 함께하심으로 그들이 미션 임파서블의 전투에서 대승을 거두는 기적을 맛보게 하셨습니다.

⊙ 이는 참 이스라엘 사람이라

안드레가 시몬을 데려온 다음 날, 예수님은 안드레 형제와 한 동네(벳새다) 사람인 빌립을 제자로 부르셨습니다(43-44절). 주님을 만나서 대화를 나눈 후, 빌립은 이분이 바로 "모세가 율법에 기록하였고 여러 선지자가 기록한 그 메시야"라는 사실을 깨닫게 되었습니다(45절). 그래서 자신이 느낀 벅찬 감격을 함께 나누기 위해 절친 나다나엘을 찾아가서 나사렛 예수가 바로 우리가 그토록 기다렸던 대망의 메시아라고 외쳤습니다. 그러나 율법에 능통한 나다나엘은 "나사렛에서 무슨 선한 것이 날 수 있느냐?"고 반문했습니다(46절 상).

미가 선지자는 메시아가 베들레헴에서 출생할 것이라고 예언했습니다(미 5:2). 그래서 나다나엘은 성경이 예언한 메시아는 절대로 나사렛 출신이 될 수 없다고 생각했던 것입니다.

친구가 믿지 않자 빌립은 스승 예수와 똑같이 "와 보라"고 전도 초청을 했습니다. 빌립은 나다나엘을 설득하려고 들지 않고 '일단 와 봐라. 그러면 예수님이 메시아라는 것을 알게 될 것이다'라고 말했던 것입니다(46절 하). 그러자 나다나엘은 빌립을 따라 나섰습니다. 예수님은 자기에게 온 나다나엘을 보시고 "이는 참 이스라엘 사람이라 그 속에 간사함이 없도다"라고 칭찬해 주셨습니다(47절). 어떻게 예수님께서는 처음 보는 나다나엘을 이렇게 평가하실 수 있었을까요?

그것은 요한이 첫 장부터 밝혔듯이(1:3절, "만물이 그[예수]로 말미암아 지은 바 되었으니 지은 것이 하나도 그가 없이는 된 것이 없느니라"), 예수님께서는 창조주 하나님이시기 때문입니다. 창조주께서 자신이 만든 피조물을 아시는 것은 당연한 것입니다. 주님께서는 나다나엘의 겉모습뿐 아니라 그의 속까지 훤히 들여다 보셨습니다. 그리고 그가 간사한 야곱 형 인간이 아니라 진실한 이스라엘 형 인간임을 아셨습니다.

● 무화과나무 아래에 있을 때에 보았노라

나다나엘에게는 야곱과 같은 간사함이 발견되지 않았습니다. 그래서 예수님께서는 "이는 참 이스라엘 사람이라 그 속에 간사함이 없도다"라고 평해 주셨던 것입니다.

주님께서 초면에 자신에게 이같이 말씀하시자 의아하게 생각한 나다나엘은 "어떻게 나를 아시나이까?"라고 반문했습니다(48절 상). 여기서 '어떻게'라는 의문 부사는 '어디로부터'를 의미합니다. 즉, "어디로부터 나를 알았습니까?"라고 예수님께서 자신을 알게 된 출처를 묻는 질문입니다. 좀 더 자세히 말하면, '언제 어디서 저를 본적이 있습니까?'라고 묻고 있는 것입니다.

나다나엘의 질문에 주님은 "빌립이 너를 부르기 전에 네가 무화과나무 아래에 있을 때에 보았노라"고 대답했습니다. 그 누구도 나다나엘을 부르기 전에 예수님께서는 그를 미리 아신 것입니다. 빌립은 단지 나다나엘을 부르는 도구로 사용되었을 뿐입니다. 이것은 창조주 하나님이신 예수님의 초자연적 능력을 나타내 주고 있습니다.[14]

그러면 나다나엘은 도대체 무화과나무 밑에서 무엇을 하고 있었을까요? 유대인들의 지혜 모음집인 탈무드(Talmud)에 따르면, 무화과는 넓은 잎을 가지고 있어서 한낮에 내리쬐는 뙤약볕에도 선선한 그늘을 제공해 줄 수 있었기 때문에 랍비들이 그 나무 아래서 율법을 연구하고 묵상하기를 즐겼다고 합니다.

나다나엘도 조상들의 이러한 경건한 전통을 따라서 틈만 나면 하나님의 말씀을 묵상하면서 기도하기를 좋아했던 것 같습니다. 주님께서는 아무도 없는 무화과나무 아래서 조용히 율법을 읽고 엎드려 기도하던 나다나엘을 주목해 보고 계셨습니다.

◉ 야곱의 사닥다리

자신의 일거수일투족을 너무나 잘 알고 계시는 주님 앞에 나다나엘은 "랍비여 당신은 하나님의 아들이시요 당신은 이스라엘의 임금이로소이다"라고 고백하지 않을 수 없었습니다(49절). 나다나엘은 예수님께서 자신이 '무화과나무 아래 있을 때 보았다'고 말씀하시자 이분이 바로 다윗 왕의 자손으로 오신 메시아이심을 깨닫게 되었습니다.

나다나엘의 고백을 듣고 난 후, 예수님께서는 "내가 너를 무화과나무 아

래에서 보았다 하므로 믿느냐 이보다 더 큰 일을 보리라"고 말씀하셨습니다
(50절). 여기서 '더 큰 일'이란 바로 다음 절의 "하늘이 열리고 하나님의 사자
들이 인자 위에 오르락 내리락 하는 것을 보는 것"을 말합니다(51절).

예수님께서는 이전에 새 이스라엘인 나다나엘과 옛 이스라엘인 야곱을 대
비하셨듯이(47절), 지금 창세기 28장에서 야곱이 꿈에 보았던 사다리와 인
자(人子)를 대비하고 있는 것입니다.

아버지와 형을 속이고 신변의 위협을 느낀 야곱은 급히 외삼촌이 사는 밧
단 아람을 향해 떠났습니다. 그러다가 해가 저서 한 곳에서 돌을 베개 삼아
잠을 청했습니다. 그리고 꿈을 꿨는데 "꿈에 보니 사닥다리가 땅 위에 서 있
는데 그 꼭대기가 하늘에 닿았고 하나님의 사자들이 그 위에서 오르락내리
락" 했습니다. 그리고 "또 보니 여호와께서 그 사닥다리 위에 서서" 말씀하
셨습니다(창 28:12-13).

사닥다리 제일 꼭대기에는 한 점 흠이 없으신 하나님께서 딱하다는 듯이
야곱을 물끄러미 내려다 보고 계셨습니다. 그리고 맨 밑에는 아버지와 형을
속인 가증한 인간 야곱이 측은하게 돌베개를 베고 새우잠을 자고 있었습니
다. 이러한 그림 언어를 통해 창세기 기자는 지금 야곱과 같은 처지에 있는
모든 인간들의 실상을 고발하고 있는 것입니다.

하나님과 인간 사이에는 죄로 인해 건널 수 없는 큰 간격이 있습니다. 그
래서 죄인인 인간이 거룩하신 하나님께 가려면 반드시 사다리가 필요합니
다. 이 사다리를 통해서만 인간은 하나님께 나아갈 수가 있습니다. 그런데
요한은 하나님과 세상을 연결시켜 주는 야곱의 사다리가 바로 '인자(人子),'
즉 '예수(십자가)'라고 증거하는 것입니다. 인간은 예수 그리스도를 통해서
만 하나님 앞에 갈 수 있습니다. 다른 중보자(仲保者)는 없습니다. 예수님
만이 유일한 중보자요 인류의 구원자십니다.

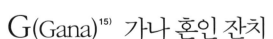

G(Gana)[15] 가나 혼인 잔치

○ '잔치'라는 그림 언어

자신의 초자연적 능력을 알아 본 나다나엘에게 "이 보다 더 큰 일을 보여주시겠다"고 약속하신 예수님께서는 '더 큰 일'을 보여주시기 위해 나다나엘을 위시하여 나머지 네 제자(안드레, 요한, 베드로, 빌립)를 대동하고 갈릴리 가나로 이동하셨습니다.

주님께서 나다나엘에게 예언하신 그 '큰 일'은 궁극적으로 십자가에 달리셔서 인류를 구원하시는 사건이지만 당장은 갈릴리 가나의 결혼 잔치에서 물이 포도주가 되는 기적을 일으키는 사건(요 2:1-11)을 가리키기 때문입니다.[16]

예수님께서는 죄의 포로 상태에 빠져 있는 인생들에게 구원을 주시기 위해 이 땅에 오셨습니다. 그런데 구약에서는 하나님께서 베푸시는 구원을 종종 '잔치(Party)'에 비유하곤 했습니다. 예를 들면, 다윗이 지은 유명한 시편 23

편은 하나님의 백성이 원수에게 쫓기다가 얻게 되는 하나님의 구원을 "내 원수의 목전에서 내게 상[잔칫상] 차려 주시어 … 내 잔이 넘치나이다"라고 묘사했습니다(5절). 다른 곳에서도 메시아 시대의 구원을 시온, 즉 예루살렘에서 베푼 큰 잔치로 비유했습니다(사 25:6 등).

구원을 이같이 잔치에 비유한 연유는 잔치가 상징하는 '풍성함' 때문입니다. 잔치에는 배부름과 만족이 있습니다. 또한 배불리 먹고 마신 뒤에 오는 기쁨이 있습니다. 그러기에 잔치는 하나님 나라의 구원을 상징하기에 적합합니다.

이 땅에서 인간의 삶은 부족함, 즉 결핍으로 특징지어집니다. 인간은 지혜가 없어서 무지몽매하고, 능력이 모자라서 무능하며, 시간이 모자라서 영원히 살지 못합니다. 그래서 항상 불만이 있고, 슬픔이 있고, 갈등과 증오가 있습니다. 반면에 하나님 나라의 구원은 창조주의 무한한 풍성함에 동참하는 것입니다. 그래서 그곳에는 부족함이 없고, 부족에서 오는 고난이 없습니다. 그러기에 구원을 풍성함을 상징하는 잔치로 그리는 것입니다.

그런데 잔치 중에서도 가장 흥겨운 잔치가 바로 '혼인 잔치'입니다. 그래서 가나 혼인 잔치의 표적이 진정으로 의미하는 것은 예수님께서 메시아로서 마침내 하나님의 큰 구원을 가져오셨다는 것입니다.[17]

● 포도주가 떨어진 혼인 잔치

이스라엘에서는 우리 관습과는 달리, 먼저 잔치를 하고 결혼식을 올렸습니다. 낮 시간 동안은 실컷 먹고 마시고 잔치를 즐기다가 저녁 늦게 결혼식을 거행했습니다. 여유 있는 집안에서는 잔치를 며칠 동안 하는 경우도 있었다고 합니다.

이스라엘의 혼인 잔치에서 가장 중요한 음식은 포도주였습니다. 포도주는 이스라엘 사람들에게 즐거움을 주는 아주 귀한 음료였습니다. 따라서 혼인 잔치하면 포도주를 연상할 정도였습니다. 그런데 이런 귀한 음료수가 혼인 잔치 중에 '동이 났다'(요 2:3)고 하는 사실은 잔치에 흥이 깨어진 것을 의미합니다. 기쁨의 잔치가 죽어 버린 것을 뜻합니다. 이는 잔치가 부요함과 하나님의 구원을 상징하는 그림 언어이듯이, 율법과 의식은 존재하지만 하나님과의 진정한 기쁨과 만남이 없는 예수님 당시의 유대교의 현주소를 보여주는 또 하나의 그림 언어입니다.

혼인 잔치에서 포도주가 떨어졌을 때 유대교 정결 예식을 위해 마련된 돌 항아리들은 아무 도움이 되지 못했습니다. 특히, 돌 항아리가 '여섯'이 있었다고 하는 사실과 그 여섯 항아리에 가득 담긴 '물'은 유대교 전통의 한계를 더욱 부각시킵니다(6절). 왜냐하면 '6'이란 숫자는 완전수인 '7'에 하나 모자라는 불완전한 수를 상징하며 '물'은 포도주와 비교할 때 무생명과 무의미의 이미지를 내포하고 있기 때문입니다. 이러한 옛 시대의 불완전성이 이제 대망의 메시아 예수 그리스도에 의해 반전될 순간에 있는 것입니다.[18]

● 행복 전도사 예수 그리스도

하나님께서는 흥이 깨진 잔치에 다시 흥을 돋우고 기쁨이 사라진 파티에 활기를 불어넣기 위해서 결국 자신의 아들 예수 그리스도로 하여금 물로 포도주를 만들게 하셨습니다(9절). 그러므로 예수님은 우리에게 웃음을 주시기 위한 '행복 전도사'의 사명을 띠고 이 땅에 오신 것입니다.

창세기 17-8장에 보면, 하나님께서는 나이 많은 아브라함과 사라 부부를 웃게 만드십니다. 어느 날 주의 천사가 이삭의 출생을 예고했습니다. 그러자 아브라함은 "100세 된 사람이 어떻게 아들을 낳으리요?"라고 반문하면서 웃어 넘겼습니다(창 17:17). 부인 사라 또한 "나는 노쇠하였고, 나의 남편도 늙었으니 내게 어찌 낙이 있으리요?"하고 웃었습니다(창 18:12).

이들의 웃음은 기쁨의 웃음이 아니라 불신의 웃음이었습니다. 그런데 재미있는 사실은 부모가 하나님의 말씀을 믿지 못하고 웃어 넘겼다고 해서 하나님은 '웃음'이라는 뜻의 '이삭(Isaac)'이라는 이름을 그들의 아들에게 주셨습니다.

우리 하나님은 참으로 '웃기는 하나님'이십니다. 하나님께서는 우리에게 웃음을 주시는 하나님이십니다. 우리에게 기쁨을 주시는 하나님이십니다. 비웃음까지도 웃음으로 바꾸시는 하나님이십니다. 조소(嘲笑)까지도 미소(微笑)로 바꿔 주시는 하나님이십니다.

그러므로 하나님의 자녀인 저와 여러분도 그분의 자녀답게 남에게 웃음을 주는 사람이 되어야 합니다. 남에게 기쁨과 소망을 주는 사람이 되어야 합니다. 그 사람만 만나면 기쁨이 넘치고 웃음 꽃이 피는 그런 사람이 되어야 합니다. 그래서 자꾸 자꾸 만나고 싶은 사람이 되어야 합니다. 예수 그리스도를 믿는 사람은 누구나 '웃음 전도사'가 되어야 합니다.

● 주의 말씀을 농담으로 여기지 말라

결혼식에서 가장 중요한 음료인 포도주가 동이 나자 예수님의 어머니가 발을 동동 구르며 술 떨어진 것을 걱정하는 것을 보면 결혼하는 사람이 마리아의 가까운 친척임을 짐작할 수 있습니다.

게다가, 예수님과 그의 형제들뿐만 아니라 제자들까지 다 참석한 것을 보면 굉장히 가까운 친척임에 틀림없었습니다. 손님은 계속 오는데 포도주가 떨어지자 고민 끝에 마리아는 예수님께 찾아가 포도주가 동이 난 사실을 이야기했습니다.

마리아는 왜 아들 예수를 찾아갔을까요? 그때까지만 해도 예수님께서는 복음 사역을 본격적으로 시작하시기 전이라 아직 어떤 표적도 행하신 적이 없었습니다. 그러나 마리아는 틀림없이 예수님을 잉태할 때 '하나님의 아들이 네 몸을 빌어 이 땅에 오실 것이라'(눅 1:35)는 가브리엘 천사의 말을 잊지 않고 마음 속에 고이 담아 두었기 때문일 것입니다. 하나님의 말씀을 심령에 간직하는 것. 하나님의 말씀에 귀 기울이는 것. 이것이 바로 '믿음'입니다.

신앙의 사람은 마리아처럼 아무리 하찮은 말씀이라도 그 말씀을 한 귀로 듣고 한 귀로 흘려 보내는 법이 없습니다. 하지만 불신앙의 사람은 롯의 사위들처럼 하나님의 말씀을 가볍게 생각합니다.

창세기 19장에 보면, 롯의 사위들이 등장합니다. 그런데 이들은 하나같이 장인을 통해 들려오는 "성이 곧 멸망할 터니 즉시 떠나라"는 하나님의 음성을 농담으로 여겼습니다(창 19:14). 귀 기울여 듣지 않았습니다. 그 결과 그들은 소돔 사람과 함께 비처럼 쏟아지는 유황 불에 숯덩이가 되어 버리고 말았습니다.

◎ 거절은 거절이 아닐 수도 있다

마리아는 자신의 아들 예수를 찾아가서 "포도주가 떨어졌다"고 이야기했습니다(3절). 그러자 주님께서는 "여자여 나와 무슨 상관이 있나이까?"라고 언뜻 이해가 안 가는 대답을 하셨습니다(4절 상).

아들이 어떻게 자신의 어머니를 오만불손하게 "여자여"라고 부를 수 있는

가 좀 의아해 하시는 분이 계실 줄 압니다. 하지만 당시 관습으로 이 호칭은 여성을 존경하는 의미로 부르는 점잖은 호칭이었습니다. 그래서 NIV 성경은 이 '여자여'를 'Dear woman(친애하는 여인이여)'이라고 경칭(敬稱)으로 번역을 했습니다.

그러나 예수님의 마리아에 대한 호칭은 이보다 더 깊은 의미를 담고 있습니다. 여기에서 예수님께서는 자신과 마리아의 관계를 아들과 어머니의 주관적 관계가 아닌 창조주 하나님과 피조물 인간의 관계로 설정해 놓고 계신 것입니다. 이제 예수님께서 마리아를 어머니로 모시고 한 집안에서 살던 사생애는 끝났습니다.

마리아와 요셉의 아들로서가 아니라 하나님의 아들로서 세상 죄를 대신 짊어지는 하나님의 어린 양으로서 공생애를 시작하는 시점이 밝아 왔습니다. 지금 예수님께서는 자신의 위상이 이전과는 판이하게 다른 새로운 분수령에 서 계셨습니다. 그래서 이 사실을 주님은 마리아에게 상기시켜 주기 위해 '여자여'라는 호칭을 지금 사용하고 계신 것입니다. 지금부터 예수님은 메시아요, 마리아는 구원을 받아야 할 죄인 중의 한 명에 불과했습니다. 더 이상 사사로운 어머니와 아들의 관계가 아니었습니다.[19]

'여자여!'라는 호칭과 "나와 무슨 상관이 있습니까?"라는 어구를 통해서 예수님께서는 마리아의 요청을 점잖게 거절하셨습니다. 게다가, 추가적인 이유를 하나 더 제시하셨는데 그것은 "자신의 때가 아직 이르지 않았기 때문"이었습니다(4절 하).

'내 때가 아직 이르지 아니하였다'는 예수님의 말씀은 하나님의 아들로서 사람들 앞에서 본격적으로 표적과 기사를 행할 때가 아직 아니라는 말씀을 우회적으로 표현한 것입니다. 다시 말하면, 포도주를 만들어 달라는 마리아의 요청을 사실상 거절한 것이나 다름 없었습니다. 하지만 마리아는 예수님의 거절을 거절로 보지 않았습니다. 그래서 하인들에게 예수님께서 시키시는 대로 하라고 지시했던 것입니다(5절).

하나님께서는 거절을 하셨다가도 종종 허락하시는 경우가 있습니다. 그러므로 몇 번 기도해 보다가 응답이 없으면 '내 기도를 들어주시지 않는구나!' 지레짐작하고 포기할 것이 아니라 마리아처럼 그럼에도 불구하고 참고 기다리며 기도하는 것이 필요합니다.

인내의 기도의 모델을 제시한 인물은 아브라함의 아들 이삭입니다. 창세기 24장 63절을 보면, 이삭이 들에서 결혼할 신부를 기다리는 모습이 나옵니다.

"이삭이 저물 때에 들에 나가 묵상하다가 눈을 들어 보매 약대들이 오더라."

무엇을 하며 결혼할 신부를 기다립니까? '묵상'을 하면서. 다시 말해서, '기도'하면서 기다립니다. 이때 이삭의 나이가 몇 살입니까? 창세기 25장 20절에 "이삭은 40세에 리브가를 취하여 아내를 삼았으니"라고 했습니다. 40살이었습니다. 40살 노총각. 급하지 않았던 것 아닌데, 기도하며 신부를 기다립니다.

게다가, 창세기 25장 21절은 "이삭이 그 아내가 잉태하지 못하므로 그를 위하여 간구하매 여호와께서 그 간구를 들으셨으므로 그 아내 리브가가 잉태하였더니"라고 말합니다.

늦게 결혼해서 잘 살 줄 알았는데 이삭의 가정에 아이가 없었습니다. 그래서 간절히 구했더니 하나님께서 들으시고 아들을 주셨는데 이삭이 몇 살 때 아들을 얻게 됩니까? 26절에 "리브가가 그들을 나을 때에 이삭이 60세이었더라"고 했습니다. 마흔 살에 결혼하고 육십 살에 아들을 얻었다면 도대체 몇 년 동안 기도하며 기다린 것입니까? 자그마치 '이십 년'을 하나님께 매달리며 기도했습니다.

우리 중에 누가 자식 얻기 위해 이십 년을 인내하며 기도한 사람 있습니까? 하나님께서 정말 살아 계시다면, 아니 살아 계신 하나님께서 이런 사람의 기도를 외면하지 않으실 것입니다. 하나님의 축복은 거저 오지 않습니다. 우리가 잘 아는 탕자 어거스틴이 교회사에 길이 남는 성인이 되었던 배후에는 어머니 모니카의 18년간의 눈물의 간구가 있었습니다.

우리 앞을 가로 막는 문제가 있습니까? 사업의 문제, 자녀의 문제, 학업의 문제를 놓고 인내하며 간절히 기도할 때 하나님께서 여러분에게도 마리아와 이삭같이 놀라운 응답의 축복을 주실 것입니다.

◉ 물이 변하여 포도주 됐네

하인들은 마리아의 지시대로 예수님의 말씀에 철저히 순종했습니다. 얼마 후 예수님께서는 하인들을 불러서 마당에 있는 항아리에 물을 아구까지 가득 채우라고 명령하셨습니다(7절). 하인들은 예수님께서 시키시는 대로 아구까지 물을 가득 채웠습니다. 물 채우는 작업이 끝나자 주님께서는 이제 떠서 연회장에게 갖다주라고 분부하셨습니다(8절). 이때도 하인들은 군말 없이 순종했습니다. 그러자 물이 포도주로 변하는 이적이 일어났습니다(9절).

기적을 체험하기를 진정 원하십니까? 하나님의 말씀에 철저히 순종하십시오. 그 말씀을 액면 그대로 믿고 나아가십시오. 그러면 여러분도 이 하인들처럼 물이 포도주로 변하는 놀라운 기적을 맛보게 될 것입니다. 고난 없이는 영광이 없듯이, 순종 없이는 어떠한 이적도 기대할 수 없다는 사실을 명심하십시오.

물이 포도주로 변한 것은 완전한 화학적 변화입니다. 본질적인 변화입니다. 그러므로 누구든지 예수님을 만나면 물이 포도주로 변화하듯이 삶의 근본적인 변화가 일어납니다. 물처럼 무미건조하고 맹탕인 인생이 포도주와 같이 맛과 빛깔과 향기가 있는 인생으로 변화됩니다. 슬픔과 절망의 사람이 기쁨과 소망의 사람으로 거듭납니다.

따라서 이 땅에 사는 사람은 반드시 한 번은 예수님을 만나서 변화되어야 합니다. 안 좋은 것에서 좋은 것으로 변화되어야 합니다. 생명이 없는 것에서 있는 것으로 변화되어야 합니다. 헌 것에서 새 것으로 변화되어야 합니다. 사탄의 포로에서 하나님의 자녀로 변화되어야 합니다. 이 땅에 살아 있을 때가 변화될 수 있는 유일한 기회입니다. 자신의 운명이 영원히 결정지어지기 전에 오늘 주님을 만나서 변화되어야 합니다. 변화되지 못하고 예수님께 가면 땅을 치며 후회하게 될 것입니다.

H(House Demo) 성전 시위

● 해묵은 관행

요한복음에는 가나의 혼인 잔치 사건 후에 바로 성전 시위 사건(요 2:13-22)이 나옵니다. 이 두 사건은 유대교를 개혁하고 대체하는 예수 그리스도의 새 시대가 도래했음을 나타낸다는 면에서 서로 연결되어 있습니다.

가나의 혼인 잔치에서 정결의식에 사용되던 물이 포도주로 바뀌는 사건은 율법과 의식으로 대표되는 물이 그리스도의 새 시대를 상징하는 포도주로 '대체'된 것을 이야기합니다. 성전 시위 사건 또한 유대교의 고질적인 문제들이 예수 그리스도의 메시아적 행동인 '정화'와 '개혁'으로 해결된 것을 의미합니다. [20]

성전 시위 사건은 처음(요 2:13)과 끝(23절)이 유월절에 대한 언급으로 되어 있습니다. 주님은 유월절이 가까이 다가올 때 예루살렘에 올라가셨습니다(13절). 그리고 유월절에 거기서 많은 사람들이 보는 가운데 표적을 행하셨습니다(23절).

이 성전 시위 사건이 '유월절'이라고 하는 틀(frame)로 수미(首尾)를 둘러싸고 있다고 하는 사실은 결국 세례 요한이 1장에서 지적한 대로 예수님께서 하나님의 어린 양, 즉 유월절 어린 양으로 이 땅에 오셔서 죽으심으로 성전을 정화하고 회복시키실 것임을 암시하고 있는 것입니다.

유월절이 되면 예루살렘에서 약 30km 이내에 있는 이스라엘 사람들은 누구나 예루살렘 성전으로 올라와서 하나님께 제사를 드리도록 되어 있었습니다. 하지만 유월절을 지키기 원하는 사람들은 원근 각처에서 예루살렘으로 몰려왔습니다.

전세계에 흩어져 살던 디아스포라 유대인들은 일생에 한 번은 유월절을 지키기 위해 예루살렘 성전을 향해 순례의 여행을 떠났습니다. 그래서 유월절을 맞아 예루살렘에 운집한 인파가 200만 명을 넘는 경우도 있었다고 합니다.

성전에 들어가려면 입장료로 반 세겔(Half Shekel)의 성전세를 내야 했습니다. 이때 성전에 내는 돈은 거룩해야 된다고 해서 성전 안에서만 통용되는 별도의 화폐를 사용했습니다. 그래서 타국에서 온 사람들은 자국 화폐들을 성전 화폐로 환전을 해야 했습니다.

또한 성전에서 유월절 제사를 드리기 원하는 사람은 짐승을 끌고 왔습니다. 먼 지방에 있는 사람들이 짐승을 끌고 여행을 하는 일이란 여간 번거로운 일이 아닐 수 없었습니다. 그래서 처음에는 그들의 편의를 도모하기 위해서 짐승을 직접 끌고 올 필요 없이 돈만 가지고 오면 성전 안에서 짐승을 살수 있도록 배려했습니다.

이렇게 해서 자연스럽게 돈 바꾸는 환전소와 짐승을 살 수 있는 가축 시장이 성전 근처인 감람 산 지역에 세워지게 되었습니다. 이 환전소와 가축 시장은 산헤드린 공의회가 관할하고 있었습니다.

환전소와 시장을 통해서 엄청난 돈이 들어오게 되자 돈독이 오른 대제사장은 자신의 권력을 이용하여 성전 내부 소위 '이방인의 뜰'이라고 불리는 곳에 또 하나의 환전소와 시장을 개설하였습니다. 그래서 장사꾼들이 한쪽에서는 돈을 바꾸어 주고 다른 한쪽에서는 제사에 필요한 비둘기나 양이나 소를 팔았습니다. 결국 환전과 가축 장사를 해서 남는 엄청난 차액은 고스란히 상인들과 성전 귀족들의 손아귀에 들어갔습니다.

성전 제사는 뒷전이고 서로 작당을 해서 다 해먹고 있는 역사와 전통을 자랑하는(?) 해묵은 성전 관행에 대해 알만한 사람들은 다 알고 있었을 것입니다. 그러나 이러한 부패한 종교 지도자들에 감히 맞설 용기가 없어 다들 벙어리 냉가슴만 앓고 있었던 것입니다. 왜냐하면 성전 귀족들의 행위에 이의를 제기하는 것은 곧 죽음을 의미하는 것이었기 때문입니다.[21]

◉ 주의 전을 사모하는 열심이 나를 삼키리라

예수님께서는 이러한 해묵은 관행을 끊고 성전 본연의 기능을 회복시키기 위해서 성전에 들어가셨습니다. 거기서 양과 소를 팔고 돈을 환전해 주는 장사치들을 보시고 진노하사 노끈으로 채찍을 만들어 이 모리배들을 쫓아내셨습니다. 예수님께서 이렇게 행동하신 이유는 저들이 예배의 처소인 '내 아버지의 집 성전'을 돈놀이나 하는 '장사하는 집'으로 만들었기 때문입니다 (14-16절).

성전에서 시위하시는 예수님의 행동을 보고 제자들은 시편 69편 9절, 즉 "주의 집을 위하는 열성이 나를 삼키고 주를 비방하는 비방이 내게 미쳤나이다"라는 말씀이 자신들의 스승에 의해 성취되고 있음을 깨닫게 되었습니다

(17절).

　이 시편 69편은 고난 받는 의인이 성전을 자신을 불태워 사를 정도로 사모하는 마음을 나타내고 있습니다. 따라서 이 성전 시위 사건은 주님이 자신의 고난과 죽음을 통해서 탐욕으로 얼룩진 성전을 다시 회복시킬 것을 예고하고 있는 것입니다.

　사실 예수님께서는 성전 시위 사건에서 한 발언(19절, "이 성전을 헐라 내가 사흘 동안에 일으키리라")때문에 성전을 모독했다는 죄명을 뒤집어 쓰고 훗날 십자가에 달리실 것입니다. 뒤에서 좀 더 자세히 다루겠지만, 주님께서는 자신의 생애 마지막 일주일을 시작하는 종려주일에 예루살렘에 입성하십니다. 그리고 다음 날인 월요일에 또 한 차례의 성전 시위 사건을 벌이십니다. 이 사건 후에 유대 종교 지도자들은 예수님을 성전 모독 죄로 올가미를 씌워서 죽일 계획을 짜기 시작합니다. 그래서 가룟 유다의 배신으로 산헤드린 재판석에 섰을 때 거짓 증인이 예수님을 고소한 죄목이 바로 이것이었습니다.

> "이르되 이 사람의 말이 내가 하나님의 성전을 헐고 사흘에 지을 수 있다 하더라"(마 26:61).

　십자가에 달리신 예수님을 쳐다보고 구경하던 사람들이 빈정대며 내뱉었던 말도 바로 이 내용입니다.

> "지나가는 자들은 자기 머리를 흔들며 예수를 모욕하여 이르되 성전을 헐고 사흘에 짓는 자여 네가 만일 하나님의 아들이어든 자기를 구원하고 십자가에서 내려오라"(마 27:39-40).

예수님께서는 자신의 아버지 집인 성전을 너무나도 사랑하셨기 때문에 십자가에 달려 돌아가셨습니다. 결국 예수님의 성전 사랑은 도가 지나쳐(?) 주의 전을 사모하는 열심이 그를 삼켜버렸습니다.

주님처럼 하나님의 전을 사모했던 구약의 왕이 있었습니다. 사무엘하 7장에 보면 다윗은 하나님의 은혜로 왕이 되어 자신은 화려한 백향목 궁에 살고 있는데 만 왕의 왕이신 하나님의 법궤는 초라한 휘장 가운데 있는 것을 보고 개탄했습니다. 그래서 하나님의 전을 건축할 계획을 세웠습니다.

모세 이후 다윗까지 500년 동안 어느 누구도 성전을 지어 보려는 생각을 꿈에도 가져본 자가 없었고 사무엘하 7장 6-7절에 의하면, 하나님께서 이스라엘 자손을 애굽에서 인도하여 내신 날부터 다윗의 날까지 장막과 회막에 거하시면서도 이스라엘 어느 지파에게 "너희가 어찌하여 나를 위하여 백향목 집을 건축하지 아니하였느냐?"고 말씀하신 적도 없으신데 모세 이후 500년 동안 장막을 메고 다니던 때에 장막 말고 하나님을 위하여 성전을 건축해 보겠다는 생각을 가진 사람은 유일하게 다윗이었습니다.

저와 여러분도 신앙의 선진 다윗과 다윗의 후손으로 오신 예수 그리스도의 이러한 성전 사랑, 교회 사랑의 뜨거운 마음을 본받아야 할 것입니다.

◉ 이 성전을 헐라 내가 사흘 동안에 일으키리라

예수님께서 양과 소를 팔고 돈을 바꿔주는 장사꾼들을 성전에서 몰아내자 성전 관리자들이 "당신이 이런 일을 행하니 무슨 표적을 우리에게 보이겠느냐?"며 표적을 구했습니다(18절). 이에 주님은 "이 성전을 헐라 그러면 내가 사흘 동안에 일으키리라"고 대답하셨습니다(19절). 그들은 지금 예수님께 까불다가(?) 허를 찌르는 요구에 된통 당하고 있는 것입니다.

유대인들은 주님의 이러한 요구에 응할 수 없을 것입니다. 왜냐하면 그들은 성전을 허물 수 없을 뿐만 아니라 허물어진 성전을 다시 일으킬 것이라는 예수님의 말씀은 하나님으로부터 보냄 받은 메시아만이 행할 수 있는 일이므로 그들이 요구하는 가장 적절한 표적이기 때문입니다.[22]

유대인들은 예수님이 한 말뜻을 제대로 이해하지 못하고 동문서답을 했습니다.

> "유대인들이 이르되 이 성전은 사십육 년 동안에 지었거늘 네가 삼 일 동안에 일으키겠느냐 하더라"(20절).

당시 예루살렘 성전은 주전 24년경에 착공했습니다. 그래서 예수님 당시 이미 46년의 세월이 흘렀습니다. 그때까지도 성전은 완공이 되지 않고 있다가 주후 64년에 공사를 마쳤습니다. 이토록 오랜 시간 동안 지어지고 있는 성전을 헐지라도 불과 사흘 동안 다시 일으키겠다고 하니 이들에게는 이 선포는 거짓 선지자의 성전 모독으로 밖에 들리지 않았을 것입니다.

하지만 주님은 지금 상징적으로 말씀하고 있는 것입니다. 20절의 '이 성전'이란 자기 몸을 가리키는 말입니다(21절). 즉, 예수님께서 자신의 죽음과 삼일 만의 부활을 통해서 성전 기능을 완성하시겠다고 말씀하시는 것입니다.

성전은 하나님과 그의 백성이 잔치하고 교제하는 곳입니다. 제사라는 잔치를 통해 하나님과 그의 백성이 교제합니다. 그러나 이러한 교제를 방해하는 것이 죄인데 이 죄를 제물의 피로 덮어버림으로써 다시 하나님과 교제를 회복하는 것이 바로 성전 제사의 의미입니다.

그런데 이제 유대교의 예루살렘 성전은 하나님께 불순종하는 타락한 유대인들의 성전 제사로 인해 그 기능을 상실했습니다. 그리하여 하나님께선 그 성전을 곧 심판하여 파괴해 버리실 것입니다. 이는 주후 70년 로마의 디도 장군에 의한 예루살렘 성전 파괴로 성취될 것입니다.

이제 건물로서의 성전 개념은 사라졌습니다. 이는 예수님께서 체포된 후 산헤드린 공회 앞에서 심문을 받으실 때 한 거짓 증인의 증거, 즉 "우리가 그의 말을 들으니 손으로 지은 이 성전을 내가 헐고 손으로 짓지 아니한 다른 성전을 사흘 동안에 지으리라 하더라"(막 14:48)는 말 속에서 잘 드러납니다.

예수님께서는 손으로 지은 '건물 성전'이 아니라 손으로 짓지 아니한 '인간 성전'을 짓기 위해 죽으시고 부활하실 것입니다. 다시 말해서, 주님께서는 자신의 죽음과 부활을 통해 하나님이 내주하시는 참 하나님의 백성 공동체를 창조하시는데 이 공동체가 바로 그가 짓는 새 성전이 될 것입니다.[23]

I(Interview) 니고데모와 인터뷰

○ 계급장 떼고

요한복음 2장의 두 에피소드인 가나의 혼인 잔치 이야기와 성전 시위 사건은 제 기능을 못하는 유대교를 '개혁'하고 '대체'한다는 점에서 상호 연관성이 있었다면, 이어지는 3장의 니고데모와의 인터뷰와 4장의 사마리아의 우물가 여인과의 조우 사건은 예수님께서 '새 성전,' 곧 '인간 성전'을 짓겠다고 선언하신 2장 20절과 깊이 관련되어 있습니다.

니고데모 이야기는 실제로는 요한복음 3장 1절이 아닌 2장 23절("유월절에 예수께서 예루살렘에 계시니 많은 사람이 그의 행하시는 표적을 보고 그의 이름을 믿었으나")부터 시작됩니다.

주님이 유월절에 예루살렘에서 많은 사람들이 보는 데서 기사와 이적을 행하셨는데 이를 보고 믿은 자들이 제법 있었습니다. 그런데 그들 중에 니고데모도 포함되어 있었던 것 같습니다. 그래서 그는 밤에 주님을 찾아와서 "랍비여, 당신이야말로 하나님이 보내신 선지자라는 것을 나는 알았습니다. 왜냐하면 당신이 예루살렘에서 행하시는 놀라운 표적을 보았는데 이것은 아무나 할 수 없는 일이기 때문입니다"라고 칭찬을 늘어 놓았던 것입니다(3:2).

예수님을 찾아온 니고데모는 민중들에게 존경 받던 바리새인이었고, 유대인의 지도자, 즉 오늘날의 국회의원과 같은 지체 높은 산헤드린 공회원이었습니다(1절). 게다가, 이스라엘의 선생이었습니다(10절). 또한 예수님께서 거듭나야 한다고 했을 때, "사람이 늙으면 어떻게 날 수 있사옵나이까?"라고 대답하는 것으로 봐서 나이도 제법 들었던 것 같습니다(4절).

이런 인물이 체면 무릅쓰고 갈릴리 촌 동네의 무명의 나이 어린 예수를 찾아왔다라고 하는 것은 대단한 사건이었습니다. 그는 자신에게 주렁주렁 붙어 있던 모든 '계급장'을 떼고 겸손히 진리를 찾아 나섰던 것입니다.

● '밤'의 사람 니고데모

니고데모가 주님을 찾아온 시각은 '밤'이었습니다. 요한복음에서 '밤'이란 단어가 사용되었을 때 자주 부정적인 의미와 영적 어두움의 상태를 내포하고 있다는 사실은 니고데모가 밤에 예수님을 찾아온 이유를 어느 정도 설명해 주는 것처럼 보입니다.

다시 말해서, '밤'이란 단어는 니고데모가 예수님을 찾은 시간과 관련되어 사용되면서도 독자들에게 그가 랍비라고 불릴지라도 영적 어두움의 상태에 있었음을 시사해 줍니다. 따라서 니고데모는 밤의 사람으로 영적 암흑 상태에서 빛 되신 예수님께 나아왔던 것이었습니다.

이와 반대되는 표현이 요한복음 13장에 등장합니다. 가룟 유다는 예수님의 열두 사도로 뽑혀서 근 3년간 예수님과 함께 지냈지만 돈에 눈이 어두

워져서 빛이신 예수님을 떠나 어두운 밤에 스승을 팔러 밖으로 나갔습니다. 이에 대해 요한은 "유다가 그 조각을 받고 곧 나가니 **밤**이러라"고 표현합니다(요 13:30). 유다는 다시 암흑으로 들어갔던 것입니다. 그리고 결국 예수님을 판 후 목을 매 자살하고 말았습니다(마 27:5).

빛 되신 예수님을 향해 뚜벅뚜벅 걸어 나오면 거기엔 '영생(永生)'이 있지만, 예수님을 등지고 흑암을 향해 걸어 들어가면 '영벌(永罰)'이 있을 뿐입니다.

● 물, 곧 성령으로 거듭나야

주님께서는 자신을 찾아온 니고데모에게 거듭남의 중요성을 강조하셨습니다.

> "진실로[아멘] 진실로[아멘] 네게 이르노니 사람이 거듭나지 아니하면 하나님의 나라를 볼 수 없느니라"(3절).

이러한 이중 아멘의 사용은 요한 특유의 표현으로 신약 성경의 다른 곳에서는 그 예를 찾아볼 수 없습니다. 요한복음에서 이중 아멘은 예수님께서 중요한 가르침을 시작하실 때 자주 사용한 표현입니다. 따라서 사람이 거듭난다고 하는 것은 나도 되고 안 나도 되는 것이 아닙니다. 반드시 '거듭나야' 되는 것입니다.

예수님께서 말씀하신 '거듭난다'는 말은 문자 그대로는 '다시 태어난다'는 의미입니다. 여기에서 한자어 두 번 '중(重)' 자(字)를 써서 '중생(重生)'이라는 말이 나왔습니다. 하지만 '거듭난다'라는 말은 우선적으로는 '위로부터' 태어난다는 의미입니다.

니고데모는 유대교의 최고봉이지만 '아래의' 물리적인 세상 사람이었기에 '위의' 영적인 세계에 대한 이해를 할 수 없었습니다. 그래서 "사람이 늙으면 어떻게 날 수 있사옵나이까? 두 번째 모태에 들어갔다가 날 수 있사옵나이까?"라고 자다가 봉창 두드리는 소리를 한 것입니다(4절).

그러면 '위로부터 난다'는 말은 도대체 무슨 의미일까요? 이는 3절과 5절을 서로 비교하면 이해할 수 있습니다. 3절에서 예수님께서는 "사람이 거듭나지 아니하면 하나님 나라를 볼 수 없느니라"고 말씀하셨습니다. 그리고 5절에서는 "사람이 물과 성령으로 나지 아니하면 하나님 나라에 들어갈 수 없느니라"고 3절을 풀어서 설명해 주셨습니다.

따라서 거듭나는 것, 즉 위로부터 나는 것은 바로 물과 성령으로 태어나는 것이고, 하나님 나라를 보는 것은 하나님 나라에 들어가는 것을 말합니다.

요한복음에서는 '물'은 보통 '성령'을 의미합니다(요 7:39). 특히 성령의 깨끗하게 하시는 정화 사역을 나타냅니다. 따라서 물과 성령으로 태어난다고 하는 것은 두 종류의 서로 다른 출생을 의미하는 것이 아니라 '물, 즉 성령'으로 태어나는 것을 말합니다.

그러므로 예수님께서 '위로부터 나야한다'는 말씀은 위에서 오는 하나님의 힘, 즉 성령의 능력으로 다시 태어나야 하나님의 나라에 들어가서 하나님의 생명인 영생을 얻을 수 있다는 의미입니다. [24]

이렇게 다시 태어난 사람이 바로 영(靈)에 속한 사람, 즉 성령이 그 안에 내주하는 중생한 사람입니다.

● 신앙의 3단계

니고데모는 요한복음에만 세 번 등장합니다. 3장에서 중생 문답을 할 때

한 번 등장하고, 7장에서 예수님을 변호할 때 한 번 나옵니다. 그리고 19장에 주님의 시신을 장사할 때 또 한 번 등장합니다. 이 세 번 등장하는 니고데모를 통해서 그의 신앙에는 세 가지 단계가 있었음을 짐작할 수 있습니다.

요한복음 3장은 니고데모 신앙의 제 1 기(期)라고 할 수 있습니다. 이때 그는 유월절에 예수님께서 예루살렘에서 행하신 이적을 보고 믿는 불안정한 믿음의 소유자였습니다. 대개 처음 신앙 생활을 할 때는 믿음이 연약하여 증거를 요구하는 경향이 있습니다.

저 또한 초신자 때 그랬습니다. 목사님은 늘 입에 허연 거품을 물고(?) "하나님은 살아 계시며, 예수님께서는 우리들의 죄 때문에 십자가에 달려 돌아가시고, 사흘 만에 다시 살아나셨다"고 말씀하셨지만 잘 믿어지지 않았습니다. 그래서 한 번은 친구와 함께 어느 기도원에 올라가서 하나님께서 정말로 살아 계시다면 '나 여기 이렇게 버젓이 살아 있노라'고 음성을 좀 들려 달라고 부르짖으며 기도했습니다. 하지만 정성이 부족했던 탓인지 어떠한 미세한 목소리조차도 들을 수 없었습니다. 그래서 허탈한 마음을 부여잡고 하산했습니다.

그 후 예배와 성경 공부를 통해 꾸준히 말씀을 들으면서 가랑비에 옷 젖듯이 전혀 의식하지 않고 있는 사이에 저의 심령에 변화가 일어났습니다. 어느 날 갑자기 하나님의 말씀이 믿어지고, 하나님께서 분명히 살아 계시며, 예수님께서 나의 죄를 위해 십자가에 달려 돌아가셨다는 사실이 이해가 되었습니다. 하나님의 음성은 너무도 가까이 있었습니다. 성경 말씀이 바로 살아 계신 하나님의 '육성 녹음 테이프'였습니다.

이제 더 이상 눈에 보이는 증거는 필요 없습니다. 너무도 분명한 증거가 손만 뻗으면 닿을 수 있는 곳에 있었건만 어리석게도 그것을 깨닫지 못했던 것이었습니다. 하나님 말씀인 성경 하나로는 만족하지 못하기 때문에 믿음

없는 유대 지도자들처럼 눈에 보이는 증거를 요구했던 것이었습니다. 니고데모도 처음엔 그런 사람이었습니다.

요한복음 7장은 니고데모가 신앙의 제 2기(期) 상태에 접어든 모습을 보여줍니다. 초막절에 아랫사람들을 풀어서 죄 없으신 예수님을 잡아오라고 대제사장과 바리새인들이 명령을 내렸는데 부하들이 빈 손으로 와서는 "그 사람이 말하는 것처럼 말한 사람은 이때까지 없었나이다"라고 하자, 흥분한 바리새인들은 "너희도 미혹되었느냐 당국자들이나 바리새인 중에 그를 믿는 자가 있느냐 율법을 알지 못하는 이 무리는 저주를 받은 자로다"라고 공포 분위기를 조성했습니다(요 7:47-48).

이런 살벌한 상황에서 아무도 반론을 제기하지 못하고 숨을 죽이고 있는데 동료 바리새인 중의 한 사람이 과감히 나서서 따져 물었습니다. 그가 바로 전에 예수님께 왔던 '니고데모'였습니다(50절).

니고데모는 "우리 율법은 사람의 말을 듣고 그 행한 것을 알기 전에 심판하느냐?"고 동료들에게 항의했습니다(51절). 그러자 "너도 갈릴리에서 왔느냐? 찾아보라 갈릴리에서는 선지자가 나지 못하느니라"고 핀잔을 들었습니다(52절).

남의 눈을 의식해서 밤에, 그것도 표적에 의지해서 예수님을 찾았던 니고데모가 이제는 동료들이 어떻게 나올지 별로 신경 쓰지 않고 할 말은 하는 단계로 접어든 것을 볼 수가 있습니다. 그러나 니고데모는 아직까지는 적극적으로 주를 변호하는 입장이 아닌 사도행전 5장에서 산헤드린 공회가 베드로와 요한을 없애려고 할 때 중재에 나섰던 존경 받는 바리새인 가말리엘처럼 신중론을 펴는 정도에 머물렀던 것 같습니다. 그는 여전히 익명의 그리스도인으로 남아 있었던 것입니다.

하지만 요한복음 19장에 등장하는 니고데모는 완전히 다른 사람이 되어 있었습니다. 신앙의 절정기인 제 3기(期)에 접어든 상태에 있었습니다. 그래서 또 한 명의 익명의 그리스도인이었던 아리마대 요셉과 함께 예수님의 시체를 수습하여 유대인의 장례법대로 그 위에 자신이 가져온 향품을 바르고 세마포로 쌌습니다(39-40절). 삼 년 동안 예수님의 분신(分身)이 되어 주구장창 주를 따랐던 열두 사도는 머리터럭 하나라도 보일까 봐 꼭꼭 숨어 몸 사리고 있는 상황에서 니고데모는 과감하게 '커밍 아웃(coming out)'했던 것입니다.

동방정교회 전승에 따르면, 니고데모는 이후에 기독교로 개종하여 예수님을 전하다가 동료 유대인들의 손에 의해 순교 당했다고 합니다. 당신은 지금 신앙의 몇 기(期)에 머물고 계십니까?

J(Jar) 물동이를 인 여인

◉ 편식(偏食)은 할지라도 편인(偏人)은 말자

요한은 3장에서 경건의 최고봉을 상징하는 정통 유대교 랍비 니고데모를 등장시켰습니다. 그리고 이제 4장에서는 경건이라고는 눈을 씻고 찾아봐도 도저히 찾을 수 없는 시내산 모세 언약 체계의 최하 골짜기에 있는 사생아 사마리아 여인을 내세워 극한 대조를 이룹니다.

이 양극단의 인물을 통해서 요한은 제아무리 경건해 보이는 니고데모라도 예수님을 만나서 '새 성전' 되어야 함을 강조합니다. 또한 남편을 다섯 명이나 갈아치웠던 인간 쓰레기 같은 수가 성 여인도 '새 성전' 될 수 있음을 보여줍니다.

모든 인간(니고데모처럼 유대교의 최고봉이라도)은 예수님을 만나서 '새 성전,' 즉 '새 사람' 되어야 합니다. 또한 예수님을 만나면 누구나(사마리아 여인처럼 밑바닥 인생까지도) '새 사람' 될 수 있습니다.

예루살렘에서 볼 일을 마치시고 예수님께서는 다시 고향 갈릴리로 돌아가시기 위해 길을 떠났습니다(요 4:3). 당시 예루살렘에서 북쪽 갈릴리 지방으로 가는 길은 세 가지가 있었습니다. 그 중 하나는 서쪽 지중해 연안을 따라 올라가는 길이고, 다른 하나는 동쪽 요단 강을 건너서 빙 둘러 가는 길이고, 마지막 하나는 바로 사마리아를 관통하여 가는 지름길이었습니다. 이 길은 빨라서 좋았지만 사마리아인들과의 오랜 반목 관계 때문에 경건한 유대인이라면 그 누구도 가지 않는 길이었습니다.

사마리아는 북 이스라엘의 수도로 좋지 않은 역사를 지닌 곳입니다. 주전 722년 앗수르에게 패망하였을 때 앗수르는 정략적으로 잡다한 종족들을 이 지방으로 이주시켜서 거기에 남아 있는 이스라엘 사람들로 하여금 이들과 강제로 혼인하게 했습니다. 그리하여 혈통적으로나 종교적으로 혼합된 족속이 생겨나게 되었습니다.

게다가, 느헤미야와 에스라가 고레스의 칙령으로 바벨론에 포로 되었던 이스라엘 백성들을 이끌고 예루살렘으로 귀환하여 성전을 재건하려고 할 때 사마리아인들은 이방인들과 힘을 합하여 성전 재건하는 일을 방해했습니다. 그리하여 유대인들은 사마리아인들을 우상숭배하는 불결한 족속이요, 자신들의 원수로 여겼고 사마리아인들과 말을 섞는 것은 물론 사마리아를 통해서 왕래하는 것조차 꺼렸던 것입니다.

하지만 예수님은 일부러 사람들이 꺼리는 사마리아를 통해서 가시기로 마음 먹었습니다. 그 이유는 우선적으로 수가 성 여인을 구원하기 위함이었고, 더 나아가서 그 여인을 통해 수가 성에 살고 있는 마을 사람들에게 복음을 전하여 그들 또한 구원받게 하기 위함이었습니다.

예수님께서 보잘것없는 초라한 여인 하나를 만나 구원하시기 위해서 오래 전부터 작정하시고 전날 오후에 예루살렘을 떠나 그 다음 날 정오까지 비지

땀을 흘려가며 아무도 원치 않는 길을 뚜벅뚜벅 걸어오셨다는 사실은 오늘날 그분의 제자라고 자처하는 우리들에게 시사하는 바가 큽니다.

주님은 사람을 봐가며 만나시는 분이 아니셨습니다. 니고데모는 경건한 유대인 랍비요 지체 높은 산헤드린 공회원이었기 때문에 인터뷰에 응해주셨고 수가 성 여인은 타락한 사마리아 여인이요 소위 돈도 빽도 없는 밑바닥 인생이었기에 꺼리셨던 것은 아니었습니다. 주님은 그가 부자든 가난하든, 남자든 여자든, 유대인이든 사마리아인이든 상관하지 않고 만나주셨습니다.

그런데 우리는 니고데모처럼 잘 나가는 사람은 가까이 하고 싶어하지만 수가 성 여인과 같은 별 볼 일 없는 인간은 은근히 피하는 경향이 있습니다. 나에게 이익이 될 것 같으면 어떻게 해서라도 친구로 만들고 싶어하면서도 별로 도움이 될 것 같지 않으면 아는 체도 안 하려고 합니다.

누구나 알듯이 음식을 가려 먹는 편식(偏食)은 육적 건강에 좋지 않습니다. 그러나 자신에게 플러스가 될 것 같은 사람만 가려서 만나는 편인(偏人)은 영적 건강에 도움이 되지 않습니다. 왜냐하면 그것이 바로 타락했다는 증거이기 때문입니다.

◉ 타는 목마름 vs 영생하는 샘물

예수님께서는 자신이 작정하신 대로 사마리아의 수가라 하는 동네에 들어가셨습니다(5절). 거기에는 야곱의 우물이 있었습니다. 주님은 오랜 여행으로 피곤하셨고 때가 마침 정오라서 한낮의 더위로 인해 심한 갈증을 느끼셨습니다(6절).

이때 사마리아 여인 하나가 물을 길러 나왔습니다(7절). 예수님께서는 조상 야곱의 우물을 통해 물을 얻으려는 수가 성 여인에게 물을 좀 달라고 하시면서 영원히 목마르지 않는 생수를 주시겠다고 약속하셨습니다(10절, 참고. 14절). 그러자 이 여인 또한 니고데모와 마찬가지로 '아래' 물리적인 세계의 관점으로 주님의 말씀을 이해함으로써 엉뚱한 소리를 했습니다.

> "여자가 이르되 주여 물 길을 그릇도 없고 이 우물은 깊은데 어디서 당신이 그 생수를 얻겠사옵나이까 우리 조상 야곱이 이 우물을 우리에게 주셨고 또 여기서 자기와 자기 아들들과 짐승이 다 마셨는데 당신이 야곱보다 더 크니이까"(11-12절).

여기 주님과 사마리아 여인 간의 대화 속에는 풍성한 상징들이 있습니다. 먼저 물 길러 온 사마리아 여인은 사마리아 족(族)과 이방 우상숭배와 혼합된 그들의 종교를 상징합니다. 18절에서 예수님께서 지적하셨듯이, '그녀가 남편이 대여섯 명 있다'라고 하는 사실은 바로 이 혼탁한 사마리아교에 대한 상징인 것입니다.

또한 야곱의 우물은 시내 언약체계, 즉 율법 언약체계를 상징합니다. 그러므로 야곱의 우물에 매인 사마리아 여인은 지금 하나님께서 자신에게 주신 시내산 율법을 지키면 생명을 얻을 수 있다고 예수님께 암묵적으로 주장하고 있는 것입니다. 이에 대해 주님께서는 야곱의 우물을 마셔도 결국 다시 목마르겠지만 자신이 주는 '물'을 마시면 영원히 목마르지 않을 것이라고 말씀하셨습니다(13-14절).

예수님께서 주시는 물은 물리적 의미의 물이 아니고 요한복음 3장과 마찬가지로 '성령'을 의미합니다. 따라서 주님께서 영생수를 주시겠다는 약속은 하나님께서 시내 언약 체계의 최고봉인 니고데모에게 위로부터 물, 즉 성령을 부어주셔서 그를 거듭나게 하고 영생을 주셨듯이, 시내 언약 체계의 가장 낮은 골짜기에 있는 사마리아 여인에게도 율법이 아닌 성령의 은혜로 아래에서 위로 올라가는 구원을 얻게 해 주시겠다는 말씀인 것입니다.

경건한 니고데모도, 지저분한 수가 성 여인도 모두 율법이 아닌 하나님의 은혜로만 구원을 얻을 수 있는 것입니다. 구원은 오직 은혜로만(sola gratia) 가능합니다. 제아무리 선량한 유대인도 은혜로만 구원을 얻을 수 있고, 그 반대인 죄인도 은혜로만 구원을 얻을 수 있는 것입니다.

야곱의 우물, 즉 시내산 율법체계에는 구원이 없습니다. 거기에는 사마리 아 여인이 엘리자베스 테일러처럼 남편을 다섯이나 갈아봤지만 해갈(解渴) 이 없었듯이 타는 목마름만 있을 뿐입니다. [25]

◉ 신앙이란 '눈'이 바뀌는 것

니고데모의 신앙이 세 단계를 거쳐 성장했듯이, 수가 성 여인의 믿음 또한 세 단계를 거쳐 발전해 나갔습니다. 이는 예수님에 대한 그녀의 지식이 3단 계를 거쳐 변화된 것을 통해 알 수 있습니다.

그녀는 처음에 옷차림이나 말투 등 주님의 겉모습만 주목하고 자신에게 물을 달라고 하는 그를 '유대인(a Jew)'으로 인식했습니다. 그래서 "당신은 유대인으로서 어찌하여 사마리아 여자인 나에게 물을 달라하나이까?"하고 반문했던 것입니다(9절). 하지만 예수님께서 "가서 네 남편을 불러 오라"고 말씀하며 여인이 갖고 있는 문제의 핵심(영혼의 갈증)을 지적하자 서서히 영 안이 열리기 시작했습니다. 그리하여 신앙이 한 단계 업그레이드 되어 주님 을 '선지자(a Prophet)'로 인식하게 되었습니다.

"주여 내가 보니 선지자로소이다"(19절).

여인의 신앙은 한 단계 발전했지만 거기서 멈추지 않았습니다. 그녀는 예수님을 선지자로 인식하자 곧바로 그동안 궁금했던 예배 문제를 질문했습니다.

> "우리 사마리아인들은 지금 그리심 산에서 예배하고 있으며 그곳이 참 성전이
> 라고 생각하는데, 당신네 유대인들은 예루살렘에서 예배 드리며 그곳이 참 성
> 전이라고 상반된 주장을 합니다. 누구 말이 맞습니까?"(20절 원문 의역).

이에 대해 예수님께서는 일단은 예루살렘에서의 예배의 정당성을 인정하셨
습니다(22절). 하지만 동시에 예수님의 오심으로 말미암아 예배의 처소로서
장소적 의미는 완전히 배제되어 어디서 예배 드리느냐 하는 문제는 더 이상
의미가 없고 다만 '성령과 진리 안에서' 예배 드리는 것이 중요하다고 대답해
주셨습니다(24절).

이쯤에서 여인은 자신이 "그리스도 곧 메시아가 오리라 한 것을 알고 있
다"고 고백함으로써 예수님께 메시아에 대한 기대를 피력했습니다(25절). 주
님께서는 이 기회를 놓치지 않고 "내가 그라"고 선포하셨습니다(26절). 이
말은 수가 성 여인에게 '복음'이었습니다. 자신의 타는 목마름을 한순간에
해갈시켜 주는 '생수'였습니다.

그녀는 영안이 활짝 열려 드디어 '메시아(the Messiah)'로서 주님의 실체
를 알아보았습니다. 그리고 나서 물동이를 버려두고 이 기쁜 소식을 전하기
위해 마을을 향해 정신 없이 달려갔습니다.

믿음이란 결국 '시각'이 바뀌는 것입니다. 주님을 바라보는 '관점'이 변하
는 것입니다. 당신의 눈에 비친 예수님은 어떤 분이십니까? 그저 연약한 인간
(**유대인**)입니까? 석가, 공자, 마호메트와 더불어 세계 4대 성인(**선지자**) 중의
하나입니까? 아니면 갈한 심령에게 영원히 목마르지 않는 생수를 주시는 하
나님의 아들(**메시아**)이십니까?

Day 11

K(Kin) 친족의 배척

● 내가 '그'니라

예수님께서는 사마리아 여인을 변화시키신 후, 고향 땅 갈릴리로 돌아오서서 자신이 사는 나사렛으로 가셨습니다. 그리고 안식일이 되었을 때 평소대로 회당에 들어가서 예배 중에 선지자 이사야의 글 두루마리를 전달받고 두루마리를 펼쳐 동네 사람들 앞에서 말씀을 강독하셨습니다(눅 4:16-17). 주님께서는 의도적으로 이사야 61장 1-2절을 찾아서 읽으셨습니다.

"주의 성령이 내게 임하셨으니 이는 가난한 자에게 복음을 전하게 하시려고 내게 기름을 부으시고 나를 보내사 포로 된 자에게 자유를, 눈먼 자에게 다시 보게 함을 전파하며 눌린 자를 자유롭게 하고 주의 은혜의 해를 전파하게 하려 하심이라 하였더라."

이사야 61장은 하나님께서 바벨론에 사로잡혀 가서 고통 받고 있는 이스라엘 백성에게 포로된 상태에서 자유를 주고, 갇힌 상태에게 놓임을 선포하기 위해서 성령으로 기름부어 메시아를 세우실 것을 예언한 말씀입니다.

예수님께서는 읽기를 마치신 후에, 책을 덮어 성경 두루마리 관리자에게 주시고 앉으시니 회당에 있는 자들이 다 주목하여 그를 보았습니다(20절). 이에 주님은 혁명과도 같은 말씀을 선포했습니다.

"이 글이 오늘 너희 귀에 응하였느니라"(21절).

이는 내가 바로 '메시아'다. 내가 바로 이사야가 750년 전에 예언했던 바벨론 엑사일 상태와 같이 죄와 마귀에 사로잡혀 있는 너희들에게 자유와 해방, 즉 엑소더스(구원)를 주기 위해, 영적 출바벨론을 시켜 주기 위해 이 땅에 온 '대망(大望)의 그리스도'라는 선포인 것입니다.

○ 너무도 '잘' 알기에

이 말씀을 들은 고향 사람들은 믿음으로 반응하지 않고 오히려 콧방귀를 뀌면서 "이 자가 목수 요셉의 아들 아니냐?"하고 예수님을 불신했습니다(22절). 같은 기사를 다루는 마가복음에서는 "이 사람이 마리아의 아들 목수가 아니냐? 야고보와 요셉과 유다와 시몬의 형제가 아니냐? 그 누이들이 우리와 함께 여기 있지 아니하냐?"하고 주님을 배척했습니다(막 6:3).

동네 사람들의 눈에 비친 예수님은 그저 마리아라는 '한 여인의 아들'이요, 아버지 요셉의 직업이 목수였기에 '목수의 아들'이었던 것입니다. 그들이 예수님을 선생이나 선지자가 아닌 '목수'로 부른 까닭은 '한낱 목수에 불과한 사람이 어떻게 감히 이사야 예언의 성취자라고 주장할 수 있는가?' 라는 비판적인 시각을 가졌기 때문입니다.

더구나 형제들인 야고보, 요셉, 유다, 시몬이 그들 중에 있고 누이들 또한 이 마을에 같이 살고 있는데 '어떻게 저런 사람이 메시아이며 하나님의 아들이 될 수 있겠는가?' 라고 예수님을 멸시한 것입니다.

나사렛 사람들은 예수님을 너무도 '잘' 알고 있었습니다. 예수님의 가족들인 아버지 요셉, 어머니 마리아, 그의 형제와 누이들도 잘 알았습니다. 시쳇말로 그 집의 밥상에 젓가락이 몇 개 있는 것까지 다 알고 있었습니다. 그런데 바로 그 '잘' 안다고 생각하는 것이 문제였습니다. 그것 때문에 그들은 예수님을 하나님의 아들, 메시아로 인정 못하고 그저 인간 요셉과 마리아의 아들로 치부했던 것이었습니다.

그러면 과연 고향 사람들은 정말로 예수님을 '잘' 알고 있었던 것일까요? 그들은 제임스 패커(James Packer) 식으로 말하면, '예수님을 알았던 것(knowing Jesus)'이 아니라 '예수님에 대해서 알았던 것(knowing about Jesus)'입니다. 앨리스터 맥그래스(Alister McGrath) 식으로 표현하면, '길(road)' 위에서가 아니라 '발코니(balcony)' 상에서 예수님을 알았던 것입니다.

예수님에 대해서 아는 것은 예수님의 생김새, 나이, 직업 등 그에 관해서 객관적이고 지식적이고 피상적으로 아는 것을 말합니다. 이는 2층 '발코니'에 편안히 앉아서 '구경꾼' 혹은 '관찰자'의 입장에서 예수님을 한 발짝 떨어져서 지켜봄으로써 아는 것을 말합니다.

이에 반해서 예수님을 아는 것은 그와의 직접적이고 체험적이고 실질적이고 인격적인 교제를 통해 아는 것을 의미합니다. 이는 험난한 인생의 '길'을 걸어가며 '참여자'가 되어 현장에서 직접 몸으로 부딪히면서 예수님을 알아

가는 것을 의미합니다. [26]

　나사렛 사람들은 예수님에 대한 단편적이고 피상적인 지식을 가지고 마치 그분에 대해 모든 것을 안다고 착각한 나머지 결국 자신들이 그토록 고대했던 메시아를 눈 앞에서 외면하고 말았습니다. 예수님의 고향 사람들은 자신들의 편견과 고정관념에 깊이 사로잡혀서 제 발로 찾아온 구세주를 면전에서 배척했습니다.

　여러분의 신앙 경륜이나 성경 지식이 디딤돌이 아니라 오히려 걸림돌이 되어서 예수님을 주와 그리스도로 고백하는 것을 방해하지는 않습니까? 여러분에게 예수, 그는 누구입니까? 마리아와 요셉의 아들, 인간입니까? 아니면 하나님의 아들, 메시아십니까?

L(Low Place) 저지대로 이전

◉ <u>르호봇으로 인도하시는 하나님</u>

나사렛 사람들은 예수님을 낭떠러지로 끌고 가서 밀쳐 죽이려고까지 할 정도로 철저히 배척했습니다(눅 4:29). 그리하여 예수님은 더 이상 고향 나사렛에서 살 수 없어서 보따리를 싸서 스불론과 납달리 지경 해변에 있는 가버나움으로 이사하게 되었습니다(마 4:13). 산 동네에 사시다가 나사렛인들의 배척 사건으로 인해 평지로 내려오신 것입니다.

나사렛은 산지로 당시 인구가 기껏해야 200명 미만 되는 조그마한 촌 동네였다면, 가버나움은 그 아래 평지 지역으로 인구가 무려 10,000명 이상되는 번화한 해변 도시였습니다. 그러기에 사람들의 왕래가 잦아서 예수님의 선포 사역에 많은 청중을 확보할 수 있는 지리적인 이점이 있는 곳이었습니다.

예수님께서 나사렛에서 가버나움으로 오게 된 것은 외관상으로는 고향 사람들의 박해로 인해 그곳에 더 이상 머무를 수 없어서 쫓겨난 것처럼 보이지만 그 실상을 촘촘히 들여다보면 거기에는 보다 넓은 지경(地境)으로 인도하시려는 하나님의 깊으신 뜻이 계셨던 것입니다. 그러기에 우리 신앙인들은 아무 이유 없이 어려운 일을 당할 때에도 주님처럼 세상 사람들과 싸우지 말고 조용히 한 발 뒤로 물러서면 하나님께서는 더 좋은 곳으로 인도해 주실 것이라는 믿음을 가져야 합니다.

이러한 면에서 좋은 본을 보여준 인물이 바로 이삭입니다. 창세기 26장에 보면, 이삭이 하나님의 은혜로 큰 부자가 되자 이웃 사람들이 그를 시기해서 괴롭혔습니다. 그래서 이삭이 우물을 팔 때마다 고춧가루를 뿌렸습니다(창 26:17-22). 팔레스타인은 사막 지역이라 물이 귀한데 죽어라고 우물을 파면 블레셋 사람들이 와서 자기들 것이라고 하며 빼앗아 갔습니다. 그러면 그 우물을 그냥 줘버리고 다른 곳에 가서 또 팠습니다. 창세기 전체를 통틀어 이삭이 총 6번을 양보하는 것을 볼 수 있습니다. 양보하면 손해 볼 것 같죠? 그렇지 않습니다. 창세기 26장 20-22절까지 우물 이름들을 잘 관찰해 보세요.

"이삭이 그 다툼으로 말미암아 그 우물 이름을 에섹이라 하였으며"(20절 하).

블레셋인들이 우물을 판 이삭의 종들과 다투어 빼앗아 갔다고 해서 이삭은 첫 번째 우물의 이름을 '다툼'이란 의미의 '에섹'이라고 지었습니다. 그리고는 양보하고 다른 우물을 팠는데 또 와서 우물을 빼앗아 갔습니다.

"또 다른 우물을 팠더니 그들이 또 다투므로 그 이름을 싯나라 하였으며"(21절).

그래서 두 번째 우물의 이름을 뭐라고 했습니까? '싯나.' '대적함'이라는 뜻입니다. 이번에도 양보하고 새로 다시 우물을 팠습니다.

> "이삭이 거기서 옮겨 다른 우물을 팠더니 그들이 다투지 아니하였으므로 그 이름을 르호봇이라 하여 이르되 이제는 여호와께서 우리를 위하여 넓게 하셨으니 이 땅에서 우리가 번성하리로다 하였더라"(22절).

이 세 번째 우물의 이름이 뭐라고요? '르호봇.' '장소가 넓다'는 의미입니다. 계속 양보를 했더니 하나님께서 훨씬 더 넓은 장소를 주셨습니다. 더 번성하게 해 주셨습니다. 할렐루야!

여러분들 중에는 때때로 이 블레셋인들처럼 남의 것을 빼앗고 악착같이 자기 것 챙기는 악인들이 더 잘 되는 것 같아 보여 '하나님은 정말 살아 계시는가?'하고 의문을 품는 분도 계실 것입니다. 하지만 잘 나가는 세상 사람들 그렇게 부러워할 필요 없습니다. 그들에게는 이 세상이 전부이기에 하나님께서 불쌍히 여기셔서 때로 잘 먹이고 있는 것입니다. 사형수들 형 집행하기 전날에는 고깃국이 나온다고 합니다. 주인이 돼지를 살찌우는 것은 잡아먹으려고 하기 때문입니다.

참 신앙인에게 이 세상은 그저 하룻밤 잠시 머물다 가는 곳입니다. 더 나은 본향(本鄕)을 향해 떠나는 순례 여행 도중 잠시 스쳐가는 한 경점(更點)에 불과합니다. 맥그래스의 말처럼, 천국에서 우리의 고난은 단지 추억이 되어 있을 것입니다. 그러기에 지금 당하는 무고한 어려움에 너무 마음 조리며 아웅다웅하지 말고 신앙의 선배 이삭의 모범을 따라 넉넉한 마음으로 양보하며 살아갑시다.

● 못난이만 골라 쓰시는 예수 그리스도

나사렛에서 가버나움으로 이사하신 후, 예수님께서는 그곳을 갈릴리 사역의 총본부로 삼고 공생애 사역을 본격적으로 시작하셨습니다. 사역의 첫 마디는 자신의 전령이었던 세례 요한과 동일하게 "회개하라 천국이 가까이 왔느니라"였습니다(마 4:17).

주님께서 하나님 나라의 도래를 선포하시고 나서 가장 먼저 하셨던 일은 이사야의 엑소더스 패턴에 따라 자신과 함께 사탄의 포로 상태에 놓여 있는 하나님의 백성을 구출하기 위해 이스라엘의 12지파를 상징하는 12사도를 세우는 일이었습니다. 주님께서는 밤이 맞도록 기도하시며 하나님 아버지의 지혜를 구한 다음 열두 제자를 선택하셨습니다(눅 6:12-16).

선택된 자들의 면면을 살펴보면 그리 대단한 사람이나 세상적으로 화려한 사람은 별로 없었습니다. 마태는 유대인들이 증오하는 로마의 하수인 역할을 했던 세리였고, 베드로와 요한의 형제들은 갈릴리 촌 동네의 어부 출신이었습니다. 주님께서 이렇게 별 볼 일 없는 사람들을 자신의 제자로 택한 이유에 대해 고린도전서 1장 26-29절이 답을 제시합니다.

> "형제들아 너희를 부르심을 보라 육체를 따라 지혜로운 자가 많지 아니하며 능한 자가 많지 아니하며 문벌 좋은 자가 많지 아니하도다 그러나 하나님께서 세상의 미련한 것들을 택하사 지혜 있는 자들을 부끄럽게 하려 하시고 세상의 약한 것들을 택하사 강한 것들을 부끄럽게 하려 하시며 하나님께서 세상의 천한 것들과 멸시 받는 것들과 없는 것들을 택하사 있는 것들을 폐하려 하시나니 이는 아무 육체도 하나님 앞에서 자랑하지 못하게 하려 하심이라."

● 예수님의 3대 갈릴리 사역

마태는 선택된 12사도들이 예수님과 함께했던 갈릴리 사역을 다음과 같이 요약합니다.

> "예수께서 온 갈릴리에 두루 다니사 그들의 회당에서 가르치시며 천국 복음을
> 전파하시며 백성 중의 모든 병과 모든 약한 것을 고치시니"(마 4:23).

예수님의 갈릴리 사역은 크게 3가지, 곧 가르치는 사역(Teaching Ministry), 전파하는 사역(Preaching Ministry), 그리고 치유하는 사역(Healing Ministry)이었습니다. 오늘날 교회도 주님의 본을 따라 이 세 가지 사역을 잘 감당해야 합니다.

교회가 마땅히 해야 할 첫 번째 일은 가르치는 사역입니다. 예수님께서는 회당에서 가르치셨습니다. 이스라엘의 회당은 오늘날 교회와 비슷한 기능을 했습니다. 회당이 있기 전에 이스라엘은 성전 중심의 종교였습니다. 성전은 경건히 예배 드리는 곳, 즉 전체 모여서 제사 드리는 곳이었습니다. 그러나 이스라엘 백성들이 바벨론으로 포로로 잡혀가고 난 다음에 예루살렘 성전이 무너졌기에 더 이상 제사를 드릴 수 없었습니다. 그래서 이스라엘 성인 남자 10명 이상만 모이면 만든 게 회당이었습니다. 오늘날 우리 식으로 얘기하면 구역 모임 비슷한 것이었습니다. 10명 정도가 모여 거기서 말씀을 나누고 교제를 나누고 삶을 나누는 곳이었습니다.

예수님께서 주로 이 회당에서 가르치셨듯이, 사도 바울도 돌아다니며 복음을 증거했던 장소가 바로 회당이었습니다. 회당은 하나님의 말씀을 체계적으로 가르치는 곳이었다. 그러므로 교회는 회당의 아름다운 전통을 이어

받아 가르치는 센터가 되어야 합니다.

오늘날 교회의 두 번째 사명은 천국 복음을 전파하는 것입니다. 이 세상에 교회가 존재하는 목적은 세상에 죽어가는 영혼들을 살리기 위함입니다. 교회는 예수님을 모르는 자들에게 십자가의 피 묻은 복음을 증거해야 합니다. 복음은 들려져야 합니다. 복음은 반드시 들려져야 합니다. 그러므로 디모데후서 4장 2절에서 사도 바울은 우리에게 "너는 말씀을 전파하라 때를 얻든지 못 얻든지 항상 힘쓰라"고 권면합니다. 때를 얻어도 전파하고 때를 못 얻을지라도 기회를 만들어서라도 전파하라는 말입니다. 따라서 아무리 여러 차례 반복하면서 전도를 강조하고 선교를 강조해도 지나치지 않습니다.

세 번째로 중요한 교회 사역은 병 고치는 사역입니다. 교회가 육체적 질병과 영적인 질병에 시달리는 형제 자매들을 위해서 해야 하는 일은 기도하는 일입니다. 우리가 가는 곳마다 연약한 백성을 위해 기도해야 합니다. 그러면 주께서 그 기도를 들으신다고 약속하셨습니다(약 5:14-15).

또한 사회적인 면에서 치유가 일어나야 합니다. 지역 감정, 성차별, 빈부격차, 이념 갈등이 해소되어야 합니다. 우리 교회 안에서는 남성이든 여성이든, 가진 자든 못 가진 자든, 좌든 우든 누구나 동등하게 대접하고 대우받는 풍토가 조성되어야 합니다. 동향(同鄕), 특정 성(性), 금전, 이데올로기라는 요소가 우리 교회에서 더는 힘을 발휘하지 못하게 해야 합니다.

M(Mountain) 산상수훈

◎ 지상 최대의 행복

자신의 분신(分身)과도 같은 12사도를 확정하신 후 예수님께서는 산에 오르셔서 산상수훈을 강설(講說)하셨습니다. 이 산상수훈은 위에서 언급한 주님의 3대 갈릴리 사역 가운데 '가르치는 사역(Teaching Ministry)'에 해당 하는 것입니다.

예수 그리스도의 산상수훈의 첫 번째 주제인 팔복(八福)은 바벨론 포로 상태에서 회복과 구원을 약속하는 이사야서와 깊은 연관성을 가지고 있습 니다.

예를 들면, 이사야 61장 1절에서 '가난한 자'란 바벨론 포로 상태로 인해 압제와 착취를 당하는 사람들을 의미합니다. 이러한 사실은 뒤따르는 2절 에서 "마음이 상한 자," "포로 된 자," "보복의 날," "여호와의 은혜의 해," "모 든 슬픈 자를 위로함"에 대한 언급을 통해 분명히 드러납니다. 그러므로 마태복음 5장 3절에서 '영이 가난한 자'(누가는 이사야를 따라 그냥 '가난한 자'라고 했음)란 죄의 노예 상태에서 오는 압제로 인해 고통 받는 사람들을 의미한다고 볼 수 있습니다.

이사야 60장 20절은 너의 '애통의 날'이 끝날 것이라고 약속합니다. 그리고 이사야 66장 10절은 '애통하는 자들'은 예루살렘 성이 회복되는 것을 보고 기뻐할 것이라고 말합니다.

이러한 점들을 고려해 볼 때 이사야서에서 '애통하는 자'란 포로 상태에서 오는 극도의 슬픈 감정을 나타낸다고 생각할 수 있습니다. 따라서 마태복음 5장 4절의 '애통하는 자가 위로를 받을 것'이라는 예수님의 약속은 이사야서의 애통의 날의 종식(終熄)에 대한 약속, 즉 포로 상태의 회복과 구원의 약속으로 해석되어야 할 것입니다.

마태복음 5장 5절의 온유한 자에게 선언된 축복, 즉 '땅을 기업으로 받을 것'이라는 약속 역시 바벨론 포로로 인해 유린 당한 팔레스타인 땅의 회복과 그 땅으로의 귀환에 대한 희망을 언급한다고 볼 수 있습니다.

또한 마태복음 5장 6절의 '의에 주리고 목마른 자'는 이사야서에서 포로 상태 속에서 겪는 곤경을 묘사하는 그림 언어입니다.

예를 들면, 이사야 41장 17절은 "가련하고 가난한 자가 물을 구하되 물이 없어서 갈증으로 그들의 혀가 마를 때에 나 여호와가 그들에게 응답하겠고 나 이스라엘의 하나님이 그들을 버리지 아니할 것이라"고 말합니다. 그리고 이사야서에서 "의(義)"란 신적 정의의 확립 혹은 이스라엘 백성들을 위한 하나님의 정당한 복수를 나타냅니다. 따라서 마태복음 5장의 '의에 주리고 목마른 사람'이란 하나님에 의해 약속된 보응(報應), 즉 포로 상태로부터 구원을 기다리는 사람들을 가리킵니다.

마태복음 5장 7절의 '긍휼' 또한 이사야서를 배경으로 합니다. 예를 들면,

이사야 54장 7-8절은 "내가 잠시 너를 버렸으나 큰 긍휼로 너를 모을 것이요 내가 넘치는 진노로 내 얼굴을 네게서 잠시 가렸으나 영원한 자비로 너를 긍휼히 여기리라"고 말합니다.

게다가, 이사야 60장 10절은 "내가 노하여 너를 쳤으나 이제는 나의 은혜로 너를 긍휼히 여겼은 즉 이방인들이 네 성벽을 쌓을 것이요 그들의 왕들이 너를 섬길 것이며"라고 약속합니다. 따라서 '긍휼히 여기는 자는 긍휼이 여김을 받을 것'이라는 예수님의 약속은 포로 상태에서의 구원과 회복에 대한 약속을 의미한다고 볼 수 있습니다.

마태복음 5장 8절의 "그들이 하나님을 볼 것이라"는 약속 또한 포로 상태로 인해 단절되었던 하나님과의 교제 관계의 회복을 가리키는 말이라고 생각됩니다.

끝으로, 마태복음 5장 12절의 "기뻐하고 즐거워하라"라는 권면 역시 포로 상태로부터 구원받은 것에 대한 기쁨을 나타낸다고 할 수 있습니다. 왜냐하면 이사야 65장 14절은 여호와가 바벨론 포로 상태에서 회복된 이스라엘에게 "보라 나의 종들은 마음이 즐거우므로 노래할 것이로되 너희는 마음이 슬프므로 울며 심령이 상하므로 통곡할 것이며"라고 선언하기 때문입니다.

따라서 산상수훈에서 말하는 더할 나위 없는 행복, 즉 지복(至福)이란 죄의 포로 상태(엑사일)에 사로잡혀 있는 하나님의 백성에게 예수님께서 주시는 구원과 해방(엑소더스)의 축복을 의미합니다.

◉ 염광(鹽光) 소나타

예수님으로 말미암아 사탄의 권세에 사로잡혀 있다가 놓임 받고 구원받아 지복(至福)을 경험한 사람들은 어떠한 삶을 살아야 할까요? 예수 믿고 구원받은 사람은 두 가지, 즉 '소금'과 '빛'의 사명을 감당해야 합니다.

> "너희는 세상의 소금이니 소금이 만일 그 맛을 잃으면 무엇으로 짜게 하리요 후에는 아무 쓸 데 없어 다만 밖에 버려져 사람에게 밟힐 뿐이니라 너희는 세상의 빛이라 산 위에 있는 동네가 숨겨지지 못할 것이요 사람이 등불을 켜서 말 아래에 두지 아니하고 등경 위에 두나니 이러므로 집 안 모든 사람에게 비치느니라 이같이 너희 빛이 사람 앞에 비치게 하여 그들로 너희 착한 행실을 보고 하늘에 계신 너희 아버지께 영광을 돌리게 하라"(마 5:13-16).

여기서 예수님께서 강조하신 '너희'는 주님의 말씀을 듣고 있는 열두 제자들뿐만 아니라 그 제자들을 통해서 복음을 듣고 하나님의 자녀가 된 모든 제자들을 일컫는 말일 것입니다.

그러면 이 오고 오는 예수의 제자들의 현주소가 어디입니까? '이 세상'입니다(13-14절). 우리 신앙인들이 살아가는 '이 세상'은 죄 많고 문제 많고 갈등 많고 모순투성이인 곳입니다. 하지만 하나님께서는 그런 세상을 끝까지 포기하지 않으시고 사랑하셔서 자신의 아들 예수를 이 땅에 보내주셨습니다(요 3:16).

따라서 우리 그리스도인들은 쿰란 공동체나 중세 수도사들처럼 세상은 갈 때까지 가서 더 이상 소망이 없다 하여 세상과 담을 쌓고 자기들끼리만 따로 예배를 드리며 고립된 삶을 영위했던 분리주의자들을 모델로 삼아서는 안 됩니다. 교회 안에서만 '할렐루야,' '아멘'할 것이 아니라 과감히 세상으로 들어가야 합니다. 현장으로 뛰어 들어가야 합니다.

들어가서 소금의 역할을 감당해야 합니다. 세상을 향해 썩었다고 비난만 할 것이 아니라 한 알의 밀알로 녹아지고 썩어져서 세상을 구원해야 합니다.

예수님처럼 자기를 희생하고 죽음으로써 부활의 새 생명을 탄생시켜야 합니다. 소금을 넣지 않은 설렁탕같이 맹탕인 이 세상에 골고루 소금을 뿌려줌으로써 살맛 나는 세상으로 변화시켜야 합니다.

또한 들어가서 어두운 세상에 한 줄기 빛을 비춰야 합니다. 흑암의 권세에 사로잡혀 신음하는 세상 사람들에게 복음의 빛을 비춤으로써 지복(至福)을 맛보게 해야 합니다. 그들을 구원의 광명(光明)으로 이끌어야 합니다.

우리 믿는 자들이 '세상의 소금이요 빛'입니다. 죄 많은 이 세상의 유일한 소망은 바로 이 땅에 존재하는 우리 신자들입니다. 세상의 운명이 우리 그리스도인들의 양어깨에 달려있습니다. 그러므로 죄로 썩어 문드러진 이 세상, 칠흑같이 어두운 이 세상을 향해 다음과 같이 복음의 염광 소나타를 켭시다.

"가자 우리가 세상을 변화시키자. 가자 우리가 예수 그리스도로."

● 진정한 의

팔복에서 시작하여 건축자의 비유로 끝나는 산상수훈의 내용은 크게 세 가지로 구분될 수 있습니다. 먼저 마태복음 5장은 '진정한 의(義)'에 대해서 논합니다. 그리고 6장은 '진정한 삶'의 주제를 다룹니다. 끝으로 7장은 '진정한 판단'에 대해 언급합니다.

당시의 유대 종교지도자들인 바리새인들과 서기관들에게 의(義)란 율법에 기초한 외형적인 의(義)를 의미했습니다. 하지만 예수님께서 강조하신 진정한 의(義)란 내면적인 의(義), 즉 마음의 의(義)를 말합니다. 이는 형식과 체면이 아닌 내용과 태도에 관한 것입니다. 심령의 가난, 애통, 온유, 의에 대한 갈증, 긍휼, 마음의 청결, 화평, 이 모두는 우리 안에서 일어나는 혁명입니다. 다시 말해서, 속사람의 변화입니다.

결국 천국은 우리 안에서 일어나는 것입니다. 안이 뒤집어져야 하나님 나라를 소유할 수 있습니다. 안이 변해야 천국을 누릴 수 있습니다. 속사람이 변화되면 그 변화된 마음으로 바깥 세상의 변화를 도모할 수 있고 또 그것을 변화시켜야 합니다. 이 내면의 의(義)가 각자의 삶 속에 밝히 드러나야 합니다. 그래서 이어지는 6장에서는 진정한 삶의 주제를 다룹니다.

● 진정한 삶

바리새인들의 의(義)는 사람들의 시선을 의식한 외식적인 것이었습니다. 그들은 하나님의 보상보다는 인간의 박수갈채를 얻기 위해서 경건을 이용했습니다. 따라서 우리 각자는 그리스도에 대한 헌신에 있어서 이 바리새인들처럼 위선적이지 않고 진실되게 행하고 있는지를 점검하기 위해서 자신을 테스트해 보아야 합니다.

예수님께서는 6장에서 이러한 테스트를 삶의 네 영역, 즉 구제(1-4절), 기도(5-15절), 금식(16-18절), 재물의 사용(19-34절)에 적용시켰습니다. 주님은 가난한 사람을 돕는 구제 행위와 하나님만 의지하는 기도와 금식 행위 자체를 비난한 것은 아니었습니다. 예수님께서 꾸짖으신 것은 사람들의 이목(耳目)을 끌기 위해서 이러한 아름다운 종교 행위들을 가차없이 이용했던 바리새인들의 저급한 동기였습니다.

참된 선(善)은 항상 순수한 동기에서 출발해야 합니다. 선거 때가 되니까 표를 의식해서 평상시에는 전혀 거들떠 보지도 않았던 양로원에 과일이며 떡이며 바리바리 싸 들고 찾아간다면 그게 진정한 구제 행위라고 말할 수 있겠습니까?

평일에는 거의 기도 생활하지 않다가 주일날 대표 기도만 시키면 목회자 설교하는 시간보다 더 길게 기도해서 은혜 받아야 할 설교에 고춧가루 뿌린 다면(?) 하나님께서 그 기도 들어주시겠습니까?

예수님께서는 40일 금식했는데 나는 하루 더해서 그 기록을 깨어보리라 는 마음으로 밥을 굶는다면(?) 그게 진정한 금식이라고 볼 수 있겠습니까? 아마 하나님께서 그렇게 유난 떨지 말고 "평소에나 잘하세요"라고 책망하실 것입니다.

구제와 금식 그리고 기도는 신앙 생활에 있어서 빼놓을 수 없는 요소들이 라고 할 수 있겠지만, 주님은 왜 덕스럽지 못하게(?) 이러한 경건한 행위들과 경건치 못한 '돈' 문제를 나란히 나열하고 있는지 의아하게 생각하시는 분도 있을 것입니다.

우리는 삶을 '영적인 것'과 '물질적인 것,' 혹은 '거룩한 것'과 '속된 것'으로 쉽게 이분화하려는 경향이 있습니다. 하지만 예수님께서는 삶을 그렇게 나 누시지 않으셨습니다. 자신의 여러 비유들 속에서 주님은 부에 대한 올바른 태도가 진전한 영성의 표지라고 분명히 말씀하셨습니다(참고, 눅 12:13 이 하; 16:1-31).

말로 표현하지 않더라도 한 사람이 물질과 시간을 어떻게 사용하느냐를 보면 '그는 누구인지' 금방 드러납니다. 자신의 치장을 위해서는 돈을 물 쓰 듯 쓰면서도 구제하고 선교하는 데는 인색하다면 그것은 자신이 속물이라 는 증거를 드러내는 것입니다. 예배와 기도 모임에 가는 시간은 일분 일초가 아깝지만, 바캉스다 휴가다 하면서 자신을 즐기는 시간은 악착같이 챙기고 있다면 문제가 많은 것입니다.

● 진정한 판단

삶의 부분을 다룬 후에, 이어지는 7장에서 주님께서는 그 삶에 대해 바르게 판단할 것을 권면하십니다. 바리새인들은 자기 의(義)에 사로잡힌 나머지 자신들에 대해 그리고 다른 사람들에 대해 심지어는 하나님에 대해 잘못 판단하고 있었습니다. 이에 대해 예수님께서는 그들의 판단을 교정하시면서 세 가지 판단 문제를 논하셨습니다.

첫째로, 우리 자신에 대한 우리의 판단 문제입니다. 주님은 다른 사람들의 삶을 판단하기에 앞서 자기 자신부터 점검하라고 말씀했습니다.

> "어찌하여 형제의 눈 속에 있는 티는 보고 네 눈 속에 있는 들보는 깨닫지 못하느냐 보라 네 눈 속에 들보가 있는데 어찌하여 형제에게 말하기를 나로 네 눈 속에 있는 티를 빼게 하라 하겠느냐 외식하는 자여 먼저 네 눈 속에서 들보를 빼어라 그 후에야 밝히 보고 형제의 눈 속에서 티를 빼리라"(7:3-5).

바리새인들은 오늘날 악플을 다는 인간들처럼 자신들의 들보는 보지 못하고 다른 사람(세리)의 옥의 티만 바라보고 그것을 혹독하게 비판하고 비난했습니다(눅 18:9-14). 하지만 주님께서는 먼저 자기 주제파악부터 하라고 경고하셨습니다. '네 자신을 알라'고 촉구하셨습니다.

둘째로, 다른 사람들에 대한 우리의 판단 문제입니다. 예수님을 믿는 저와 여러분은 특히 분별력이 필요합니다. 왜냐하면 모두가 양은 아니기 때문입니다. 더러는 거룩한 것에 무관심한 개와 돼지이고(6절) 더러는 양의 탈을 쓴 늑대이기 때문입니다(15절). 속임수와 이단이 난무하는 오늘날은 특히 이 이리떼를 조심해야 합니다.

거짓 선지자들도 이적과 기사를 행할 수 있습니다. 그러므로 하나님께서 이미 주신 계시와 그들이 행한 기적이 일치하는지 철저히 체크해 보아야 합니다(참고, 신 13:1-5). 눈에 보이는 현상은 부차적이요 주된 것은 하나님의 말씀입니다. 따라서 말씀과 이적이 서로 합치(合致)하면 참 선지자임으로 기꺼이 받아들이되 배치(背馳)하면 거짓 선지자로 알고 과감히 배척해야 합니다.

마지막으로, 우리들에 대한 하나님의 판단 문제입니다. 우리 인간의 판단은 늘 부정확합니다. 우리가 인생에서 '성공했다,' '출세했다,' '잘 살았다'고 자신과 타인의 삶에 대해 판단을 내릴지라도 최종 판단은 하나님만이 하십니다. 하나님의 판단은 얼마든지 우리의 판단과 같지 않을 수 있습니다. 그래서 예수님께서는 "나더러 주여 주여 하는 자마다 천국에 들어갈 것이 아니라"고 말씀하셨습니다(21절).

주님의 산상수훈은 두 건축자의 비유로 끝을 맺습니다. 비유에 등장하는 두 인물 모두 '나의 이 말을 듣는 자'로 규정되고 있습니다(24, 26절). 단지 차이는 그들이 들은 말씀, 즉 산상수훈을 행하는지 행하지 않는지 여부에 달려 있습니다.

예수님은 자신의 산상수훈을 이 비유로 마무리하심으로써 모인 자들이 단지 자신에게 듣고 배우는 데 그치지 않고 자신의 가르침에 나타난 아버지의 뜻을 순종하는 의로운 행위로 열매를 맺어야 하는 것의 중요성을 효과적으로 강조하셨습니다. 산상수훈에 나타난 예수님의 윤리적 가르침은 듣고 깨닫도록 하는 데에만 그 목적이 있는 것이 아니라 들은 대로 행하는데 그 궁극적인 목적이 있는 것입니다.

N(Nain) 나인 성 과부 아들 소생

⊙ 인간 치유 이적

산상수훈이 예수님의 3대 갈릴리 사역 가운데 가르치는 사역에 해당하였다면 뒤따르는 장들(마 8:1-9:38)에 나타난 기적들은 또 다른 갈릴리 사역인 '병 고치는 사역(Healing Ministry)'에 해당됩니다.

주님이 기적을 베푸시는 사건은 사복음서에서 굵직굵직한 것만 추려도 무려 35회나 되는데 이들은 크게 두 종류로 나뉘어집니다. 그 중 하나는 나인 성 과부의 아들을 소생시키는 사건과 같이 인간을 치유하는 기적이고, 또 하나는 풍랑을 잠잠하게 하는 사건과 같이 자연을 압도하는 기적입니다.

산상수훈에 이어 마태복음 8-9장에 등장하는 10개의 기적들은 단 하나를 제외하고(8:23-27의 풍랑을 잠잠케 하는 사건) 모두 인간을 치유하고 귀신을 쫓아내는 기적들입니다. 예수님께서 인간을 대상으로 행하신 치유는 복음서에서 26번이나 기록될 정도로 기적 사건의 주를 이룹니다. 이 기적들은 사탄의 손아귀에 사로잡혀 고통 당하고 신음하고 있는 자들을 하나님의 아들 메시아 예수가 와서 해방시키는 구속적 기적임을 보여줍니다. [27]

● 불쌍히 여기사

그러면 예수님께서는 왜 그토록 많은 사람들의 질병을 고쳐주는 일에 집중하셨을까요? 누가복음 7장에 나오는 나인 성 과부의 독자를 살리시는 기적은 그 이유에 대해 설명해 줍니다.

나인 성은 예수님의 고향인 나사렛에서 남동쪽으로 한 10km 떨어진 지역으로 '즐거움'이란 이름의 뜻을 지닌 곳입니다. 이런 '기쁨'의 성에서 아이러니하게도 지금 '슬픔'의 소식이 울려 퍼집니다.

11-12절에 보면, 두 행렬이 등장합니다. 한 행렬은 예수님과 그의 제자들을 좇는 '생명의 행렬'로 나인 성을 향해 들어갑니다. 이때 또 다른 행렬이 나인 성에서 나옵니다. 이들은 과부와 그녀의 죽은 외아들을 상여에 맨 사람들을 뒤따르는 '죽음의 행렬'입니다.

이 여인은 이미 남편을 잃은 것만으로도 경제적으로 큰 손실을 보았을 텐데 그의 하나뿐인 아들마저도 이제 저 세상으로 가고 있으니 더 이상 아무 것도 의지할 수 없는 가련한 신세로 전락하게 되었습니다. 주님은 이 안타까운 여인을 못 본 체하고 스쳐 지나가지 않았습니다.

> "주께서 과부를 보시고 불쌍히 여기사 울지 말라 하시고 가까이 가서 그 관에 손을 대시니 멘 자들이 서는지라 예수께서 이르시되 청년아 내가 네게 말하노니 일어나라 하시매 죽었던 자가 일어나 앉고 말도 하거늘 예수께서 그를 어머니에게 주시니"(13-15절).

13절에 예수님께서 기적을 일으키신 동기가 구체적으로 제시됩니다.

'불쌍히 여기사.'

이 말은 성경 술어로 '긍휼(矜恤)'이라고 합니다. 이는 딱한 사정을 보고 창자까지 뒤틀리는 것을 의미합니다. 과부의 슬픔을 목격한 예수님께서는 속 내장까지 뒤틀리는 듯한 비통함과 연민을 느끼셨습니다. 그래서 도저히 그냥 넘어갈 수가 없었습니다. 이 딱한 사정을 해결해 주지 않고는 도저히 견딜 수가 없어서 눈에서는 하염없이 눈물이 흐르고 입은 바싹바싹 타 들어가고 속에서 불이 확 올라왔습니다.

울고 있는 여인으로 인한 이러한 가슴 저미는 절절한 마음이 예수님으로 하여금 그녀의 아들을 소생시키는 기적을 불러일으키게 했던 원동력이었습니다.

예수의 제자라고 자부하는 저와 여러분 또한 주님의 이와 같은 긍휼의 마음을 가지고 있어야 합니다. 형제의 어려움을 보고 자꾸 마음을 닫고 강퍅해지지 말고 예수님처럼 곤궁에 처해 있는 이웃을 보고 견딜 수 없는 심정을 가져야 합니다.

우리는 고난에 처한 사람과 마음만 함께할 수 있을지 몰라도 예수님께서는 그러한 마음을 품으실 뿐만 아니라 실지로 문제를 해결해 주실 능력이 있는 분이십니다. 그래서 죽음의 행렬이 생명의 행렬을 만나자 살아나는 놀라운 역사가 벌어졌습니다. 14절에서 "청년아 일어나라"고 예수님께서 말씀하시자 잠들어 있던 심령이 벌떡 일어났습니다.

이 엄청난 사건을 목도한 주변의 모든 사람들은 두려워하며 하나님께 영광을 돌렸습니다. 그리고 "큰 선지자가 우리 가운데 일어났다 하고 또 하나님께서 자기 백성을 돌보셨다"고 외쳤습니다(16절).

나인 성의 무리들이 소리쳤듯이 예수님께서는 과연 위대한 선지자로 오셨습니다. 열왕기상 17장에서 엘리야가 사렙다 과부의 아들을 살릴 때에 죽은 아이 위에 몸을 펴서 세 번이나 엎드리고 여호와께 부르짖어 기도함으로 그를 살렸습니다(21-22절). 하지만 우리 주님은 엘리야보다 더 큰 선지자이기 때문에 기적의 현장에서 그와 같은 행동이나 기도를 할 필요가 없었습니다.

또한 열왕기하 4장에 보면 나인 성에 인접한 수넴 성에서 엘리야의 후계자 엘리사 선지자가 죽은 아이의 몸 위에 자신의 스승처럼 엎드리고 난 후 아이의 온기가 돌아와 살린 사건이 기록되어 있습니다(32-37절). 그러나 예수님께서는 엘리사보다 더 위대한 선지자이시기에 엘리사처럼 행동하실 필요가 없었습니다.

이와 같이 예수님은 구약을 대표하는 두 선지자인 엘리야와 엘리사를 합친 것보다 더 위대한 선지자였습니다. 그래서 사람들은 "큰 선지자가 우리 가운데 일어나셨다"고 고백하게 되었고 이로써 이 나인 성 과부 아들을 살린 사건을 다시 한 번 하나님께서 그의 백성을 구원하기 위해 찾아오신 놀라운 사건으로 이해하게 되었던 것입니다. [28]

O(Ocean) 바다를 잔잔케 함

○ 자연 압도 이적

예수님께서 베푸신 이적의 한 면이 인간 치유에 대한 것이었다면, 다른 한 면은 자연을 압도하는 능력을 행사하시는 것이었습니다. 이 자연 치유 이적은 거친 바다를 잔잔하게 하시는 사건(마 8:23-27)을 포함하여 복음서에 총 아홉 번 기록되어 있습니다.

사실 기적은 그 자체로서 의미가 있는 것이 아니라 그것을 통해 전달하고자 하는 메시지가 있는 것입니다. 예수님께서 바람과 파도를 잠잠하게 하신 이 기적 사건을 통하여 마태가 암시하고 있는 것은 이분이 바로 바다와 파도와 바람을 만드신 창조주 하나님이라는 것입니다. 그러기에 모든 피조물은 그 앞에서 잠잠하고 그의 말을 듣고 순종해야 하는 것입니다. 이런 면에서 요한은 기적에 해당하는 단어를 공관복음과 차별해서 사용합니다.

공관복음에서는 예수님께서 일으키신 기적 사건을 표면적 현상에 초점을 맞춰 이상하고 놀라운 능력이라는 의미의 이적(異蹟, 원어로는 '두나미스')이라는 단어로 표현하고 있습니다. 이에 반해 요한복음은 기적 그 자체가 아니라 그 이면에 암시되고 있는 상징성에 집중하여 어떤 것을 알리기 위한 특별한 표시(sign)라는 뜻을 가진 표적(表迹, 원어로는 '세메이온')이라는 다른 용어를 쓰고 있습니다. [29]

요한이 잘 지적한 것처럼, 기적은 그 자체가 목적이 아닙니다. 눈요기(show)가 아닙니다. 기적은 그것을 수행하시는 예수님이 어떤 분이신지를 나타내는 것입니다. 주님의 정체를 드러내는 초자연적 사건인 것입니다.

예를 들면, 요한복음 6장에서 예수님께서 보리 떡 다섯 개와 물고기 두 마리로 무려 오천 명을 먹이신 오병이어 사건(6:1-15)은 주님만이 인간의 진정한 민생고(民生苦)를 해결해 주실 수 있는 '생명의 떡'이라는 사실을 암시합니다. 또한 요한복음 9장의 태어나면서 눈 먼 사람을 고쳐주는 사건(9:1-41)은 칠흑같이 어두운 이 세상을 밝히는 '빛'으로서의 예수님의 참된 신분을 드러내는 사건입니다.

● '죄 사함'이 진정한 기적이다

복음서 기적 부분을 마무리하면서 몇 가지 유의해야 할 점을 짚고 넘어가고자 합니다. 먼저 우리 신자들이 눈에 보이는 육신적 질병 치료에 집착한 나머지 보다 근원적이고 궁극적인 부분을 놓쳐서는 안 된다는 것입니다. 치유 중의 치유, 기적 중의 기적은 죄 사함, 즉 영혼 구원에 있습니다. 기적을 통해 설령 육이 소생해서 오래오래 산다 해도 죄 사함 받지 못해서 영이 지옥가면 그 이적과 치유는 아무 의미 없는 것입니다.

사실 앉은뱅이가 수백 명 일어나고 말기 암 환자가 치유를 받고 죽은 자가 다시 살아나는 것보다 더 중요한 것은 한 영혼이 예수님을 믿고 구원 받는 것입니다. 심연(深淵)같은 지옥 밑바닥에서 저 높은 천국으로 자신의 영원한 운명이 옮겨지는 것을 성경은 더 중시합니다. 그래서 마태복음 9장 2절에서 예수님께서는 침상에 드러누운 중풍병자를 고쳐주시기 전에 "네 죄가 사함 받았다"고 선언하신 것입니다.

◉ 기적과 믿음은 비례하지 않는다

또 한 가지 잊지 말아야 할 것은 기적이 반드시 믿음으로 가게 하는 것은 아니라는 점입니다. 이러한 사실을 잘 대변해 주는 에피소드를 하나 소개해 드리겠습니다.

제가 예전에 사역했던 교회에 청년 자매가 하나 있었습니다. 그런데 이 자매는 매사에 불평불만이 충만한 친구였습니다. 그래서 한 형제가 그녀에게 '투덜이'라는 별명을 지어주었습니다. 한데 이 투덜이가 하도 투덜투덜대니까 하나님께서 정신차리라고 그랬는지(?) 발을 다쳐 목발을 짚고 주일에 교회에 왔습니다. 의사 선생님이 뼈에는 이상이 없지만 다 나으려면 최소한 보름은 걸릴 거라고 말했다며 울상을 지었습니다.

청년들은 이 말을 듣고 속으로 셈통이라고 생각하고 있었는데 믿기지 않게도 3일 후 수요예배에 왔을 때 목발 없이 말짱한 상태가 되어 있었습니다. 그래서 어떻게 된 일이냐고 친구들이 물어봤더니 기도원에 가서 열심히 기도했더니 이렇게 말끔하게 나았다고 간증을 늘어놓았습니다.

놀라운 기적을 체험한 투덜이는 "하나님은 살아 계셨어." "이제는 불평하지 않고 감사하며 살아야지"하면서 거듭난 듯 보였습니다. 그런데 한 달이나 지났을까요? 투덜이 입에서 다시 투덜투덜하는 소리가 새어 나왔습니다.

그러면서 하는 말이 "기적은 무슨 기적이야." "다 나을 때가 됐으니까 나은 거지"하면서 하나님의 은혜를 금새 망각하고 그전보다 더 투덜대고 더 믿음 없는 모습으로 나아갔습니다.

기적과 믿음은 비례하는 것이 아닙니다. 그래서 예수님께서는 요한복음 20장 29절에서 의심 많은 도마를 책망하시면서 "너는 나를 본 고로 믿느냐 보지 못하고 믿는 자들은 복되도다"고 말씀하신 것입니다.

P(Parables) 비유들

◉ 알레고리 해석을 경계하라

마태는 8-9장에 10개의 기적 사건을 한데 묶어 놓았다면 이어지는 13장에 8개의 하늘나라 비유를 집중 배치해 놓았습니다.

복음서에는 '내 마음은 호수다'는 식의 은유까지를 포함하면 약 250개의 비유가 등장합니다. 여기서 은유를 빼고 순수한 비유만을 추리면 마태복음 21개, 마가복음 6개, 누가복음 22개 입니다. 그런데 마가복음의 비유는 모두 마태복음에 나오며 누가복음의 22개 중 9개는 또 마태복음과 중복되므로 실지로는 34개의 비유가 복음서에 존재합니다.

비유가 사복음서에서 차지하는 비중을 고려해 볼 때, 이 비유들을 올바르게 해석해 내는 것은 그 무엇보다도 중요합니다. 비유해석과 관련해서 우선적으로 고려해야 할 사항은 소위 영해(靈解)라고도 불리는 '알레고리 해석법'입니다. 이 방법은 원래 랍비들의 비유 해석법이었는데, 터툴리안, 오리겐

등 초대교회 교부들이 그 전통을 물려 받은 것입니다.

'알레고리(allegory)'란 비유에 나오는 용어들을 문자 그대로가 아니라 암호(code)로 이해하고 더 깊은 의미 혹은 참된 의미를 찾기 위해 풀어줘야 한다는 것입니다.

예수님께서는 때때로 자신의 비유를 이런 방식으로 해석하셨는데, 마태복음 13장에 나오는 가라지의 비유가 그런 경우입니다. 이 비유에 나오는 "좋은 씨를 뿌리는 이는 인자요 밭은 세상이요 좋은 씨는 천국의 아들들이요 가라지는 악한 자의 아들들이요 가라지를 뿌린 원수는 마귀요 추수 때는 세상 끝이요 추수꾼은 천사들이라"고 예수님께서 친히 풀어 주셨습니다(37-39절).

하지만 이렇게 주님께서 직접 영적으로 해석하신 경우를 제외하고는 무리하게 알레고리적으로 틀어 비유를 해석하면 문제가 발생합니다.

예를 들어, 선한 사마리아인의 비유(눅 10:25-37)에 나오는 '어떤 사람'을 '그리스도인'으로, '예루살렘'을 '교회'로, '여리고'를 '세상'으로, '강도'를 '마귀'로, '사마리아인'을 '예수'로, '기름과 포도주'를 '성령과 십자가'로, '데나리온 둘'을 '신약과 구약'으로 해석하는 설교를 듣고 참 성경 잘 쪼갰다고 생각하고 개념 없이 '아멘'하면 자신이 쪼개지는 수가 있습니다.

더 가관인 경우는 한밤중에 찾아온 친구의 비유(눅 11:5-8)에 나오는 이 친구가 구한 '떡 세 덩이'를 '성부, 성자, 성령'이라고 해석하여 그가 실제로 구한 것은 먹는 떡이 아니라 하나님을 구한 것이라고 기막힌 영해(?)를 하는 것입니다. 그러면 '성부, 성자, 성령' 대신에 '믿음, 소망, 사랑'을 구했다고 하는 것은 왜 말이 안 됩니까?

알레고리 해석은 주께서 원래 의도하시지 않은 의미를 설교자가 제멋대로 집어넣음으로써 속된 말로 '은혜와 감동만 받으면 된다'식의 지극히 세속적인 발상에서 기인한 것입니다. 따라서 가장 건전한 비유 해석법은 우선적으로는 문자 그대로 비유를 해석하되 주께서 풀어주신 부분에 한해서만 영적 해석을 시도하는 것입니다.

◉ 당시의 관습을 이해하라

비유를 해석할 때 또 하나 염두에 두어야 할 것은 예수님 당시의 문화적 풍속을 반영하는 것입니다. 이 점에 대해서는 누가복음 11장 5-8절에 나오는 한밤중에 찾아온 친구의 비유를 통해 설명해 보도록 하겠습니다.

먼저 이 비유에 대해 흔히 듣던 해석을 소개하겠습니다. 어느 날 한밤중에 먼 곳에서 막역한 친구가 갑자기 찾아왔습니다. 예기치 않은 시간에 들이닥친 이 친구에게 마땅히 대접할 것도 없고 해서 이웃 집으로 달려가 문을 두드렸습니다. 그런데 밤이 너무 늦어서 사람은 나오지 않고 멀리서 소리만 들립니다. "누군데 이 늦은 시간에 와서 성가시게 구는 거야." "자고 내일 와." 하지만 이 말에 굴하지 않고 계속해서 문을 두드리니까 처음에는 도저히 나와서 자신의 청을 들어줄 것 같지 않았지만 종국에는 간청함에 못 이겨 들어주고 말았다는 식으로 비유를 풀어나갑니다.

이렇게 해석하면 이 비유는 결국 사람의 친구도 계속해서 졸라대고 간청하면 일어나 도움을 주는 법인데 하물며 우리의 하늘 친구되신 하나님도 아무 때에라도 찾아가 졸라대기만 하면 우리에게 도움을 주시지 않겠는가 하는 메시지가 됩니다. 이 해석은 지극히 상식에 의존한 해석입니다. 예수님 당시인 1세기 근동의 문화적 풍속을 전혀 고려하지 않은 해석입니다.

그 당시는 명예(honor)와 수치(shame)를 중시하는 문화였습니다. 이는 체면을 중시하는 우리 유교 문화와 흡사합니다. 이러한 문화 속에 사는 사람들에게는 불문율과 같은 마을의 법들, 규범들, 풍속들이 매우 중요했습니다. 이러한 규범들을 어기게 되면 공적으로 손가락질을 받게 되며 부끄러움과 창피를 당하게 되었습니다.

이 비유에서 명예와 수치 문화와 관련하여 한 가지 고려할 점은 5절에 등장하는 '한밤중에 찾아온 벗'은 과연 누구의 손님이냐는 것입니다. 이 사람은 일차적으로는 그가 묵으려는 집 주인의 손님임에 틀림없습니다. 그러나 동네 사람들의 눈에 이 여행자는 동네 전체의 손님이기도 했습니다. 적어도 중동 지방 사람들의 눈으로 볼 때 그러했습니다. 그러므로 동네 전체가 그 나그네의 숙박과 체류에 대해 책임의식을 갖고 있었으며 그 손님이 그 동네를 떠날 때 환대에 대해 감사하고 칭찬할 수 있도록 선대하는 일이 그 지방의 미풍양속이었습니다.

그런데 단지 잠자리에서 일어나기 싫다는 핑계로 마을 전체의 손님을 대접하기 위해 떡을 빌리러 온 이웃에게 일어나 빌려주지 않는다면 그 소문이 온 동네에 퍼질 것이고 그 때문에 이 사람의 체면이 말이 아니게 될 것입니다. 이 점을 걱정한 나머지 그는 벌떡 일어나서 자신을 오밤중에 찾아온 사람에게 소용되는 대로 떡을 주었던 것이지 강청했기 때문에 그렇게 한 것은 아닙니다.

명예와 수치를 소중한 가치로 여기는 문화 속에 사는 사람으로서 그 이웃은 동네 사람들에게 자신이 수치를 모르는 뻔뻔스러운 사람으로 낙인 찍히기를 원치 않았던 것입니다. 30)

따라서 이 비유의 초점은 끈질기게 매달리면 뭔가를 얻는다는 '우리의 간청'이 아니라, 자신의 약속을 지키는 '하나님의 성실성'에 있습니다. 마을의 규약에 따라 사는 이 이웃처럼 우리 하나님 또한 언약의 규약에 신실해서 가장 좋지 못한 때('한밤중')에 나아가도 우리는 하나님의 도움을 기대할 수 있을 것입니다.

Q(Question) 빌립보 가이사랴 질문

◎ 우상숭배의 온상 빌립보 가이사랴

예수님의 갈릴리 사역은 마태복음 16장에 기록되어 있는 빌립보 가이사랴 지방에서의 수제자 시몬 베드로의 신앙고백 사건과 함께 그 절정에 달합니다. 주님께서는 자신의 제자들을 갈릴리 호수에서 북쪽으로 40km 정도 떨어진 빌립보 가이사랴 지방으로 데리고 가셨습니다(13절).

성경에는 '가이사랴(Caesarea)'라고 하는 곳이 두 군데 나오는데 하나는 사해 남서쪽 해안도시이고 다른 하나는 여기 나오는 빌립보 가이사랴입니다. 이 도시는 원래 대 헤롯이 로마황제 가이사에게 잘 보이려고 건축했는데 그 아들 분봉왕 헤롯 빌립이 티베리우스 황제를 기념하기 위해 재건하고 남쪽의 가이사랴와 구분하기 위해서 자기 이름을 덧붙여 빌립보 가이사랴라고 불렀습니다.

이곳은 '바알(Baal)'과 '판(Pan)'이라는 신을 섬기던 우상숭배의 중심지였습니다. 이러한 지역에서 베드로가 예수님을 그리스도로 인정한 것은 역사에 길이 남을 위대한 신앙고백이었습니다.

◉ 너희는 나를 누구라 하느냐?

예수님께서는 공생애 후반기로 접어들어 십자가를 지실 때가 가까워오자 이제 본격적으로 제자들에게 메시아로서 자신의 신분을 드러내시고자 하셨습니다. 그래서 먼저 그들에게 "사람들이 나를 누구라 하느냐?"고 물어보셨습니다(13절 하).

사람들은 예수님을 세례 요한, 엘리야, 그리고 예레미야와 같은 선지자 중의 한 사람 정도로 생각했던 것 같습니다(14절).

사람들이 예수님을 세례 요한으로 생각했던 것은 분봉왕 헤롯이 마태복음 14장 1-2절에서 예수님을 생각했던 것과 같은 맥락입니다. 헤롯이 자신의 동생 빌립의 아내 헤로디아를 취한 문제로 세례 요한을 죽였지만 사람들이 예수님에 대한 얘기를 하자 예수님은 세례 요한이 다시 살아난 세례 요한의 화신(化身)이라고 생각했는데 이 헤롯처럼 예수님을 생각한 사람들도 있었습니다.

혹자는 예수님을 말라기 4장 5절에 말세에 다시 올 엘리야로 생각했습니다. 예수님 안에서 말라기의 예언이 성취되었다고 생각했습니다. 그러나 사실 다시 올 엘리야는 세례 요한이었습니다.

사람들이 예수님을 예레미야 선지자와 같은 분으로 생각한 것은 예레미야가 이스라엘의 타락을 보고 많이 운 눈물의 선지자였는데 예수님에게도 이런 모습이 많았기에 그랬던 것입니다.

일반사람들이 자신에 대해 어떻게 생각하느냐에 개의치 않고 이제 예수님께서는 동일한 질문을 제자들에게 돌리십니다. 그래서 그들에게 "너희는 나를 누구라 하느냐?"고 물으셨습니다 (15절). 헬라어 원문에 보면 이 구절에서 '너희'라는 말이 강조되어 있습니다. 따라서 예수님은 지금 "너희 자신은 (you yourselves) 나를 누구라 하느냐?"고 물으시는 것입니다.

주님께서 진정으로 궁금해서 묻고 싶었던 것은 사람들의 생각이 아니라 제자들, 즉 자신을 따르는 사람들이 자신에 대해 어떻게 생각하느냐 였습니다. 여러분은 어떻게 생각합니까?

예수님의 질문에 대해 열두 사도를 대표하는 베드로가 "주는 그리스도시요, 살아 계신 하나님의 아들이십니다"고 놀라운 신앙고백을 했습니다.

여기서 '주(퀴리오스)'라는 말은 세 가지 의미가 있는데 첫째로, 주는 '여호와 하나님(the Lord God)'에게 사용된 호칭으로 예수님의 하나님 되심, 즉 예수님의 신성(神性)을 인정한 것입니다. 두 번째로, 주라는 말은 '주인(master)'이라는 의미로 예수님은 베드로 자신의 주인이라는 말이며 자신을 예수님의 종으로 인정한 것입니다. 세 번째로, '선생(teacher)'이라는 뜻을 가집니다. 베드로는 학생으로 예수님을 자신의 스승으로 모신 것입니다.

'그리스도(크리스토스)'는 히브리어 '마시아흐(여기서 '메시아'라는 말이 유래됨)'를 헬라어로 표현한 것으로 원뜻은 '기름부음 받은 자'라는 말입니다. 예수님 당시 유대인들은 이 호칭을 그것과 긴밀하게 연관된 '다윗의 자손'이라는 호칭과 더불어 민족적 색채가 강한 의미로 이해했습니다. 따라서 베드로는 예수님을 '그리스도'라 고백함으로써 이분이 바로 이스라엘의 전성기를 이끌었던 다윗 왕의 후손으로서 로마의 압제로부터 지금 고통 받고 있는 자신의 동포들을 해방시켜 줄 '구세주'라고 인정한 것입니다.

이어서 베드로는 예수님을 '하나님의 아들'이라고 고백했는데 여기서 '아들'이라는 말은 '그 자체(self)'라는 말입니다. 삼위일체 하나님을 말할 때 아버지(성부) 하나님과 아들(성자) 예수 그리스도하니까 이를 오해해서 누가 누구를 낳는 선후(先後) 개념으로 생각하기 쉬운데 이는 그런 의미가 아니고 동일본질(同一本質)을 의미합니다.

예를 들어, 개는 개를 낳습니다. 인간은 인간을 낳습니다. 마찬가지로 하나님만이 하나님을 낳을 수 있는 것입니다. 따라서 '부의 아들'하면 '부자'라는 말이고, '겸손의 아들'하면 '겸손 그 자체'를 의미하며, '하나님의 아들'하면 '하나님 자체,' 즉 '하나님'이라는 말입니다.

게다가, 베드로가 하나님 앞에 '살아 계신'이라는 형용사를 붙인 이유는 아마도 그 지역의 잡다한 '죽은' 신들과 대조되는 진정한 하나님의 모습을 강조하기 위한 것으로 보입니다.

⊙ 이 반석 위에 내 교회를 세우리니

베드로의 신앙고백에 대해 예수님께서는 "바요나 시몬아 네가 복이 있도다 이를 네게 알게 한 이는 혈육이 아니요 하늘에 계신 내 아버지시니라"고 반응하셨습니다(17절). 여기서 우리가 알 수 있는 것은 우리가 예수님에 대해 바로 알기 위해서는 사람의 지식이나 철학으로 되는 것이 아니라 하나님께 은혜와 계시를 받아야 된다는 사실입니다.

이어지는 18절에서 예수님의 축복 선언과 약속이 뒤따랐습니다.

> "또 내가 네게 이르노니 너는 베드로라 내가 이 반석 위에 내 교회를 세우리니 음부의 권세가 이기지 못하리라"(18절).

여기 보면 예수님께서 "이 반석 위에 내 교회를 세우겠다"고 말씀하셨는데 '이 반석(페트라)'이란 무엇을 가리킬까요?

혹자는 베드로의 신앙이나 예수님 자신 또는 그의 가르침으로 이해하기도 하지만 베드로를 지칭한다고 보는 것이 문맥적으로 가장 무난한 해석입니다. 그러나 베드로에게 부여된 교회의 기초로서의 역할이 베드로 한 사람에게만 국한된 것으로 보이지 않습니다. 사실 베드로가 교회의 기초인 '반석'으로 불리게 된 것은 베드로 개인의 성품이나 능력 때문으로 보이지는 않습니다. 이보다는 그가 열두 사도들의 대변자로서 예수님을 그리스도로 고백하였다는 사실 때문으로 보입니다.

그렇다면 그의 반석으로서의 기능은 그의 신앙고백을 공유하고 있었을 열두 사도들이 모두 공유하는 것이라고 추론할 수 있습니다. 이 사실은 "너희는 사도들과 선지자들의 터 위에 세우심을 받은 자들이라 그리스도 예수께서 친히 모퉁이 돌이 되셨느니라"고 말하는 에베소서 2장 20절이 잘 증명해 주고 있습니다.

예수님은 신앙고백을 한 베드로로 대표되는 반석 위에 "내 교회를 세울 것이라"고 말씀하셨습니다. 마태복음에서 여기 16장 18절에 처음으로 '교회(에클레시아)'라는 말이 나옵니다. 교회란 무엇인지를 논하기에 앞서 한 가지 주목할 점이 있는데 이는 예수님께서는 이 교회를 '내' 교회라고 지칭하셨고, '내'가 그것을 세우시겠다고 말씀하셨다는 사실입니다.

'내' 교회라는 말은 교회가 주님의 소유라는 의미이며 그것을 '내'가 세우시겠다는 선언은 교회가 자연 발생적으로 생겨난 것이 아니라 예수님께서 의도적으로 세워 나가시는 것임을 보여주는 말입니다. [31]

교회, 즉 '에클레시아'라는 말은 일반적으로는 '모임(meeting),' '집회(assembly)'를 의미합니다. 이는 구체적으로는 하나님의 백성 공동체를 지칭합니다. 구약에서 하나님의 백성은 오직 이스라엘 민족뿐이었습니다. 그런데 이제 신약시대에는 예수님을 믿고 돌이키는 모든 신자들이 하나님의 백성, 즉

에클레시아가 되는 것입니다. 이제는 더 이상 민족적인 이스라엘이 하나님의 백성이 아니라 예수님을 믿는 성도가 바로 참 이스라엘이요, 새로운 하나님의 백성입니다.

성도들의 모임인 교회는 두 가지 사명이 있습니다. 하나는 세상에서 부름 받은 자들의 모임(선택)으로서의 사명이고, 다른 하나는 다시 세상으로 보냄 받은 자들의 모임(파송)으로서의 사명입니다.

교회는 먼저 모이는 곳이 되어야 합니다. 이는 '예배'를 의미합니다. 모여서 은혜 받은 후에는 세상으로 흩어져야 합니다. 이는 은혜 받은 것을 나누는 '복음 증거'의 사명을 말합니다. 교회의 양대 사명은 예배와 복음 전파입니다. 이 사명을 잘 감당할 때 '음부의 권세가 교회를 이기지 못하리라'고 주님은 약속하십니다.

여기서 '음부(하데스)'는 '죽음'이란 뜻으로 죽음의 권세, 사탄의 권세가 이기지 못한다고 했습니다. 사실 교회만큼 엉성한 곳도 없습니다. 일반 기업과 비교해 볼 때 조직이 그렇게 체계적인 것도 아니고 비자발적인 모임입니다. 그렇지만 교회는 예수님의 약속대로 지난 2,000년 동안 존재해 왔습니다. 그리고 앞으로도 주님 오실 때까지 계속해서 존재할 것입니다.

◉ 내가 천국의 열쇠를 네게 주리니

베드로는 교회를 세우는데 그 기초로서의 역할뿐 아니라 그에 따르는 엄청난 권한도 부여 받게 됩니다.

> "내가 천국 열쇠를 네게 주리니 네가 땅에서 무엇이든지 매면 하늘에서도 매일 것이요 네가 땅에서 무엇이든지 풀면 하늘에서도 풀리리라"(19절).

베드로에게 주어진 이 권한은 베드로 혼자만 누리게 되는 독점적 권한이 아닙니다. 왜냐하면 마태복음 18장 18절에 동일한 권한이 사도 집단 전체에도 부여되고 있기 때문입니다. 하지만 베드로는 사도 전체를 대표해서 신앙 고백을 했듯이, 이제 그 권한도 대표로 부여 받고 있는 것입니다.

여기서 예수님께서 베드로에게 주시는 '열쇠'는 사람의 출입을 관장하는 문지기의 권한이라기보다는 집안의 재정과 물품 출납을 관장하는 집사의 권한을 의미합니다. 그러므로 베드로가 '천국의 열쇠'를 받았다고 하는 사실은 베드로가 사람을 하나님 나라(천국) 안으로 들일 수도 있고, 막을 수도 있는 권한을 부여 받았다기 보다는(그런 권한은 '하나님'께만 있습니다) 초대 교회 안에서 하나님의 통치권의 위임에서 나오는 역할과 관련된 권한을 받았다는 뜻으로 해석해야 합니다.

이러한 권한의 구체적인 내용이 바로 '매고 푸는' 권한입니다. '매다'와 '풀다'라는 표현은 유대 랍비들이 '허용된 것(푼 것)'과 '금지 된 것(맨 것)'을 선포할 때 사용하던 전문 용어로 초대교회 사도들에게만 주어진 독특한 권한을 말합니다.

실제로 베드로를 비롯한 사도들은 사도행전 15장의 예루살렘 종교회의에서 이방인들과 관련된 교회의 입장을 정리할 때 이 입법적 권한(천국의 열쇠)을 사용함으로써 어떤 것은 해도 되고 또 어떤 것은 해서는 안 된다는 허락사항과 금지사항을 이방인들에게 제시했습니다. [32]

하지만 '천국의 열쇠'와 '매고 푸는 일'을 광의적으로 해석하면 이는 우리의 복음 전파와 관련된 것일 수 있습니다. 우리가 복음을 들고 나가서 "예수 믿으세요"라고 외치면 천국의 문이 활짝 열릴 것이고, 증거하지 않으면 굳게 닫힐 것입니다. 그러므로 우리는 때를 얻든지 못 얻든지 무시로 복음을 증거함으로 천국의 문을 항상 활짝 열어 놓아야겠습니다.

◉ 천당에서 지옥으로

자신의 신앙고백으로 인해 스승에게 극찬을 받자 베드로는 의기양양했을 것입니다. 그러나 곧 바로 이 들떠있는 분위기가 반전됩니다. 예수님은 베드로의 승리적 신앙고백에 찬물을 끼얹는 선언을 했습니다.

> "이 때로부터 예수 그리스도께서 자기가 예루살렘에 올라가 장로들과 대제사장들과 서기관들에게 많은 고난을 받고 죽임을 당하고 제 삼 일에 살아나야 할 것을 제자들에게 비로소 나타내시니"(21절).

그동안 여러 군데에서 암시되었지만(마 9:15; 12:14 등), 주님께서는 베드로의 신앙고백 후 처음으로 공개석상에서 자신의 수난과 죽음에 대해 예고하셨습니다. 아이러니하게도 예수님은 하나님의 백성 이스라엘을 대표하는 장로들, 대제사장들, 서기관들의 손에 죽임 당할 것입니다.

그런데 여기서 주목할 점은 예수님의 죽음이 이 지도자들의 승리로 묘사되지 않고 하나님의 목적의 성취로 그려지고 있다는 사실입니다. 예수님의 죽음은 부활의 서곡(21절)이자, 영광의 수단(27절)이며, 예수님께서 자신의 나라 가운데 임하시는 결과를 가져올 사건인 것입니다(28절). 이처럼 그분의 죽음은 절망이 아니라 소망을 가져오며 따라서 슬픔의 대상이 아니라 환영의 대상이 되어야 했던 것입니다.

하지만 베드로를 비롯한 사도들은 예수님의 이러한 충격적인 선언의 진정한 의미를 바로 깨닫지 못했습니다. 그래서 베드로는 예수님의 죽음을 환영하기는커녕 '절대로 이런 일이 일어나서는 안 된다'고 하면서 강력히 항의했던 것입니다(22절).

아마도 베드로는 자신이 지금까지 공유해 온 메시아에 대한 사람들의 일반적인 기대에 비추어 예수님의 선언을 그릇된 것으로 판단했을 것이며, 그 결과 그는 예수님의 선언을 환영하기보다는 반대하고 나섰던 것으로 보입니다.

특히 그의 그러한 기대가 메시아의 제자인 자신의 권익과 관련된 것이었다면 그러한 자신의 기대를 송두리째 뒤흔드는 선언을 하시는 예수님께 항의하는 베드로의 행동은 인간적으로 생각했을 때 이해할 만합니다. 그러나 예수님께서는 베드로의 심중을 헤아리시고 "사탄아, 내 뒤로 물러가라, 너는 나를 넘어지게 하는 자로다 네가 하나님의 일을 생각하지 아니하고 도리어 사람의 일을 생각하는도다"고 책망하셨습니다(23절).

불과 몇 시간 사이에 베드로는 '반석'에서 '사탄의 하수인'으로 전락했습니다. 천당에서 지옥으로 떨어지는 경험을 맛보았습니다. 베드로가 예수님께 사탄으로까지 취급 받았던 이유는 '하나님의 일'을 생각하지 않고 '사람의 일'만 생각했기 때문이었습니다.

하나님의 뜻을 이루어야 하는 메시아의 길을 가로막는 자는 그가 제아무리 위대한 신앙고백을 한 메시아의 제자라 할지라도 사탄과 동일한 역할을 하는 것일 뿐입니다.

이제 반석으로서 교회의 기초를 놓는 '주춧돌' 역할을 해야 할 베드로가 목전의 이익 때문에 사탄의 종이 되어 메시아께서 하나님의 목적을 이루시는 길에 '걸림돌'이 되고 만 것입니다. 베드로의 몰락을 바라보면서 우리 모두 "선 줄로 생각하면 넘어질까 조심하라"(고전 10:12)는 사도 바울의 권면을 다시 한 번 가슴 깊이 새겨 보아야 할 것입니다. [33]

Day 18

R(Revelation) 광채 계시

⊙ 엿새 후에

빌립보 가이사랴에서 제자들에게 자신이 누구냐고 질문하신 후, 예수님께서는 최 측근 3인방(the inner three)만을 따로 데리고 한 산에 오르셔서 자신의 영광스러운 광채를 그들 앞에 드러내셨습니다.

> "엿새 후에 예수께서 베드로와 야고보와 그 형제 요한을 데리시고 따로 높은 산에 올라가셨더니 그들 앞에서 변형되사 그 얼굴이 해 같이 빛나며 옷이 빛과 같이 희어졌더라"(마 17:1-2).

여기 1절의 '엿새 후'란 언제를 말할까요? 이는 바로 앞 단락(16:13-28)에 기술된 빌립보 가이사랴에서 베드로의 신앙고백 사건이 있은 후 제 6일 되는 때를 말합니다.

그때 베드로는 예수님과 다른 제자들 앞에서 "당신은 그리스도시요 살아 계신 하나님의 아들이라"는 위대한 신앙고백을 함으로써 주님께 크게 칭찬을 받았습니다. 그래서 예수님께서 때가 되어서 그리스도로서 다윗 왕처럼 강력한 군사력을 일으켜서 자신의 민족 이스라엘을 로마의 압제로부터 해방시켜 주시면 그때 폼 나는 한 자리를 차지할 줄 알고 내심 기대하고 있었습니다.

그런데 예수님께서 '자신은 예루살렘에 올라가서 유대 지도자들 손에 죽임을 당할 것'이라는 청천벽력과 같은 선언을 하셨습니다. 그러자 베드로는 십자가를 통한 하나님의 구속 경륜은 생각하지도 않고 자신의 안위만을 걱정하여 쌍수를 들고 말렸습니다. 그로 인해 결국 "사탄아, 내 뒤로 물러가라"는 주님의 질책을 받고 한순간에 나락으로 떨어지고 말았습니다.

여기 '내 뒤로 물러가라'는 표현으로 봐서 예수님께서는 베드로를 자신의 공생애 내내 제자들 중 맨 앞에 세우고 수제자로 대우하셨던 것 같습니다. 그래서 베드로는 자신이 뭔가 잘난 구석이 있어서 예수님께서 특별 예우를 해준다고 생각했을 것입니다.

그러다 빌립보 가이사랴에서 주님께 대답 한 마디 잘해서(?) '네 위에 내 교회를 세우겠다,' '천국의 열쇠를 주겠다'는 엄청난 약속을 받고 더 의기양양했을 것입니다. 그런데 이제 상황이 완전히 역전되어 '사탄' 취급 받고 앞줄에서 맨 뒤로 쫓겨나서 처량하게 주를 좇는 신세로 전락하고 말았던 것입니다.

제 잘난 맛에 살았던 베드로는 이제 빌립보 가이사랴에서 변화산까지 오는 그 6일 내내 지난 날 게네사렛 호숫가에서 고기 잡던 자신을 부르실 때로부터 지금까지 근 3년간 주님과 함께 보낸 그 숱한 시간들을 되돌아 보았을 것입니다. 그리고 비로소 자신이 주님의 제자로 발탁된 것은 '난 놈'이었기 때문이 아니라 '하나님의 은혜'였음을 새삼 깨닫게 되었을 것입니다. 자신은 '베드로(반석)'가 아니라 '시몬(조약돌)'이었음을 새롭게 발견했을 것입니다.

이렇게 철저히 자아가 부서지고 깨어질 때 비로소 하나님은 그 완전히 깨지고 부서진 조각 조각들을 주어 모아서 당신이 사용하기 원하시는 도구로 다시 빚어주시는 것입니다. 베드로가 다시 태어나는 데는 '엿새'가 필요했던 것입니다.

◎ '엑소더스' 하기 위해

예수님께서 베드로와 야고보와 요한 셋을 데리고 산에 올라가신 모습은 모세가 시내 산에 아론, 나답, 아비후 셋을 함께 데리고 간 사건을 연상시킵니다(출 24:1,9).

주님께서 올라가신 '높은 산'에 대해서는 갈릴리 호수 서남쪽에 있는 다볼(Tabol) 산이라고도 하고, 빌립보 가이사랴와 가버나움 중간에 위치한 메론(Meron) 산이라고도 하는데 아마도 빌립보 가이사랴에서 가까운 헐몬(Hermon) 산이었을 가능성이 높습니다.

누가에 따르면 예수님께서 세 명의 제자들과 산에 올라가신 목적은 '기도'하기 위함이었습니다(눅 9:28). 그래서 주님께서는 산에서 열심히 기도하던 와중에 변모되셨는데 최 측근이라고 하는 제자들은 한심하게도 하라는 기도는 않고 깊은 잠에 빠져 꾸벅꾸벅 졸고 있었습니다(32절).

사실 주님은 하나님이시기에 굳이 기도할 필요가 없으셨지만 무시로 기도하셨습니다. 그런데 정작 기도가 필요한 제자들은 자신들의 스승 예수께서 인류를 대신해서 십자가를 지실 중차대한 시간이 점점 다가오고 있는데 이렇게 졸고만 있으니 주님 마음이 오죽 답답했겠습니까? 혹시 이 개념 없이 졸고 있는 제자들의 모습이 현재 우리들의 모습은 아닌지요?

주님은 기도하시던 중에 변형되사 그 얼굴이 해 같이 빛나며 옷이 빛과 같이 희어졌습니다(마 17:2). '해와 같이 빛난 용모'는 시내 산에서 내려오는 모세의 모습을 생각나게 합니다(출 34:29-35). 또한 '빛과 같이 희어진 옷'은 예수님께서 천상적인 존재이심을 암시합니다(단 7:9).

주님의 용모와 옷의 변화는 특히 자신이 십자가를 지신 후에 자신의 육체적인 부활로 말미암아 얻게 될 영광을 예비적으로 경험한 것입니다. 예수님은 부활 때 입게 될 영광을 기도 중에 미리 맛보게 된 것입니다. 이러한 영광스러운 체험이 예수님으로 하여금 십자가 고난의 길을 담대하게 갈 수 있도록 힘을 북돋아 주었던 것입니다. [34]

신자의 앞 길에는 이와 같이 십자가만 놓여 있는 것이 아닙니다. 고난만 있는 것이 아닙니다. 고난 그 너머에 영광이 있습니다. 그러므로 믿음의 눈을 활짝 열어 고난 이면에 존재하는 하나님의 영광을 바라보아야 합니다. 우리 신앙의 선배들이 순교라고 하는 최고의 고통의 잔을 마실 수 있었던 것도 죽음보다 더 큰 부활의 영광을 바라보았기 때문에 가능했던 것입니다.

예수님께서 변형되셨을 때 그 현장에 문득 모세와 엘리야가 나타났습니다(마 17:3). 모세와 엘리야는 각각 율법과 선지자의 대표자로서 구약 전체를 대변하는 인물입니다. 이들은 메시아의 시대에 돌아올 것으로 구약에 예언되었는데(신 18:15-18; 말 4:5-6), 메시아가 영광스런 모습으로 변화하신 상황에서 이 두 인물이 출현했다고 하는 사실은 거기 있던 제자들에게 자연스럽게 그 약속이 성취된 것으로 이해되었을 것입니다.

게다가, 이들 두 인물이 자신들의 사역을 수행해 나가는 가운데 공히 적지 않은 고난과 거절을 당했다는 사실은 앞서 예수님의 수난과 죽음에 대한 예고(마 16:21)의 의미를 되새겨 주는 효과를 가져왔을 수도 있습니다.

메시아의 도래와 함께 재 등장할 모세와 엘리야는 영광스럽게 변모하신 예수님과 함께 이야기했습니다(마 17:3). 누가는 이 두 인물과 예수님 사이에 이때 나누었던 대화를 다음과 같이 전합니다.

> "(모세와 엘리야가) 영광 중에 나타나서 장차 예수께서 예루살렘에서 **엑소더스**[별세]하실 것을 말할새"(눅 9:31).

이 예언대로 예수님은 조만간 죄의 엑사일 상태에 놓여 있는 하나님의 백성을 '엑소더스' 하기 위해 예루살렘에 입성하여 십자가를 지심으로 대속의 죽음을 죽으실 것입니다.

● 조연들의 퇴장

예수님께서 구약을 대표하는 두 인물과 대화하고 있을 때 깊은 잠에서 깨어난 베드로는 이 광경을 목도하고 예수님께 "주여 우리가 여기 있는 것이 좋사오니 만일 주께서 원하시면 내가 여기서 초막 셋을 짓되 하나는 주님을 위하여, 하나는 모세를 위하여, 하나는 엘리야를 위하여 하리이다"고 제안했습니다(4절). 베드로가 얼마나 좋았으면 이렇게 말했겠습니까?

베드로의 이러한 제안이 미처 끝나기도 전에 "홀연히 빛난 구름이 그들을 덮으며 구름 속에서 이는 내 사랑하는 아들이요 내 기뻐하는 자니 너희는 그의 말을 들으라"는 음성이 들려왔습니다(5절).

구약에서 '구름'은 자주 하나님의 임재의 상징으로 나타납니다(출 24:15-18; 40:34-38). 이 구름 속에서 들려온 하나님의 음성은 예수님께서 요한에게 세례 받으실 때의 음성과 정확하게 일치했습니다. 하지만 이 때의 음성은 예수님 자신을 위한 음성이 아니라 그와 함께 있는 제자들을 위한 것이었습니다. 그리하여 '너희 제자들은 예수의 말을 들으라'고 하나님께서 명령하셨던 것입니다.

베드로는 잠에서 깨어 너무도 황홀한 광경을 목도한 나머지 그만 주님을 구약을 대표하는 모세와 엘리야와 동격으로 취급하는 큰 실수를 범했습니다. 그래서 구름으로 상징되는 하나님께서 직접 개입하셔서 조연들인 모세와 엘리야를 물리셨던 것입니다.

주님은 모세와 엘리야와는 격이 완전이 다른 분입니다. 모세와 엘리야는 제아무리 위대한 신앙의 영웅들일지라도 하나님의 종에 불과합니다. 하지만 예수님은 하나님의 아들입니다. 이 둘은 들러리라면 예수님은 신랑입니다. 이들은 조연이지만 예수님은 주인공입니다. 이들은 피조물이지만 예수님은 창조주입니다. 비교 자체가 신성모독입니다.

예수님은 구약의 시대를 마감하고 새 언약의 시대를 가져올 분입니다. 지금 예수님께서 오셔서 구원사역을 하고 있기 때문에 더 이상 모세도 엘리야도 제자들에게는 필요하지 않습니다. 율법과 선지자의 시대는 세례 요한으로 막을 내리고 예수님께서 사역을 시작하심으로써 메시아의 새 시대가 도래했기 때문입니다.

이제 모든 것은 하나님의 아들 메시아 예수님에 의해서만 결정되고 그 예수님께서 하나님의 구원 계획을 끝까지 이루시기 위해 십자가의 길을 가실 것이므로 제자들은 이제 그의 말씀만 들으면 됩니다. 예수님께만 집중하면 됩니다. 모세와 엘리야와 같은 조연들은 역할을 다했으니 이제 그만 퇴장해야 합니다.

공생애 후반기(Q to Z)

Day 19

S(Small) 어린 아이

● 최고의 미덕

헐몬 산에서 영광스럽게 변모해서 자신이 메시아임을 제자들에게 증거한 후에, 예수님은 마지막으로 갈릴리 사역의 본거지인 가버나움에 들를 예정이었습니다. 제자들은 이 가버나움으로 오는 노상에서 '누가 크냐?'하는 문제로 서로 논쟁을 벌였습니다(막 9:33-34).

이제 그들은 예수님이 메시아이심을 확실히 알았기에 돌아오는 유월절에 예루살렘으로 올라가면 '드디어 거사(擧事)가 일어나겠구나!'하고 생각했던 것 같습니다. 그래서 제자들은 메시아 예수님께서 로마의 압제를 물리치고 정권을 잡게 되면 우리들 중에 누가 가장 높은 자리를 차지하게 될 것인가에 관심을 집중했던 것이었습니다.

주님께서는 이러한 이들의 심중을 꿰뚫어 보시고 가버나움에 이르러 집에 계실 때 "너희가 길에서 서로 토론한 것이 무엇이냐?"고 물으셨습니다(33절).

제자들이 생각했던 큰 자와 스승 예수가 생각했던 큰 자는 근본적으로 달랐습니다. 제자들에게 '큰 자'란 세상 사람들이 생각하는 큰 자 개념과 별반 차이가 없었습니다. 그들의 눈에는 세상의 임금이나 관원들과 같이 힘 있는 사람들이 큰 자였습니다. 하지만 예수님께서는 어처구니 없게도(?) '어린 아이들'을 큰 자의 모델로 제시하셨습니다.

> "진실로 너희에게 이르노니 너희가 돌이켜 어린 아이들과 같이 되지 아니하면 결단코 천국에 들어가지 못하리라 그러므로 누구든지 이 어린 아이와 같이 자기를 낮추는 사람이 천국에서 큰 자니라"(마 18:3-4).

여기 어린 아이는 원어로 '파이디온(paidion)'인데, 파이디온이란 유년기에서부터 사춘기 사이의 연령에 해당하는 어린이를 통칭하는 말입니다. [35]

유대 사회에서 어린 아이는 아무런 중요성도 갖지 못한 존재로서 어른들에게 복종해야 할 뿐 그 어떤 높임의 대상도 되지 못했습니다. 그런데 예수님께서는 제자들이 바뀌어서 어린 아이와 같이 되지 않으면 결코 하늘 나라에 들어가지 못할 뿐더러 설령 들어간다 할지라도 어린 아이와 같이 자신을 낮추지 않으면 천국에서 큰 자가 될 수 없다는 충격적인 선언을 하셨습니다.

그러면 도대체 파이디온은 어떤 특징들을 가지고 있길래 예수님께서는 그를 '천국에서 큰 자'라고 부르신 걸까요? 마태복음 18장은 파이디온의 두 가지 장점을 제시합니다. 먼저 어린이는 자신을 낮추는 자입니다(4절). 어린이는 '겸손'의 모델입니다.

기독교 최고의 미덕은 바로 '겸손'입니다. 세상은 초인이 모델이지만 주님은 파이디온을 모델로 제시했습니다. 하나님은 교만한 자는 물리치시고 겸손한 자만을 들어 쓰셨습니다. 예루살렘 성을 훼파하고 유대인들을 바벨론으로 끌고 갔던 느브갓네살 왕은 전무후무한 바벨론 큰 성을 건축한 후 일의 성취에 대해 극도로 교만해져서 자신을 신(神)으로까지 높였습니다. 그러자 하나님께서는 그를 징계하시어 왕위에서 쫓아내시고 들짐승처럼 광야에서 유리방황하게 하셨습니다(단 4:30-33).

반면에 예수님께서는 겸손의 극치를 보여주셨습니다. 그는 실로 하나님이셨으나 성육신하여 사람이 되셨고, 사람에서도 종으로 내려가셨고, 거기서도 더 내려가셔서 극형의 죄수나 달리는 십자가에 죽으심으로 극단적으로 자신을 낮추셨습니다. 그러자 하나님은 예수님을 지극히 높여 모든 이름 위에 뛰어난 하나님의 아들이라는 이름을 주셨고 하늘에 있는 자들과 땅에 있는 자들과 땅 아래에 있는 자들로 모든 무릎을 예수의 이름에 꿇게 하시고 모든 입으로 예수 그리스도를 주라 시인하게 하셨습니다(빌 2:6-11).

우리 성도들은 세상 사람들처럼 나보다 남을 '낮게' 여기는 자가 아니라 어린 아이들처럼 나보다 남을 '낮게' 여기며 겸손히 섬기는 자가 됨으로써 하나님께서 큰 자로 높여 주시는 축복을 다 받아 누리시길 주님의 이름으로 축원합니다.

◉ 하나님 '아빠'

어린이의 또 한 특징은 '의존성'에 있습니다(6절). 나이가 어리면 어릴수록 인간은 부모에 더 의존하게 됩니다. 저는 미성년자 자녀만 넷을 둔 애 아빠인데, 제 막내 놈은 이제 겨우 10개월 된 아장이입니다. 그 아기를 바라보노라면 스스로 할 수 있는 게 거의 없습니다. 아침부터 저녁까지 하는 일이라곤 그저 먹고 싸고 사고치는(?) 것밖에 없습니다. 부모가 옆에서 손수 챙겨

주지 않으면 당장이라도 무너져 버리는 연약한 존재입니다. 그런 사실을 본능적으로 알고 있기에 이 아이는 항상 '엄마,' '아빠'를 찾습니다. 부모의 사랑과 헌신에 전적으로 의존합니다.

땅의 자녀들이 이같이 육신의 부모이며 어떤 의미에서 대리 부모인 세상의 아버지만 의지하듯이 하나님의 자녀인 우리 성도들도 자신의 무력함을 철저히 깨닫고 영적 부모이며 진정한 부모인 하나님 아버지께 전적으로 의존하며 그의 사랑과 돌보심 가운데 살아갈 때 형통한 삶을 살 수 있는 것입니다.

이러한 의존의 중요성을 극명하게 보여주기 위해 예수님은 하나님의 아들로서 아버지 하나님을 '아바(우리말 '아빠'에 해당하는 아람어)'라고 부르셨던 것입니다. 게다가, 제자들에게 가르쳐 주신 주기도문의 첫 마디도 '아빠(파테르)'였던 것입니다(마 6:9).**36)**

우리 그리스도인들은 파이디온처럼 자신의 무능함을 인정하고 예수님께서 그러하셨듯이, 하나님을 '아빠'하고 부르며 그분만을 믿고 의지해야 할 것입니다. 그렇게 할 때 하나님께서는 위로부터 폭포수와 같은 하늘의 능력과 권세로 우리를 덧입혀 주실 것입니다. 우리 모두 '멋진 믿음'을 통해 '멋진 인생' 살아가기를 간절히 소원합니다.

T(Triumphal Entrance) 승리의 입성

◎ 왕의 귀환

예수님은 마지막으로 가버나움에 들르신 후, 죄의 종 노릇하고 있는 하나님의 백성을 구원하기 위해 예루살렘에 위풍당당하게 입성하셨습니다(마 21:1-11; 막 11:1-11; 눅 19:28-38; 요 12:12-19).

바벨론 포로 상태에서 구원을 약속하는 이사야서에 따르면, 여호와께서 악한 자에게 사로잡혀 있는 자신의 백성 이스라엘을 구출해 내기 위해 떠나는 긴 여행은 결국 그가 최종 목적지인 시온(예루살렘)에 도착하여 영광스럽게 왕으로 등극하는 장면과 함께 완성됩니다.

예수님의 예루살렘 입성 장면은 바로 이 이사야의 엑소더스의 마지막 단계인 여호와의 영광스러운 시온으로의 귀환에 해당하는 것입니다. 예수님은 지금 이사야서에 나타난 이러한 종말론적 메시아 왕으로서의 기대를 한 몸에 받고 예루살렘에 입성하는 것입니다.

이러한 사실은 예수님께서 나귀를 타고 예루살렘에 들어오실 때 무리들이 소리 높여 "호산나 다윗의 자손이여 찬송하리로다 주의 이름으로 오시는 이여 가장 높은 곳에서 호산나"라고 외치는 함성 속에 잘 드러납니다(마 21:9, 시 118:25-26 인용).

무리들은 시편 118편 25-26절을 인용하여 죄의 포로 상태에 있는 자기 백성을 구원하기 위해 예루살렘에 들어오는 여호와와 같은 메시아 왕 예수님을 환영했습니다.

총 29절로 된 시편 118편은 패배 일보 직전에 있던 이스라엘의 한 왕이 여호와의 도우심으로 인해 위경에서 건짐 받고 전쟁에서 승리한 것을 찬양하는 '구원(엑소더스)의 노래'인데, 이 시 속에는 복음의 핵심 메시지가 그대로 녹아 있습니다. 특히, 신약의 저자들이 가장 많이 인용했던 시편 118편의 두 구절, 즉 22절과 25-26절 속에는 메시아가 이 땅에 오신 목적과 그 목적을 이룰 구체적인 방법이 적나라하게 제시되어 있습니다.

먼저 예루살렘 입성 때에 무리들이 인용했던 시편 118편 25-26절(마 21:9, "호산나 다윗의 자손이여 찬송하리로다 주의 이름으로 오시는 이여 가장 높은 곳에서 호산나")은 다윗의 자손 예수님께서 이 땅에 오신 목적을 설명해 줍니다.

예수님께서는 죄의 포로 상태에 있는 하나님의 백성에게 진정한 해방과 구원을 주시기 위해 이 땅에 오셨고, 이제 주의 이름으로 오시는 자(메시아)로서 그 목적(엑소더스)을 완성하기 위해서 예루살렘에 입성하고 있는 것입니다.

또한 사악한 포도원 농부들의 비유(마 21:33-46)의 절정부분에서 예수님께서 직접 인용한 시편 118편 22절(마 21:42, "건축자들이 버린 돌이 모퉁이의 머릿돌이 되었다")은 예루살렘에 입성하여서 어떠한 방식으로 자신의 목적, 즉 '엑소더스(구원)'를 이룰지 구체적으로 이야기해 주고 있습니다.

예수님은 군사적인 힘을 통해서 자신의 임무를 완성하는 바사 왕 고레스와는 달리, 건축자들이 쓸모없다고 버린 돌처럼 철저히 배척당하여 고난 받고 죽으심으로써 −그리고 모퉁이의 머릿돌과 같이 부활함으로써− 이스라엘에게 엑소더스를 가져다 줄 것입니다.

● 갈릴리 순례자인가? 예루살렘 거민인가?

예수님께서 어린 나귀를 타고 예루살렘에 입성하실 때 그 광경을 지켜보던 갈릴리에서 온 순례자들은 예수님의 이러한 행진에 대해 예수님을 '다윗의 자손'으로 환호하였습니다(마 21:9). 반면에 현지에 사는 예루살렘 사람들은 이러한 환호에 대해 어찌할 바 몰라 소동했습니다(10절).

이들의 이러한 반응은 예수님께서 죄의 포로 상태에 있는 자기 백성을 구원하시기 위해 예루살렘에서 불과 2시간 거리(약 8km)에 있는 같은 유대 땅 베들레헴에 입성[탄생]하셨을 때 예루살렘 사람들이 보였던 반응과 동일했습니다.

동방 박사들이 신기한 별을 보고 유대인의 왕을 찾아 예루살렘을 방문했을 때 헤롯 왕과 온 예루살렘 사람들은 유대인의 왕으로 오신 예수님에 소동했습니다(마 2:2-3).

이러한 사실을 사도 요한은 다음과 같이 증언하고 있습니다.

> "(예수께서) 자기 땅에 오매 자기 백성이 영접하지 아니하였으나 영접하는 자 곧 그 이름을 믿는 자들에게는 하나님의 자녀가 되는 권세를 주셨으니"(요 1:11-12).

갈릴리에서 온 순례자들과 동방 박사들은 비록 먼 데서 왔지만 예수님을 메시아요 왕으로 환영하고 경배했습니다. 그러나 예루살렘 사람들과 헤롯 및 유대 지도자들은 자기 땅에 온 메시아에 소동하여 의문을 제기했고 더 나아가서는 십자가의 죽음으로 내몰았습니다(마 27:22-25). 여러분은 갈릴리 순례자에 속합니까? 예루살렘 거민입니까?

U(Upset) 상을 뒤엎음

◉ 한 번 더 채찍을 들다

종려주일에 예루살렘에 개선입성하신 주님은 감람 산 동쪽에 있는 작은 마을 베다니(아마도 나사로의 집)에서 하룻 밤 쉬신 후 월요일 예루살렘 성전에 들어가셨습니다(마 21:12 상).

주님께서 헤롯 성전의 이방인의 뜰에서 돈 놀이를 하는 장사치들을 쫓아내신 지 어언 3년이 흘렀건만 변한 것은 하나도 없었습니다. 그들은 여전히 거룩한 성전에서 희생 제물로 바쳐질 동물들을 팔거나 로마 혹은 헬라 동전을 성전세로 통용되는 두로 동전으로 환전해 주면서 부당 이득을 챙겼습니다.

이렇게 자신의 아버지의 집에서 벌어지는 온갖 부정한 매매 행위들을 차마 아들로서 눈뜨고 볼 수가 없어서 예수님께서는 한 번 더 채찍을 들기로 마음먹었습니다. 그래서 성전에 들어가셔서 그 안에서 매매하는 모든 사람들을 내쫓으시며 돈 바꾸는 사람들의 상과 비둘기 파는 사람들의 의자를 둘러 엎으셨습니다(12절 하).

이어지는 절에서 예수님은 자신이 한 행동에 대한 이유를 구약의 두 구절을 인용하여 밝히셨습니다.

> "내 집은 기도하는 집이라 일컬음을 받으리라 하였거늘 너희는 강도의 소굴을 만드는 도다"(13절).

첫 인용구('내 집은 기도하는 집이라')는 이사야 56장 7절에서 온 것으로 성전은 상업 장소가 아니라 하나님께 기도하고 예배드리는 장소가 되어야 한다는 점을 말해 줍니다. 하지만 성전 관리를 담당한 이스라엘 지도자들과 당시 이스라엘 백성들은 거룩한 성전에서 하나님께 진정으로 기도하고 예배드리는 일에 실패하였으며 오히려 자신들의 탐욕으로 성전을 더럽히고 있었습니다.

두 번째 인용구('강도의 소굴을 만들었도다')는 예레미야 7장 11절에서 온 것으로 보이는데 이는 성전을 그 본래의 의도와는 전혀 다르게 자신들의 이익과 편의를 위한 수단으로 사용하는 성전 관리자들과 상인들 그리고 그들의 행동에 편승하는 일반 백성들의 행위를 정죄하는 말입니다.[37] 성전(오늘날은 '교회')이 예배와 기도 드리는 곳으로서의 본질을 벗어나는 그 순간 바로 '강도의 소굴'이 되고 마는 것입니다.

◉ 신앙은 나이 순(順)이 아니잖아요

성전을 깨끗이 청소한 후, 예수님께서는 그 정화된 성전 안에서 자신에게 나오는 맹인들과 저는 자들을 고쳐주셨습니다(14절). 사무엘하 5장 8절에서 다윗은 맹인들과 저는 자들은 성전에 들어오지 못하도록 명령을 내렸지만, 다윗의 자손 예수는 똑같은 '성전 안에서' 그들을 영접하였을 뿐 아니라 고쳐주기까지 하셨습니다. 이는 회복된 진정한 성전이 장애여부와 상관없이 누구나에게 제공하게 될 메시아적 축복의 성격을 암시해 줍니다.

예수님의 이러한 행동을 지켜본 아이들은 예수님을 메시아로 인식하고 '호산나 다윗의 자손이여!' 하고 큰 소리로 외치며 환호하였습니다. 하지만 성전에서 하나님께 제사드리는 일을 주관하는 '대제사장들'과 율법을 가르치는 '서기관들'은 메시아를 눈앞에 두고서도 알아보지 못하고 오히려 예수님께 화를 내며 따졌습니다(15절). 그들은 '애'만도 못한 성직자들이었습니다. 이 나이값 못하는 이스라엘의 지도자를 바라보면서 우리는 종종 신앙의 연륜(年輪)을 내세우는 경향이 있는데 나이와 경건이 꼭 비례하는 것은 아니라는 사실을 기억해야 합니다.

사무엘서를 보면 아이 사무엘은 부모와 떨어져서 성소에 머물면서 노(老)제사장 엘리 앞에서 여호와를 섬겼습니다(삼상 3:1). 그런데 어느 날 사무엘이 하나님의 궤가 있는 여호와의 전에서 잠을 자고 있는데 여호와께서 그를 불렀습니다(2-4절). 사무엘은 엘리가 자기를 부르는 줄 알고 그에게 달려가 "당신이 부르셔서 왔습니다"하고 대답했습니다(5절). 엘리가 안 불렀다고 해서 다시 자리로 가서 누웠는데 하나님께서 또 사무엘을 부르셨습니다.

이런 일이 세 번 반복된 후에 사무엘은 자신을 부르는 자가 여호와임을 깨닫고 "여호와여 말씀하옵소서 주의 종이 듣겠나이다"고 대답했습니다(10절).

하나님께서는 엘리 제사장이 버젓이 살아 있는데도 불구하고 제사장 축에도 끼지 못하는 소년 사무엘에게만 찾아오셔서 장차 일어날 중대한 비밀을 계시해 주셨다는 사실이 언뜻 이해가 가지 않습니다. 자신은 그토록 오랫동안 여호와의 제사장으로 그를 섬겼는데 어린 사무엘에게는 무려 세 번이나 음성을 들려주시면서 자신은 단 한차례도 불러주시지 않으니 시쳇말로 스타일 완전 구기는 일이었을 것입니다.

하나님께서는 왜 이렇게 위계질서를 무시하시고(?) 엘리를 배척하면서 사무엘만 편애하셨을까요? 그 이유는 간단합니다. 사무엘은 비록 나이도 어리고 아직 제사장도 아니었지만 하나님의 말씀을 하나님의 말씀으로 받아들이고 순종했기 때문이었습니다. 사무엘이 훗날 계속해서 여호와께 불순종한 사울 왕에게 했던 말, 즉 "순종이 제사보다 낫고 듣는 것이 숫양의 기름보다 나으니이다"(삼상 15:22)는 사실 자신의 평생의 모토(motto)였습니다.

하나님께서 설명해 줘도 말귀를 제대로 알아듣지도 못하고 설령 수십 번 음성을 들려준다고 해도 순종하려는 마음이 눈꼽만큼도 없는데 엘리가 제 아무리 나이가 많고, 제사장 경력이 오래됐으면 뭐합니까? 순종하지 않는 사람에게 신앙의 연륜이란 '훈장'이 아니라 '숫자'일 뿐입니다. 순종없이 주님의 음성을 들으려고 하는 사람 꿈도 야무진 것입니다.

V(Vision) 종말 환상

◎ 계시록의 축소판

신성한 성전에서 돈벌이나 하는 장사꾼들의 상을 뒤집어 엎으신 다음 날 예수님께서는 마지막으로 한 번 더 그곳에 들어가셔서 가르치셨습니다(마 21:23상). 이때 대제사장들과 백성의 장로들이 주님께 나와서 "네가 무슨 권위로 이런 일을 하느냐 또 누가 그 권위를 주었느냐?"고 이의를 제기했습니다(23하).

예수님께서 이전에 성전에서 행하신 충격적인 행동에 대해 이스라엘 지도자들은 문제를 제기하지 않을 수 없었을 것입니다. 이에 대해 주님은 즉답을 피하시고 오히려 요한의 세례의 출처에 대해 그들에게 되물었습니다. 그리고 나서 세 가지 비유, 즉 두 아들 비유(21:28-32), 포도원 소작농들의 비유(21:33-46), 혼인 잔치 비유(22:1-14)를 통해 그들에 대한 경고적 가르침을 제시하셨습니다.

주님의 세 가지 충격적인 비유를 들은 유대교 지도자들은 예수님을 함정에 빠뜨릴 의도로 가이사에게 바치는 세금(22:15-22), 죽은 자의 부활과 부부관계(22:23-33), 가장 큰 계명(22:34-40) 등 다양한 주제들과 관련된 질문들을 던졌습니다.

예수님께서는 21-22장에서 성전 시위라는 상징적인 행동과 비유들을 통해 간접적으로 유대 종교지도자들의 문제점을 지적하셨다면, 이어지는 23장에서는 일곱 가지 재앙(23:1-36)과 예루살렘에 대한 심판 선언(37-39절)을 통해 직접적으로 그들의 죄를 지적하셨습니다.

주님의 경고에도 불구하고 끝까지 죄를 회개하지 않는 예루살렘을 향해 애가(哀歌)를 부르신 후, 예수님께서는 성전에서 나오셨습니다(24:1상). 그리고 다시는 성전에 들어가지 않으셨습니다. 이는 바로 앞 장 38절("보라 너희 집이 황폐하여 버려진 바 되리라")에서 선포된 예루살렘 성전의 운명을 상징하는 행동으로 이해될 수 있습니다.

스승은 성전이 조만간 무너질 것이라고 직·간접적으로 여러 번 싸인(sign)을 주었지만, 제자들은 어리석게도 그것을 깨닫지 못하고 헤롯 성전의 웅장함에 압도되어 "주님 저것 좀 보십시오"하며 성전을 가리켜 말했습니다. 그러자 예수님께서는 "내가 진실로 너희에게 이르노니 돌 하나도 돌 위에 남지 않고 다 무너뜨려지리라"고 예언하셨습니다(1하-2절). 그리고 나서 주님께서 예루살렘 동편 감람 산 위에 앉으셨을 때에 제자들이 나아와 "어느 때에 이런 일이 있겠사오며 또 주의 임하심과 세상 끝에는 무슨 징조가 있사오리이까?"하며 질문했습니다(3절).

이들의 관심은 '어느 때'에 성전 파괴('이런 일')가 일어날 것이며 종말('주의 임하심과 세상 끝')에는 '어떤 징조'가 있을지에 관한 것이었습니다. 제자들은 예루살렘 성전 파괴와 그리스도의 재림이 세상 끝에 함께 발생할 것으로 생각했습니다. 그래서 이 둘을 한데 묶어서 질문했습니다. 이 두 물음에 대한 답변으로 예수님은 소위 '계시록의 축소판'이라고 하는 감람 산 강화(마 24:4-25:46)를 하셨습니다.

먼저 강화의 전반부(24:4-35)에서는 '징조들'에 대해서 언급하셨습니다. 그리고 이어서 후반부(24:36-25:46)에서는 '시기'에 대해 논하셨습니다.

이 긴 강화의 주제는 '심판'입니다. 주님은 여기에서 임박한 예루살렘과 성전에 대한 심판과 세상 마지막 때 있게 될 심판을 동시에 다루십니다. 사실 심판의 이슈는 21장의 성전 시위 사건부터 23장의 예루살렘 애가까지 계속되어 왔기 때문에 이 24-25장과 주제상의 긴밀한 연관 관계가 있는 것입니다.

감람 산 강화의 두 이슈인 성전 파괴와 주의 재림 문제와 관련해서 우리 그리스도인들이 유념해야 할 점 두 가지를 함께 살펴보겠습니다.

첫째는 진정한 제자의 표지는 '인내'라고 하는 점입니다. 임박한 예루살렘 성전 파괴 때나 세상 끝 날에 앞서 제자들은 지속적으로 고난을 당할 것입니다(5-12절). 이 산통(産痛)의 시기에 제자들에게 요구되는 것은 참고 견디는 '인내'입니다.

"끝까지 견디는 자는 구원을 얻으리라"(13절).

예수님의 이 약속은 마태복음 10장 22절의 정확한 반복입니다. 이처럼 진정한 제자의 특징이요 구원의 조건으로 인내가 거듭 제시되고 있다는 점은 환난에 직면한 제자의 삶에 그것이 얼마나 중요한 덕목인지를 잘 보여 줍니다.

◉ 그 날이 도적같이

두 번째 유의사항은 예수님 재림의 때를 하나님 아버지를 제외하고 아무도 알 수 없다고 하는 점입니다.

> "그 날과 그 때는 아무도 모르나니 하늘의 천사들도, 아들도 모르고 오직 아버지만 아시느니라"(36절).

예수님께서는 몇 년 몇 월 며칠 몇 시에 정확히 종말이 올지 심지어 하나님의 아들이신 자신도 모른다고 말씀하셨습니다. 이토록 주님께서 그 날과 그 시각에 대해 끝까지 함구하셨음에도 불구하고, 그 일시(日時)를 정확히 알고 있다고 외치며 신도들에게 하얀 가운을 입혀 산으로 인도하는 지도자가 있다면 그는 자신이 '하나님'이거나 혹은 '사기꾼'이거나 둘 중의 하나일 것입니다.

비록 우리 그리스도인들은 인자의 재림의 때를 정확히 알 수 없지만 뒤따르는 비유들, 즉 노아의 때(24:37-39), 도둑(24:42-44), 지혜 있는 종과 어리석은 종(24:45-51), 열 처녀(25:1-13) 비유들은 그 때가 가장 예기치 않은 시기에 올 것이라는 점을 공통적으로 강조해 주고 있습니다.

예수님께서는 '도둑같이' 다시 오실 것입니다. 주님께서 다시 오시는 것과 도둑이 오는 것 사이에는 적어도 세 가지 면에서 유사점이 발견됩니다.

첫째로, 예수님께서는 도둑이 오듯 어느 날 갑자기 다시 오실 것이기에 그 날을 예측할 수 없다는 점이고, 둘째는, 그러기 때문에 늘 깨어서 만반의 대비를 하고 있어야 한다는 점이며, 마지막으로는 도둑에 대해서 준비하고 있지 않으면 그 주인이 집안의 재산을 다 잃어 막대한 손해를 입듯이 깨어 경성하지 않은 자는 최종 심판자로 오시는 예수 그리스도의 심판을 받게 되어 엄청난 손해가 있을 것이라는 점입니다.

인자의 오심과 도둑의 옴은 이러한 세 가지 면에서 공통점이 있는 반면에 또한 두 가지 중요한 차이점도 발견됩니다.

먼저는 예비하지 않는 자에게는 주의 오심이 심판으로 연결되어서 큰 손실을 입을 것이나 이에 대비하고 있는 신자들에게는 주의 오심이 손실을 의미하는 것이 아니고 구원의 완성의 축복을 의미한다는 점입니다.

또한 도둑은 어느 순간에 올지 모르는 불확실성도 있지만 올 수도 있고 안 올 수도 있다는 점에서도 불확실성이 있기 때문에 설령 도둑에 대한 대비를 좀 느슨하게 할지라도 괜찮을 수 있으나 예수 그리스도의 오심은 너무도 확실하기에 그것에 대비하지 않는 것은 참으로 어리석은 바보짓이라고 하는 점입니다.

바울은 데살로니가전서에서 마태복음의 이 예수 전승에 '밤'이라고 하는 용어를 의도적으로 첨가하여 자신의 편지 수신자들에게 야음(夜陰)을 틈타 몰래 침입하는 도둑을 떠올리게 함으로써 좀 더 극적인 효과를 창출해 냅니다(살전 5:2). 이 '밤에 도둑'이라고 하는 이미지를 통해 사도는 주께서 예기치 않은 때에 오실 것과 주를 맞을 준비가 되어 있지 않은 자들에 대한 심판의 때로서의 주의 날의 위협하는 성격을 부각시켰습니다.

그러면 과연 누구에게 주의 날이 밤에 도둑과 같이 예기치 않은 때에 갑자기 임할까요? 그것은 노아의 때에 방주 밖에 있던 사람들처럼 '평안하다, 안전하다'고 말하면서 방심하고 있는 자들에게 그러할 것입니다.

그러므로 저와 여러분은 마태복음 24-25장에 나오는 '신실한 종'이나 '슬기로운 다섯 처녀'처럼 주님 맞을 만반의 준비를 하고 늘 깨어 경성해야 할 것입니다.

W(Washing Feet) 세족식

◉ 거룩한 낭비

감람 산 강화를 마치신 후, 예수님께서는 제자들에게 이틀 후 유월절에 자신이 십자가에 처형되기 위해 배신을 당할 것이라고 예언을 하셨습니다(마 26:1-2). 이때 대제사장들과 백성의 장로들이 대제사장 가야바의 관저에 모여서 주님을 죽이려는 음모를 꾸미고 있었습니다(3-5절).

이런 모의 바로 뒤에 가룟 유다의 배신 이야기가 나오지 않고 예수님께 향유를 부은 한 여인의 기사가 등장한다는 것은 의미심장합니다(6-13절). 이스라엘 지도자들인 대제사장들과 장로들 그리고 심지어는 주님의 제자들 중 하나인 유다는 이스라엘을 위해 오신 메시아 예수를 대적하여 죽이려고 궤계를 꾸미는 역설적인 모습을 보이는데 반해 이 무명의 여인은 예수님을 메시아로 믿고 그들에 의한 그분의 죽으심을 미리 준비하기 위해 값비싼 옥합을 깨뜨렸습니다.

감람 산에서 긴 강화를 마치신 후 예수님은 근처 베다니 나병환자 시몬의 초청을 받고 그의 집에서 식사를 하고 계셨습니다(6절). 아마도 시몬은 전에 예수님으로부터 자신의 나병을 치유받았던 것으로 보입니다.

한창 식사를 하고 있는데 난데없이 초대받지 않은 한 여인이 값비싼 향유 한 옥합을 가지고 들어와서 예수님의 머리에 부었습니다(7절). 아마도 이 여인은 예수님이 메시아('기름부음 받은 자')라는 확신 때문에 자신의 신념을 향유를 붓는 행동으로 표현한 듯합니다.

마가는 그녀가 부은 향유를 '나드(nard)'라고 구체적으로 밝혔습니다(막 14:3). '나드'는 인도에서 수입된 최상품 향유로 대개 죽은 사람을 위해 사용했던 것으로 보입니다. 예수님은 향유의 이러한 용도를 활용하여 그녀의 이상한(?) 행동에 대해 "이 여자가 내 몸에 이 향유를 부은 것은 내 장례를 위하여 함이니라"고 의미를 부여하셨습니다(마 26:13).

이 여인의 이러한 행동에 대해 제자들은 분개했습니다. 그래서 "무슨 의도로 이것을 허비하느냐 이것을 비싼 값에 팔아 가난한 자들에게 줄 수 있었겠도다"라고 말하며 그녀를 꾸짖었습니다. 제자들의 말처럼 그녀는 값비싼 향유를 낭비했습니다(8-9절).

마가에 따르면 그녀가 쏟아부은 향유는 삼백 데나리온 이상의 가치였다고 합니다(막 14:5). '한 데나리온'이란 당시 일용직 노동자가 하루 일하고 받는 품삯에 해당했으니, 이 여인은 겁도 없이(?) 한순간에 오천만 원 이상을 허비한 것입니다. 이 정도의 액수를 허비한 것은 오늘날도 충분히 뉴스거리일 텐데 왕과 그 일족을 제외한 인구의 90퍼센트 이상이 빈곤선 이하에서 허덕이던 당시의 상황에서는 이는 낭비도 이만저만한 낭비가 아니었을 것입니다.

그러면 이 여인은 왜 자기 목숨과도 같은 이 엄청난 돈을 주님께 한방에

털어 넣었을까요? 그것은 '메시아'로서 예수의 죽음을 내다보았기 때문입니다.

제자들은 예수님의 죽음에 대해 수차례에 걸쳐서 교육을 받아왔지만(마 16:21; 17:22-23; 20:17-19), 그때마다 그들은 그 의미를 제대로 깨닫지 못하고 엉뚱한 반응을 했습니다(16:22; 17:23; 18:1; 20:20-21). 그래서 여인의 이 의미심장한 행동 앞에서도 스승의 죽음보다 '이게 돈이 얼만데' 하며 자신들의 눈앞에 보이는 현실적 문제들에만 집착했던 것입니다.

하지만 여인은 예수님을 '메시아'로 알아보고, 제자들처럼 돈생각하지 않고 자신의 전부인 향유 옥합을 과감히 깨어 부음으로써 주님께 '올인(all-in)' 했던 것입니다. 예수님께 자신의 모든 것을 걸었던 것입니다. 이러한 온전한 헌신을 통해서 주님을 얻을 수만 있다면, 주님께 사랑받을 수만 있다면 그녀에게 그것은 '헛된' 허비가 아니었습니다. 그것은 '거룩한' 낭비였습니다.

예수님께서는 이 여인의 이러한 낭비에 대해 "온 천하에 어디서든지 이 복음이 전파되는 곳에서는 이 여자가 행한 일도 말하여 그를 기억하리라"고 놀라운 선언을 하셨습니다(마 26:13). 비록 여인의 향유 옥합은 이제 더 이상 존재하지 않지만 그녀의 '착한 일'은 주님의 예언처럼 이천 년이 지난 오늘날까지도 저와 여러분에게 한 편의 미담으로 전해 내려오고 있습니다. 그리고 앞으로도 계속해서 그리스도인들의 입에 회자될 것입니다.

◉ 향기여 온 천지에 진동하라

주님께서 살던 1세기 팔레스타인에서는 이스라엘 처녀들이 조그마한 향수병 목걸이를 하는 풍습이 유행했다고 전해집니다. 그래서 한 처자가 어느 방 안으로 들어오면 그녀가 착용한 향수병으로부터 나오는 향기로운 냄새로 인해 그 공간이 꽉 차서 주변을 유쾌하게 해 주었다고 합니다.

그러므로 한 번 상상의 나래를 펼쳐보세요. 손톱보다 더 조그만 향수병도 한 방을 그득 채우고 남는데 무려 '삼백 데나리온'이나 되는 향유 옥합이 산산조각이 나서 부어졌으니 그 향내음은 얼마나 대단했겠습니까?

그 향기는 먼저 베다니 나병환자 시몬의 집을 진동했을 것입니다. 그리고 거기에서만 머물지 않고 유대 전 지역으로 퍼져나갔을 것입니다. 그리고 나서 또 사마리아로, 또 로마로, 그리고 온 세계로….

이천 년 전 이름 모를 베다니 여인이 그랬던 것처럼 오늘날도 나의 소중한 향유 옥합(나의 시간, 나의 물질, 나의 젊음, 나의 지식, 나의 명예, 나의 권세 등)을 깨어 아낌없이 주님의 발 앞에 부어 드린다면 그 헌신으로 인해 나 자신이 드러나는 것이 아니라 '예수님'이 드러나는 것입니다. 나의 작고 보잘 것없는 희생과 헌신이 드러나는 것이 아니라 '그리스도'의 크고 놀라운 사랑과 십자가가 드러나는 것입니다.

◉ 하나님의 예언을 이루는 두 종류의 사람

감람 산 강화 후 예수님께서는 제자들에게 이틀 뒤 유월절에 자신이 십자가에 처형되기 위해 배반을 당할 것이라고 말씀하신 적이 있었습니다(마 26:1-2). 이제 열두 제자 중의 하나인 '가룟 유다'가 그 예언을 성취하기 위해 예수님을 잡아 죽이려고 모의하고 있는 대제사장 가야바의 관저로 가서 자신의 스승을 팔 방도를 함께 논의하였습니다(14-15절).

하루가 지나고 목요일 저녁 주님은 제자들과 마지막 유월절 만찬을 하러 그들이 미리 마련한 예루살렘 성 내의 한 성도의 집 이층 다락방으로 가셨습니다. 그리고 모두 식탁에 둘러 앉아 식사할 때에, 또 다시 배반을 예고

하셨습니다.

"내가 진실로 너희에게 이르노니 너희 중의 한 사람이 나를 팔리라"(23절).

이어서 주님께서는 "인자는 자기에 대하여 기록된 대로 가거니와 인자를 파는 그 사람에게는 화가 있으리로다"라고 선언하셨습니다(24절). 이 정도 암시를 주었으면 유다는 자신의 죄를 깨닫고 예수님께 무릎 꿇고 회개했어야 했는데 마음을 더욱 강퍅하게 하여 결국 스승을 팔기로 굳게 마음을 먹었습니다. 유다는 자신을 열두 사도 중의 하나로 뽑아 준 하나님의 은혜를 물 쏟듯이 쏟아 버린 참으로 배은망덕(背恩忘德)한 인간이었습니다.

하나님의 말씀, 즉 예언을 이루는 두 종류의 사람이 있습니다. 먼저 여기 가룟 유다처럼 자신의 악과 불순종으로 이루는 사람이 있습니다. 방금 언급했듯이, 예수님께서 최후의 만찬석상에서 "인자는 자기에 대하여 기록된 대로 가거니와 인자를 파는 그 사람에게는 화가 있으리로다"고 말씀하셨습니다. 그 십자가의 고난을 받도록 한 자에게 화가 있으리라고 말씀하셨습니다.

구약에 이미 '예수님께서 고난 받고 십자가에 달려 돌아가신다'는 예언이 기록되어 있습니다(사 53:5). 그래서 주님께서 지금 '나는 예언된 그대로 간다'고 말씀하고 계신 것입니다. 그러면 가룟 유다가 공로자입니까?

"주여 나 하나 지옥 가더라도, 예수님 십자가에 달려 인류 구원하소서." "나 하나 희생해서라도 세상 사람들 구원받게 해야겠습니다." "제가 대신 십자가 지겠습니다." "제가 총대를 메겠습니다." 이렇게 고마운 생각으로 예수님을 팔았습니까? 아닙니다. 유다는 돈에 욕심이 나서, 은 30냥에 욕심이 나서 결국 주님을 판 겁니다. 그래서 그것이 구약의 예언을 성취하게 된 겁니다. 유다는 결국 자기의 악으로 하나님의 예언을 이루고 말았습니다.

하지만 주님의 육신적 아버지 요셉처럼 하나님의 말씀에 순종해서 이루는 사람도 있습니다. 요셉은 알지 못할 때는 하나님의 뜻이 어디 있나 깊이 생각하며 지체했지만(마 1:19), 주의 천사를 통해 하나님의 뜻이 분명히 드러나자 계속해서 순종하는 것을 볼 수 있습니다.

먼저 마태복음 1장 20절에 "이 일이 성령으로 잉태된 것이니 네 아내 마리아를 데려오라"고 하자 24절에 주님의 분부대로 마리아를 데려옵니다. 이어서 21절에 "아들을 낳으리니 이름을 예수라 하라"고 천사가 명하자 25절에 "아들을 낳으매 이름을 예수라"고 짓습니다.

한 장 넘겨 2장 13절에 "꿈에 헤롯이 아기를 찾아 죽이려고 하니 일어나 애굽으로 피하라"고 하자 14절에 그대로 순종하여 애굽으로 떠납니다. 그 것도 밤에 떠납니다. 눈이나 붙이고 다음 날 아침에 출발했어도 됐는데 캄캄한 밤에 떠납니다. 2장 19-20절에 "헤롯이 죽었으니 다시 이스라엘 땅으로 돌아오라"고 하자 21절에 군말 없이 돌아옵니다. 마지막으로, 2장 22-23절에 "갈릴리 나사렛으로 가라"고 하자 또 순종합니다

하나님께서 지시하실 때마다 불평불만 하나 없이 착착 순종하니 이런 사람에게 일 시키고 싶지 않겠습니까? 인간 관계도 마찬가지입니다. 상사가 조그만 것 하나 시켜도 얼굴부터 찡그리면 그 사람에게 일 시킬 맛 나겠습니까?

요셉은 하나님의 말씀이 떨어지자마자 순종했습니다. 그리고 늦은 밤에도 순종할 정도로 그 순종의 정도가 점점 더 자라났습니다. 그러니까 하나님께서 계속해서 요셉에게 나타나서 말씀하신 것입니다.

동일한 하나님을 믿는데 나에게는 왜 요셉처럼 하나님의 음성이 들리지 않는지 궁금하십니까? 그것을 알기 위해서는 먼저 내가 과연 하나님의 말씀

에 얼마나 순종하고 있는가를 체크해 보아야 할 것입니다.

요셉처럼 순종을 통해 하나님의 예언을 이루는 사람이 있는가 하면, 가룟 유다처럼 내 악과 불순종으로 이루는 사람도 있습니다. 하나님의 뜻을 따라 요셉처럼 선함과 순종으로 예언을 이루면 하나님께 큰 상을 얻을 것입니다. 그러나 가룟 유다처럼 악과 불순종으로 하나님의 뜻을 이룬 사람에겐 화가 있을 것입니다. 오늘 당신은 어느 방식으로 하나님의 예언을 이루는 사람이 되겠습니까?

● '영의 발'을 '복음'으로 씻어주리라

만찬석상에서 유다의 배신을 또 한 번 언급하신 후, 예수님께서는 두 가지 의식을 최초로 거행하셨습니다. 공관복음에는 주님께서 단지 성찬식만 베푼 것으로 기록하고 있으나(마 26:17-30; 막 14:12-26; 눅 22:7-23), 요한복음에 따르면 그 전에 세족식이 있었습니다(요 13:4-11).

예수님께서는 저녁 식사 도중에 갑자기 일어나서 겉옷을 벗고 수건을 가져다가 허리에 두르시고 대야에 물을 떠서 제자들의 발을 씻으시고 그 두르신 수건으로 닦기 시작했습니다(3-5절).

당시 유대에서는 종조차 상전의 발을 씻어 줄 의무가 없었는데 스승이 손수 제자들의 더러운 발을 씻겨주는 세족식을 거행하시니 이를 본 베드로는 적지 않은 충격을 받았을 것입니다. 그래서 자신의 차례가 되었을 때 베드로는 "내 발을 절대로 씻지 못하시리이다"고 주님을 만류했습니다(8절 상). 이에 예수님께서는 "내가 너를 씻어 주지 아니하면 네가 나와 상관이 없느니라"고 대답하셨습니다(8절 하). 이 베드로의 거부와 예수님의 답변 속에서 우리는 두 가지 상징적인 의미를 발견할 수 있습니다.

먼저는 주께서 우리 인간들의 '무엇을' 씻어 주기를 원하시느냐 하는 문제입니다. 물론 '발'이죠. 그러면 그 발은 '육의 발'입니까? '영의 발(?)'입니까? 당연히 일차적으로는 더러운 육신의 발을 의미합니다. 하지만 이는 상징적으로 '영의 발,' 즉 '죄'를 말할 수도 있습니다.

'죄'의 문제가 해결되지 않으면 우리는 여전히 사탄과 흑암의 종으로서 하나님의 아들이시며 빛이신 예수님과 아무런 상관이 없는 것입니다. 그러면 주님은 '무엇으로' 우리의 더러운 발을 씻어 줄 것이냐 하는 문제입니다. 물론 우선적으로 '물'이죠. 하지만 '영적인 발,' 즉 '죄'가 물리적인 물로 씻는다고 씻겨집니까? 이는 '하나님의 말씀,' 즉 '복음'을 상징한다고 볼 수 있습니다.

그러므로 예수님께서는 '영의 발,' 즉 '죄'를 '물'로 상징되는 '복음'으로 씻어 주시겠다고 말씀하시는 것입니다. [38] 예수 그리스도의 피 묻은 '복음'만이 인류의 추악한 '죄'를 말끔히 씻어 제거할 것입니다.

◉ 마음의 허리를 동이라

예수님께서 수건을 '허리에 동이고' 자신을 비롯한 사도들의 발을 씻어 주신 이 세족식 사건은 30년 이상이 지났을 때에도 여전히 베드로의 뇌리 속에 강하게 남아 있었습니다. 그래서 그는 자신의 생애 말년에 순교를 눈 앞에 둔 상황에서 쓴 편지인 베드로전서에서 '마음의 허리를 동이라'고 성도들에게 권면합니다(벧전 1:13).

제자 베드로의 눈동자에 비친 스승 예수는 늘 '마음에 허리를 동이는 삶'을 살았던 분이셨습니다. 여기서 '허리를 동인다'는 동사(존누미)는 두 가지 의미를 가지고 있는데 하나는 '깨어 근신한다'는 뜻입니다(눅 12:35). 또 하나는 '겸손과 섬김의 본을 보이는 사랑을 한다'는 의미입니다(요 13:3).

　예수님께서는 늦은 밤이고 이른 새벽이고 가리지 않고 늘 기도하면서 깨어 근신하는 삶을 사셨으며, 아울러 말로 만이 아니라 직접 양팔을 걷어붙이고 허리에 수건을 두른 채 제자들의 먼지 펄펄 나는 그 더러운 발을 손수 씻겨 주시는 겸손과 섬김의 본을 보이시며 이 땅에서 한평생을 보내셨습니다. 그러므로 주님의 제자인 우리도 스승의 본을 받아 깨어 근신하며, 겸손과 섬김의 자세로 마음의 허리를 동이는 삶을 살아야겠습니다.

X(X-Mark) 십자가

● 자신감이 객기로 끝난 이유

발을 씻기는 세족식이 끝난 후, 예수님께서는 성찬식이라는 또 하나의 의식을 거행하셨습니다. 두 가지 의식을 마친 후에, 주님은 제자들과 함께 찬양을 부르며 감람 산으로 올라갔습니다(마 26:30).

감람 산으로 가는 도중에 주님은 '여호와께서 목자를 치리니 양의 떼가 흩어지리라'는 스가랴 13장 7절을 인용하여 "오늘 밤에 너희가 다 나를 버리고 떠날 것이라"고 예고하셨습니다(31절). 이 말을 들은 베드로는 자신은 결코 예수님을 버리지 않겠다고 호언장담했습니다(33절). 이에 예수님은 "오늘 밤 닭이 울기 전에 네가 세 번 나를 부인하리라"고 예언하셨습니다(34절). 주님의 거듭되는 예고에도 불구하고 베드로는 오히려 "제가 주와 함께 죽을지언정 주를 부인하지 않겠나이다"고 자신의 확고한 자신감을 더욱 강하게 표현했습니다(35절).

베드로의 대답을 들은 후, 주님은 제자들과 함께 '겟세마네'라 하는 곳으로 기도하러 갔습니다(36절). 겟세마네는 감람 산 기슭에 위치한 동산으로서 주님께서 예루살렘 사역을 하시는 동안에 자신과 자신의 제자들이 종종 야영지로도 사용한 정규 모임 장소였습니다(참고, 눅 22:39-40; 요 18:2). 따라서 가룟 유다도 예수님께서 이날 밤 이곳에 머무실 것을 익히 알고 있었을 것입니다. 예수님께서는 이러한 사실을 잘 아시면서도 기도하시러 겟세마네로 가신 것은 자신의 고난과 죽음의 운명을 자발적으로 받아들이고 계심을 보여줍니다.

주님은 열한 제자 중 변화산에 함께 데리고 가신 최 측근 삼인방을 다시 따로 떼어서 좀 더 가까이 동행하게 하셨습니다(37절). 예수님께서 이렇게 자신의 죽음을 준비하는 기도의 현장에 특별히 이 세 명만을 함께하도록 하신 데는 당신의 깊으신 뜻이 있었습니다. 왜냐하면 이들 세 명은 공히 예수님의 죽음의 잔을 기꺼이 마시겠다고 이전에 공언한 장본인들이었기 때문입니다(마 20:22; 26:35).

아마도 주님은 자신이 죽음을 위해 기도로 준비하는 현장에서 그들도 자신들이 공언한 죽음을 위해 함께 깨어서 기도로 준비할 기회를 주고자 하신 것으로 보입니다(38절). 하지만 이들은 예수님께서 제공하신 이 소중한 기회를 곤히 떨어져 잠으로써 제대로 살리지 못하여 자신들의 죽음을 준비하는데 실패하였고(40-41, 43, 45절), 그 결과 그들은 예수님과 죽음의 길을 동행한 것이 아니라 예수님을 부인하고 예수님을 저버리고 도망치게 되었던 것입니다(56, 69-75절).[39]

겟세마네 동산에서 최종적으로 하나님의 뜻을 묻는 기도를 마치시고 예수님은 제자들에게 "일어나 가자 보라 나를 파는 자가 가까이 왔느니라"고 말씀하셨습니다(46절).

예수님은 결국 자신의 말대로 자신을 배반한 배은망덕한 제자 가룟 유다가 가까이 다가와 입 맞추는 체포 신호를 시발점으로 함께 왔던 대제사장들과 장로들의 종복들에게 붙잡혀서 대제사장 가야바의 관저 앞으로 끌려가서서 새벽까지 심문을 당하셨습니다.

이때 다른 제자들은 주님께서 일전에 예고하신 대로 다 도망가고 베드로만 멀찍이 예수님을 따라 대제사장의 집 뜰에까지 가서 그 결말을 보려고 안에 들어가 하인들과 함께 앉았습니다(57-58절).

대제사장과 산헤드린 공회가 예수님을 걸고 넘어지는 죄목은 크게 두 가지였습니다. 그 하나는 성전 모독죄였고(61절), 다른 하나는 자신이 하나님의 아들 그리스도라고 주장한다는 것이었습니다(63절).

관저 안에서 스승 예수는 대제사장들과 공회 회원들 앞에서 그리스도로서의 자신의 신분을 명확하게 밝히는 당당한 모습을 보여주었지만(63-64절), 바깥 뜰에서 제자 베드로는 이와 너무도 대조적으로 여종들과 구경꾼들 앞에서 예수님을 거듭 부인하는 충격적인 모습을 보여주었습니다.

특히 베드로의 부인은 처음에는 '단순히 부인'하는 정도였지만(70절), 두 번째는 이에 한 걸음 더 나아가 '맹세하며 부인'하다가(72절), 최종적으로는 '저주하고 맹세하며 부인'하기까지(74절) 강도를 점점 더해 감으로써 그가 얼마나 철저히 주님을 부인하였는지를 여실히 보여주었습니다.

한때 그토록 당당했던 베드로가 힘없는 두 여종과 구경꾼들의 질문 앞에서 이토록 맥없이 무너진 이유는 새벽 닭 울기 전에 세 번 부인할 것이라는 예수님의 예고를 신중하게 받아들이지 못하고 오히려 자만감에 사로잡혀 호언장담했을 뿐 아니라(35절), 기도로 준비하지 못했기 때문이었습니다(40-41, 43-45절).**40)**

● 시몬 베드로와 가룟 유다의 차이점

베드로의 부인 이야기 바로 뒤에 스승을 판 유다의 죽음 이야기가 이어집니다. 예수님의 이 두 제자의 부인과 배반 이야기는 자연스럽게 그 장본인들을 서로 비교하게 만듭니다. 둘 사이는 언뜻 보기에는 별로 차이가 없어 보입니다. 하지만 이 둘 사이에는 출신부터 차이가 났습니다.

베드로를 비롯한 다른 사도들은 지금으로 말하면 강북(북쪽 갈릴리 지역) 출신의 블루 칼라(Blue Collar)들이었지만 유다만은 강남(남쪽 유다 지역) 출신의 화이트 칼라(White Collar)였습니다.

특히 유다의 고향 '가룟'은 교육의 도시로 유다는 학력 면에서 갈릴리 앞바다에서 고기나 잡으며 겨우 까막눈 신세만 면할 정도의 무식한 베드로와는 비교가 되지 않는 엘리트였습니다. 그래서 주님은 이 셈이 빠르고 똑똑한 친구를 자신의 공동체 전체의 살림을 총괄하는 재무장관으로 임명했습니다. 그로 인해 유다는 열두 사도뿐만 아니라 칠십 인의 제자들, 더 나아가서는 수많은 예수님의 추종자들의 돈줄을 쥐고 있었던 실세였습니다.

최후의 만찬석상에 예수님의 한편에는 베드로가 있었고, 다른 한편에는 유다가 있었습니다. 그러므로 어떤 면에서 유다도 예수님의 최 측근 중의 한 사람이었습니다. 그러나 유다는 베드로보다 훨씬 호조건(好條件)을 타고 났음에도 불구하고 스승을 판 후 결국 목을 매 죽음으로써 사도로서의 자격도 잃었을 뿐만 아니라 '배신자'라는 낙인이 찍혀 오고 오는 그리스도인들에게 '나쁜 놈'이라는 소리를 듣게 되었습니다.

이에 반해 베드로는 유다에 비해서 변변히 내세울 것도 없는 그야말로 '시몬(조약돌)'이었고 자신의 알량한 목숨 하나 연명하기 위해 주님을 지근거리에서 세 번이나 부인하고 맹세하고 저주했음에도 불구하고, 다시 회복되어 계속해서 수제자로 남았고, 심지어 천주교에서는 초대 교황으로까지 추대하는 영예(?)를 안게 되었습니다.

그러면 비슷한 죄를 범하고도 유다는 실패자로 남고 베드로는 승리자가 된 이유는 무엇이었을까요? 이는 다음 두 가지로 요약될 수 있습니다.

먼저는 관심과 사랑의 차이였습니다. 유다는 돈에만 관심이 있었고 주님을 진심으로 사랑하지 않았습니다. 나사로의 누이 마리아가 지극히 비싼 향유를 예수님의 발에 부었을 때 탐욕에 사로잡힌 유다는 마리아의 숭고한 동기를 곡해하며 "이 향유를 어찌하여 삼백 데나리온에 팔아 가난한 자들에게 주지 아니하였느냐?"고 그녀를 비난했습니다.

하지만 그것은 진정 가난한 자들을 생각해서 한 말이 아니었고 자신에게 주어진 재정 관리권을 악용하여 평소처럼 헌금궤에 넣은 돈을 도적질해 가지 못했기 때문에 격분해서 한 말이었습니다(요 12:5-6). 이렇게 돈만 밝힌 유다는 결국 스승을 은 삼십 냥에 팔아 넘기고 말았습니다(마 26:15).

이에 반해 베드로는 돈에는 관심이 없었고 주님께만 관심이 있었습니다. 게네사렛 호숫가에서 주님의 말씀에 의지하여 그물을 내린 결과 셀 수 없을 정도로 많은 물고기를 잡았지만 베드로는 잡은 고기를 모두 버려두고 주님을 좇았습니다(눅 5:11).

그는 유약한 인간이었기에 주님을 사랑하면서도 자주 넘어졌습니다(마 16:21-23; 26:51-52). 하지만 실패한 그 순간에도 베드로는 주님에 대한 사랑하는 마음을 지니고 있었습니다. 그래서 세 번 부인하고 낙담한 시몬을 회복시키시기 위해 찾아오신 부활하신 주님 앞에서 그가 했던 대답, "내가 주님을 사랑하는 줄 주님께서 아시나이다"는 말은 베드로의 진심이었습니다(요 21:17).

또 하나는 '후회'와 '회개'의 차이였습니다. 베드로와 유다 둘 다 주님을 배신하고 '눈물'을 흘렸습니다. 하지만 유다의 눈물은 자신의 잘못을 깨닫고 한바탕 크게 울고 거기서 끝나 버린 '참회'에 불과했습니다. 책임이나 결단이 없는 눈물이었습니다. 그러나 베드로의 눈물은 '회개(悔改)'의 눈물이었습니다. 베드로는 유다처럼 잘못을 뉘우치는(悔) 수준에서 그치지 않고 돌이켜(改) 주님께 온전히 자신을 맡겼습니다. 새롭게 살아보고자 하는 다짐의 눈물이었습니다.

성인(聖人)이란 죄를 전혀 짓지 않기 때문에 성인이 아닙니다. 비록 죄에 빠질지라도 다윗과 어거스틴처럼 자신의 연약함을 깨닫고 끊임없이 하나님 앞에 회개하고 새 출발 하려는 사람이 바로 성인인 것입니다.

돈만 사랑하고 회개하지 않았던 유다는 '찬송'이라는 아름다운 의미를 지닌 이름을 가지고 있었지만 후대에 그 어떠한 그리스도인도 자신의 자녀에게 지어주기를 꺼려하는 오명(汚名), '가룟 유다'로 남게 되었습니다.

◉ 하나님의 사랑, 십자가

대제사장들과 장로들로 대표되는 산헤드린 공회는 예수님을 체포한 후 밤샘 조사를 통해 드러난 그의 혐의(?) – 성전과 하나님을 모독하고 하나님의 아들 메시아라고 주장한 것 – 를 근거로 예수님을 사형에 처하기로 의결하였습니다(마 26:66). 하지만 당시 공회는 사형을 선고하고 집행할 권한이 없었기에 사형 선고 권한을 가진 로마 총독 빌라도에게 예수님을 넘겨주어 재가를 받기 원했습니다.

주님을 인계 받은 빌라도는 취조한 후, 사형 당할만한 아무런 혐의도 찾아내지 못했습니다. 그래서 주님께서 죄가 없다는 사실을 알고 어떻게 해서든지 놓아 주려고 애썼지만 유대 지도자들과 백성들이 계속해서 예수님을 십자가에 못 박으라고 요구하자 결국 굴복하고 말았습니다.

그리하여 물을 가져다가 무리 앞에서 손을 씻으며 "나는 이 사람의 피에 대하여 책임이 없으니 당신들이 알아서 하시오"하면서 자신의 책임을 회피하고 무고한 주님을 채찍질한 후에 십자가에 못 박히도록 그들에게 넘겨줌으로 마침내 최후를 맞이하게 되었습니다 (27:24-26).

예수 그리스도께서 처형 당한 십자가는 기독교를 대표하는 상징물입니다. 기독교 하면 믿지 않는 사람들도 제일 먼저 떠올리는 것이 'X'자 모양의 십자가입니다. 따라서 이 '십자가'는 어떤 의미를 함축하고 있는지 함께 생각해 보고자 합니다.

마태복음 8장 19-20절을 보면 한 서기관이 주님께 나와서 "선생님! 당신이 어디로 가시든지 따르겠습니다"라고 말했습니다. 이에 예수님은 "여우도 굴이 있고 공중의 새도 거처가 있으되 인자는 머리 둘 곳 조차 없다"고 대답했습니다. 만 왕의 왕이 자신이 창조한 땅에 왔지만 아무도 그를 영접하지 않았습니다. 이 땅에서 예수님은 철저히 외면 당하고 버림 받으셨습니다. 유대 지도자들도, 자신의 가족들도, 3년간 함께 했던 제자들도, 심지어는 하나님까지도 예수님을 버리셨습니다. 대중을 구원하려고 온 예수님은 아이러니하게도 대중에 의해 십자가에 못 박히셨습니다.

십자가 형을 직접 집행했던 한 로마 관리는 그 너무나도 끔찍한 처형 방식에 혀를 내두르며 십자가 형만은 반드시 폐지되어야 한다고 주장했습니다.

예수님은 왜 이러한 십자가의 고난을 받아야 했을까요? 이사야 53장 5절은 "그가 찔림은 우리의 허물 때문이요 그가 상함은 우리의 죄악 때문이라"고 증언합니다. 다시 말해서, 성경은 주님이 우리의 죄 문제를 해결하기 위해서 십자가의 고난을 받으셨다고 증거합니다.

그러면 성경이 말하는 죄란 도대체 무엇입니까? 거짓말하고, 사기치고, 남을 해하는 온갖 종류의 악행들을 말합니까? 이런 것들은 겉으로 드러난 죄의 양상들에 불과합니다. 죄의 진정한 본질은 '자기 주장'하는 것입니다. 쉽게 말하면, 피조물인 인간이 창조주 하나님께 반기를 들고 독립을 선언하는 것이 죄입니다.

인간은 원래 하나님께 의존하고 순종함으로써 온 우주를 창조하신 하나님의 무한한 자원 -무한한 지혜(전지), 무한한 힘(전능), 무한한 시간(영원) 등- 을 공급받아 풍성한 삶을 누릴 수 있었습니다. 그러나 어리석게도 첫 사람 아담은 스스로 '하나님같이 될 수 있다'는 사탄의 꾀임에 빠져 자신 속에 내재한 제한된 자원으로 자기의 생명과 행복을 추구할 수 있다는 환상 가운데 하나님께 의존하는 것을 구속이라고 여기고 하나님에 대해 자기 주장을 하며 하나님으로부터 독립을 선언했습니다.

그 결과 하나님같이 되어 인간이 꿈꾸던 행복을 누리기는커녕, 창조주 하나님으로부터 오는 모든 것들이 끊어져 부족 – 지혜의 부족(무지), 능력의 부족(무능), 시간의 부족(죽음) – 상태에 빠지게 되었습니다.

제한된 자기 자원에 갇히게 된 모든 인간들은 그 길이 마치 생명의 길인 양 서로가 서로에게 으르렁대며 자기 주장하고 상대를 자기에게 복종시켜 상대의 자원을 착취하려고 무한 애를 써왔습니다. 그리하여 인간 사회는 치열한 생존 경쟁과 약육강식의 정글의 법칙이 지배하는 금수의 세계가 되어 버렸습니다.

토마스 홉스가 설파했듯이, 만인이 만인에 대하여 자기 주장함으로 빚어진 인간 사회의 갈등과 고난은 개인과 개인뿐 아니라 단체와 단체, 국가와 국가 사이에도 나타나고 크게는 세계전쟁으로까지 확대되어 수많은 인명이 살상되기도 했습니다.

이 모든 고난은 궁극적으로 인간이 하나님 앞에서 자기 주장을 하여 자신의 제한된 자원에 갇힌 데서 온 것입니다. 다시 말해서, 자기 주장으로 인한 인간의 결핍 상태에서 고난이 온 것입니다. 하지만 자원이 한정된 인간은 자신의 고난문제를 스스로 해결할 수 없습니다. 그래서 하나님께서 인간의 고난과 죄의 문제를 해결하셨습니다. 그 해결책이 바로 '십자가'입니다.

십자가에서 하나님께서는 우리 대신 고난의 징벌을 받으시는 것입니다. 십자가에서 하나님은 자기 주장 때문에 고통 받고 있는 인간과 함께 울고 있는 것입니다. 고난 받는 사람에게 최대의 위로는 '함께 울어 주는 것'입니다.

미국 예일대학교 기독교철학 교수 니콜라스 월터스토프 박사는 「아들에 대한 애가(Lament for a Son)」라는 책에서 자신의 사랑하는 아들 에릭을 등반 사고로 잃은 슬픔을 언급합니다.

갑자기 찾아온 비극에 넋을 잃고 있는 그에게 "잊지 말게나, 에릭은 주님의 품 안에 있네"라는 친구의 말 조차도 별로 위안이 되지 않았습니다. 하지만 아들의 죽음을 통해 월터스토프 박사는 십자가의 진정한 의미를 새롭게 발견하게 되었습니다. 그는 자신이 고통을 받을 때 방관하지 않고 함께 우시는 하나님을 발견하고 비로소 위안을 얻었다고 고백합니다.

십자가를 통해서 우리는 울고 계신 하나님, 스스로 고난을 받으시는 하나님, 인간의 아픔을 이해하시는 정도가 아니라 그 아픔 그 고난을 직접 인간과 나누시는 하나님, 더 나아가서 고난을 함께 나누는 정도가 아니라 인간이 짊어져야 할 고난을 자신이 전폭적으로 받으시는 하나님을 보게 됩니다.

인간의 고난은 자기 주장에서 옵니다. 그러므로 자기 주장의 반대, 즉 자기 포기, 자기 부인, 자기 희생만이 문제를 해결할 수 있습니다. 이것은 일상 생활에서도 잘 증명됩니다.

예를 들어, 남편과 아내가 싸움을 합니다. 그런데 왜 사랑하는 부부가 서로 싸웁니까? 자기 주장하기 때문에 싸우죠. 남편은 남편대로 자기가 옳다고 주장합니다. 아내도 지지 않고 자기 주장을 합니다. 그러다 한쪽이 자기 주장을 포기하고 져 주면 문제는 해결됩니다. 마찬가지로 아무 죄도 없는 하나님께서 고난 받는 인간들을 불쌍히 여기셔서 져 주심으로써 자기 주장하며 대항하는 인간들을 무장 해제시킨 사건이 바로 '십자가'입니다.

십자가 상에서 예수님께서 자신을 내어 주신 행위 이것이 바로 '하나님의 사랑'입니다. 이 사랑만이 인간의 악과 고난의 유일한 해결책이요 인간을 자아의 감옥에서 벗어나게 하여 다시금 창조주 하나님의 무한과 영원에 동참할 수 있는 길을 열 수 있는 것입니다. 따라서 진정으로 십자가의 길을 걷기 원하는 자는 예수님처럼 자기 주장을 내려놓고 자신을 내어 줌으로써 십자가의 도(道)를 몸소 실천해야 할 것입니다.

Y(You Alive) 부활

○ 부활의 예표

예수님께서 십자가에 달리시자 제자들은 모두 다 도망쳤습니다. 주님의 전 생애의 노력이 수포로 돌아가는 순간이었습니다. 예수님을 반대했던 자들, 더 나아가서는 사탄이 궁극적으로 승리하는 듯 보였습니다.

그들이 '이제 됐다, 이제 다 끝났다'하고 승리감에 도취되어 있을 때, 하나님의 가장 큰 실패로 보여지는 그 십자가 사건이 이제 무덤 문을 박차고 나오시는 예수님의 부활 사건을 통해 가장 큰 승리로 역전이 되었습니다.

부활 사상은 이미 구약 성경에서부터 예시됩니다. 구약을 읽다 보면 죽음을 맛보지 않고 하나님께서 데려가신 두 신앙인이 나옵니다. 하나는 창세기 5장에 등장하는 '에녹'입니다. 에녹은 평생을 하나님과 동행하는 삶을 살더니 어느 날 하나님께서 그를 데려가시므로 세상에 더 이상 있지 아니하였습니다(창 5:24).

열왕기하 2장에 나오는 엘리야도 죽음을 경험하지 않고 하늘 나라로 갔습니다. 기적과 능력의 선지자 엘리야는 일생을 하나님의 종으로서 하나님의 백성 이스라엘을 위해 헌신하다가 후계자 엘리사가 보는 앞에서 회오리 바람을 타고 산 채로 승천(昇天)했습니다(왕하 2:11).

그러면 이 둘은 왜 사람이면 누구나 다 가는 그 길을 가지 않은 것일까요? 성경은 '모든 사람이 죄를 범하였다'고 증언하고 있으며(롬 3:23), 그 '죄의 삯은 사망'이라고 분명이 선언하고 있는데(롬 6:23), 왜 에녹과 엘리야만은 죽음을 맛보지 않은 걸까요? 그것은 이들이 죄가 전혀 없는 의인이라서가 아니라 죽음이 끝이 아니고 죽은 이후에 엄연히 '부활'이 있음을 하나님께서 인생들에게 가르쳐 주시기 위한 '부활의 예표'였던 것입니다.

◉ 순정(純情)의 사람이 되자

이제 예수님의 죽음 이야기는 그 죽음을 목격한 사람들에 대한 언급으로 마무리됩니다. 그런데 그 증인들의 목록에 여인들만 나타나는 점은 충격적입니다. 공생애 삼 년 동안 주구장창 예수님을 좇았던 열두 제자들은 예수님을 배반하거나 부인하거나 버리고 도망한데 반해 여인들은 예수님께서 마지막 죽으실 때까지 그분과 함께 머물렀습니다(마 27:55).

이 여인들은 베드로를 비롯한 다른 사도들같이 '주를 위한 일이라면 이 한 목숨 기꺼이 바치겠습니다'하고 큰 소리치며 냄비처럼 뜨겁게 달아오르다가도 한순간에 팍 식어버리는 열정(熱情)은 없었지만(마 26:35), 그 대신에 뚝배기와 같이 서서히 달궈진 후 좀처럼 식지 않는 순정(純情)이 있었습니다.

그들의 이 변함없는 일편단심 민들레와 같은 마음은 그들에게 교회사에서 가장 중요한 순간, 즉 십자가, 부활, 승천, 오순절 성령 강림 사건의 현장 중인이 되는 영예를 안게 해 주었습니다. 이 여인들은 주님에 대한 애틋한 사랑을 가슴에 품고 하루는 골고다 언덕으로(마 27:55), 하루는 부활의 동산으로(마 28:1), 하루는 감람 산으로(행 1:6), 그리고 또 하루는 오순절 마가의 다락방으로(행 1:14) 달려갔습니다.

세상 사람들은 '사랑은 움직이는 거야'하고 허튼소리하지만 우리 신앙인들은 한번 물면 놓지 않는 이 여인들의 불독(bulldog)과 같은 순수한 마음을 본받아 상황에 요동하지 않고 주님을 사랑하는 순정의 사람 다 되어야겠습니다.

◉ 사망아 네가 쏘는 것이 무엇이냐?

예수님의 죽음 후에 아리마대 사람 요셉이 빌라도 총독에게 가서 그의 시체를 수습하여 자신이 예비한 무덤에 장사지냈습니다. 요셉은 산헤드린 공회원이었고(눅 23:51), 예루살렘 근교에 무덤을 소유할 정도로 상당한 재력을 소유한 사람이었습니다(마 27:57).

그는 그때까지 익명의 제자로 남아 있었으나 십자가 사건 이후 커밍아웃(Coming-Out)하여 명목상의 제자들인 사도들은 예수님과 함께 십자가에 달릴까 봐 겁을 집어 먹고 다 도망간 상태에서 자기 선생의 시신을 수습하여 장사지냄으로써 실질적인 제자로서의 역할을 했습니다.

예수님의 시신이 매장된 무덤을 지키기 위해 대제사장들과 바리새인들은 빌라도에게 경비병을 요청했습니다. 그래서 이들이 빌라도에게 허락을 받아 무덤을 인봉한 때가 '준비일 다음 날,' 즉 안식일이었습니다(62-66절). 바리새인들은 안식일에 돌을 인봉하기 위해 필요한 '문지르는 행동'을 금지했습니다. 그러나 그들이 스스로 그토록 소중히 여겼던 안식일 규례까지도 기꺼이 어길 정도로 바리새인들은 예수님을 열렬히 대적했습니다.

로마 경비병들이 철통 경비를 서고 있는 상황에서 안식 후 첫날, 즉 일요일 새벽에 막달라 마리아와 야고보의 어머니 마리아와 살로메가 예수님께 기름을 바르기 위하여 향품을 들고 예수님의 무덤을 방문하러 갔습니다(마 28:1). 그리고 그들이 발견한 것은 '텅빈 무덤'과 '부활하신 주님'이었습니다 (6절). 할렐루야!

예수님은 자신이 이전에 제자들에게 여러 번 반복해서 죽은 지 3일 만에 다시 살아날 것을 약속하신 대로(마 16:21; 17:23; 20:19 등), 금요일 오후에 십자가에 달려 돌아가시고 정확히 3일 후 주일 새벽 미명에 사망 권세를 깨고 '부활'하셨습니다.

예수님의 부활 사건은 죄와 죽음을 이기신 사건입니다. 모든 인간은 하나님을 떠남으로 말미암아 '죄'의 노예 상태에 빠지게 되었습니다. 그래서 계속해서 죄를 지으면 악한 마귀는 우리 인간들에게 '삯,' 즉 임금(salary)을 주는데 무엇으로 주느냐 하면 '사망'으로 줍니다(롬 6:23, "죄의 삯은 사망이요"). 따라서 인간은 결국 죄로 인해 죽음에 이르게 되는 것입니다. 하지만 예수님께서는 십자가에서 우리의 죄를 대신 지시고 죽으시고 사흘 만에 다시 살아나심으로 이 죄와 죽음의 문제를 해결해 주셨습니다.

이러한 사실은 '독수리의 비유'를 통해 좀 더 쉽게 이해할 수 있습니다. 새의 왕이라고 하는 독수리는 자기 자녀들을 보호하기 위해 등에 업고 이동한다고 합니다. 그래서 만일 포수가 독수리 새끼를 총을 쏘아 떨어뜨리려면 먼저 독수리를 맞춰 떨어뜨려야 합니다.

이와 마찬가지로 하나님께서는 예수님의 부활의 능력을 덧입은 우리 신자들을 독수리가 자기 자녀 보호하듯이 등에 업고 다니십니다. 그래서 사망이 우리를 쏠지라도 절대로 우리를 떨어뜨릴 수가 없습니다. 왜냐하면 그것은 먼저 하나님을 쏘아 쓰러뜨려야만 하기 때문입니다. 독수리는 쏘아 떨어뜨릴 수 있을 지라도 하나님을 쏘아 쓰러뜨릴 수는 없습니다.

그래서 사도 바울은 소위 '부활 장'이라고 하는 고린도전서 15장에서 이렇게 당당히 외칩니다.

> "사망아 너의 승리가 어디 있느냐 사망아 네가 쏘는 것이 어디 있느냐 사망이 쏘는 것은 죄요 죄의 권능은 율법이라 우리 주 예수 그리스도로 말미암아 우리에게 승리를 주시는 하나님께 감사하노라"(고전 15:55-57).

◎ 다음은 누구 차례?

복음서는 예수님께서 세 차례에 걸쳐 죽은 사람을 다시 살리신 부활 기사를 소개하고 있습니다.

첫 번째는 회당장 야이로의 딸을 살리신 사건입니다(마 9:18-26). 주님께서 야이로의 요청을 받고 그의 집에 갔을 때 그의 딸은 막 죽어서 사람들이 곡(哭)을 하고 있었습니다. 예수님께서는 그들을 향해 "너희가 어찌하여 떠들며 우느냐 이 아이가 죽은 것이 아니라 잔다"하시고 방 안으로 들어가서 그 아이의 손을 잡고 "달리다굼"하니 죽은 소녀가 마치 자다가 깨어난 것처럼 일어나 걸어다녔습니다.

두 번째 부활 사건은 누가복음 7장에 나오는 나인 성 과부의 외아들을 살리신 사건입니다(눅 7:11-17). 이 청년은 죽은 지 여러 시간이 흘러 사람들이 그의 시신을 수습하여 상여에 메고 무덤을 향해 가고 있었습니다. 이때 이 행렬은 나인 성으로 들어오는 예수님의 일행과 맞닥뜨리게 되었습니다. 그때 예수님께서는 아들을 잃은 딱한 과부를 보고 불쌍히 여기사 "울지 말라" 하시고 가까이 가서 그 아들의 관에 손을 대시고 "청년아 일어나라"고 말하자 죽었던 자가 일어나 앉고 말도 하기도 했습니다. 이에 주님은 그의 어머니에게 아들을 인계하셨습니다.

그리고 세 번째 부활 사건은 요한복음 11장에 등장하는 주님의 친구 마리아와 마르다의 오라버니 나사로를 살리신 사건입니다(요 11:1-44). 나사로는 마르다가 말한 것처럼 죽어 장사 지내고 무덤 속에 나흘 간 머물러서 썩은 냄새가 펄펄 나는 상태에 있었습니다. 하지만 예수님께서는 그의 무덤을 막은 돌을 옮겨 놓으라고 명하시고 돌을 옮겨 놓자 하나님께 감사 기도를 드렸습니다. 그리고 큰 소리로 "나사로야 나오라"고 외쳤습니다. 이에 죽은 나사로가 수족을 베로 동인 채로 나오는데 그 얼굴은 수건에 싸여 있어서 예수님께서 풀어 놓아 다니게 하라고 하여 풀어 헤쳤습니다.

예수님께서는 이렇게 세 차례에 걸쳐 죽은 자를 다시 살리셨습니다. 처음에는 막 죽은 12살 소녀를, 그리고 그 다음에는 죽은 지 몇 시간 지난 20대 청년을, 그리고 마지막에는 죽은 지 나흘이나 된 30대 장년 나사로를 살리셨습니다. 점점 더 가능성이 없어 보이는 사람을 살리신 후, 마침내 자신이 죽은 지 사흘 만에 다시 살아나셨습니다.

그러면 과연 그 다음 차례는 누구일까요? 그것은 바로 주님을 믿고 그분과 영적으로 연합된 '저와 여러분'입니다. 우리는 이제 주님과 연결된 몸이기에 죽어도 영원히 잠들지 않고 다시 살아날 것입니다. 그러므로 이제 죽음은 더 이상 우리 신앙인들에게 두려움의 대상이 될 수 없습니다.

Z(Zion) 시온 승천

◉ 시몬 베드로와의 독대

예수님께서는 부활하신 후 승천하시기까지 지상에서 40일간 열한 번 이상 제자들에게 나타나셨습니다. 그 중의 하나가 요한복음 21장에 기록된 디베랴 호숫가에서 시몬 베드로와 독대하시는 장면입니다.

시몬 베드로와 여섯 제자들은 밤새 디베랴 호숫가에서 물고기를 잡았습니다. 그런데 누가복음 5장에서처럼 아무 것도 잡지 못했습니다.

날이 새어갈 때에 예수님께서 바닷가에 서서 "얘들아 너희에게 고기가 있느냐?"고 물으신 후에 없다고 하자 "그물을 배 오른 편에 던지라 그리하면 잡으리라"고 명령하셨습니다. 이에 대해 제자들은 순종하고 배 오른 편에 던지자 많은 물고기가 그물에 걸려서 들 수 없을 지경이 되었습니다(3-6절).

그제서야 요한이 예수님을 알아보고 베드로에게 "주님이시다"고 외치자 시몬은 잡은 물고기를 뒤로 한 채 한걸음에 주님에게 달려갔습니다. 다른 제자들이 잡은 물고기를 가져와서 그것을 숯불에 구워서 주님과 함께 아침식사를 했습니다(7-14절).

조반을 먹은 후 예수님께서는 베드로에게 "요한의 아들 시몬아 네가 나를 사랑하느냐?"고 세 번이나 집요하게 물으셨습니다(15-17절). 예수님께서 숯불을 사이에 두고 세 번 물으신 것은 전에 베드로가 장작불을 사이에 두고 세 번 자신을 부인했던 일을 염두에 두고 하신 질문이었습니다.

비록 예수님께서는 베드로의 과거 부인에 대해 입도 뻥긋하지 않았지만 이 질문을 받고 사랑을 고백하면서 베드로는 속으로 엄청나게 울면서 자신의 잘못을 회개했을 것입니다.

여기서 한 가지 특이한 것은 주님은 그를 '베드로'라고 부르지 않고 '시몬'이라고 불렀다고 하는 사실입니다. 이러한 호칭은 겉으로는 무슨 일이 있어도 예수님을 부인하지 않겠다고 큰 소리치지만 주님이 함께하지 않는 베드로는 반석이 아니라 보잘것없는 시몬(조약돌)에 불과하다는 것을 암시합니다.

본문에서 주님께서 세 번이나 똑같은 질문을 반복하신 것은 베드로의 과거를 추궁하시기 위함이 아니었습니다. 오히려 주님이 그를 얼마나 사랑하고 계시는가를 보여주시기 위함이었습니다. 그 자신이 먼저 상대방을 사랑하지 않고는 아무도 "네가 나를 사랑하느냐?"라고 물을 수 없습니다. 자기는 사랑하지 않으면서 남보고 자기를 사랑하느냐고 묻는 사람이 있다면 그는 위선자일 것입니다.

예수님 역시 마찬가지입니다. 베드로를 너무나 사랑하기 때문에 "베드로야, 네가 날 사랑하느냐?"고 물으시는 것입니다. 그러므로 주님의 질문에는 "내가 너를 너무나 사랑한단다"고 하는 뜻이 내포되어 있습니다.

이 질문을 세 번 받으면서 베드로의 심령은 예수님의 사랑으로 다시 데워지기 시작했습니다. 비록 주님이 자기를 가장 필요로 하실 때 무참하게 배신해 버렸던 베드로였지만 주님의 질문을 받는 순간 그는 자기를 향한 주님의 변함없는 사랑을 확인하게 되었던 것입니다.

이 예수님의 사랑은 베드로가 주님을 부인하면서 입었던 깊은 상처를 아물게 했습니다. 사랑은 사람을 치유하고 잘못된 관계를 회복시켜 주는 놀라운 힘이 있습니다. [41]

회복된 베드로에게 주님은 "내 양을 먹이라"는 목양의 사명을 주셨습니다 (15-17절). 여기서 주목할 점은 '네' 양이 아니라 '내' 양이라는 사실입니다. 그 양은 베드로, 즉 사역자의 양이 아니라 주님의 양인 것입니다. 그러므로 목회자는 주님께서 맡겨 주신 양떼들 위에 군림하려 들지 말고 주님 대하듯 양떼를 섬겨야 할 것입니다. 왜냐하면 진정한 리더쉽은 '섬김의 리더쉽(Servant-Leadership)'이기 때문입니다.

◉ 지상(至上) 대 위임령

요한은 부활하신 예수님께서 베드로를 찾아오셔서 그를 회복시켜 주시고 그에게 개인적으로 목양의 사명을 위임하신 것을 기록하고 있습니다. 이에 반해 마태는 주님께서 자신을 버리고 도망친 열한 제자 모두에게 나타나서 공식적으로 세계 선교의 대 위임령(the Great Commission)을 선포하는 것을 보도하고 있습니다(마 28:16-20).

예수님의 열한 제자들은 부활 직후 예수님께서 그들에게 지시한 대로 갈릴리에 있는 한 산으로 갔습니다(16절). 전통적으로 이 산은 '다볼 산'으로 간주되어 왔습니다.

이 산에서 주님은 제자들에게 "하늘과 땅의 모든 권세를 내게 주셨으니 그러므로 너희는 가서 모든 민족을 제자로 삼아 아버지와 아들과 성령의 이름으로 세례를 베풀고 내가 너희에게 분부한 모든 것을 가르쳐 지키게 하라"고 지상 대 위임령을 주셨습니다(18-20절 상).

이어서 "내가 세상 끝날까지 너희와 항상 함께 있으리라"는 말씀과 더불어 자신의 고별사를 마무리 했습니다(20절 하). 여기서 우리는 마태복음 첫 장(1:23)에서 예수님의 출생과 관련하여 언급된 엑소더스의 또 다른 표현인 '임마누엘' 예언이 "내가 세상 끝날까지 너희와 항상 함께 있으리라"는 주님의 선포와 함께 마지막 장(28:20)에서 성취되고 있는 것을 볼 수 있습니다.

마태는 자신의 복음서를 이처럼 '임마누엘' 사상으로 감쌈으로써 예수님 자신의 임재가 임마누엘 예언을 궁극적으로 성취하는 것이며, 따라서 예수님께서 죄의 엑사일에 있는 이스라엘 백성에게 엑소더스를 가져오는 다름 아닌 여호와 자신의 역할을 수행하고 계신 분임을 선언하고 있는 것입니다. 42)

예수님은 부활 직후 어느 시점에 갈릴리를 방문하여 다볼 산에서 열한 제자들에게 지상 대 위임령을 부여하신 후, 다시 예루살렘에 돌아오셔서 베다니에 있는 감람 산으로 가셨습니다(눅 24:50; 행 1:12). 그리고 거기서 손을 들어 그들을 축복하신 후 그들을 떠나 하늘로 올려지셨습니다(눅 24:51). 이로써 주님은 죄의 포로 상태(엑사일)에 있는 자신의 백성에게 구원(엑소더스)을 가져오는 예루살렘 여행 목적을 최종적으로 성취하게 되었습니다. 그리하여 시온에서 자신의 목적을 다 이룬 후에 예수님은 자기 아버지가 계신 곳으로 승천하시게 되었습니다. 예수님의 승천으로 말미암아 사도들은 새로운 시대가 전개되는 전환 시점에 놓이게 되었습니다.

사도들은 큰 기쁨으로 예루살렘에 돌아와 늘 성전에 있으면서 하나님을 찬양하였습니다(53절). 누가는 그의 복음서 첫 장을 성전에서 기도하며 메시아의 시대를 기다리는 경건한 사람들의 기록으로 시작했던 것같이 마지막

24장을 승천하신 주님이 약속하신 성령을 기다리면서 성전에서 찬양하는 제자들을 기록함으로 마감하고 있습니다.

1장에 기록된 사람들의 소망과 꿈이 세례 요한의 탄생과 메시아의 오심으로 이루어진 것같이 누가는 성령을 기다리는 제자들의 기대가 절망으로 끝나지 않고 이루어질 것을 바라보면서 기록을 끝내고 있는 것입니다. 그리고 이 제자들의 소망이 성취되는 사건은 사도행전에 기록되어 있습니다. [43]

Part 3

A to R 사도행전 일주 | 27~44일 |

역사서의 맨 첫 장인 사도행전 1장, 특히 8절의 '오직 성령이 너희에게 임하시면 너희
가 권능을 받고 예루살렘과 온 유대와 사마리아와 땅끝까지 이르러 내 증인이 되리라'
라는 말씀은 사도행전 전체를 이끌어 가는 로드맵입니다. 이제 이 길 안내 지도를 따
라 죄의 포로 상태에 놓여 있는 인류 구원의 대사명을 완수하고 예루살렘에서 승천
(Ascension)하시는 예수님의 기사로 시작하여 하나님의 말씀인 복음이 온 유대와 사
마리아 땅을 거쳐 당시 서방의 수도이자 땅끝 중의 하나인 로마(Rome)를 정복하는 기
사로 끝맺는 신나는 사도행전 알파벳 A to R 여행을 떠납시다. Let's go!

복음의 예루살렘 여행
(A to G)

Day 27

A(Ascension) 승천

◉ '복음'은 움직이는 거야

하나님의 말씀인 복음은 살았고, 운동력이 있어 결코 고인 물처럼 한 곳에만 머물러 있을 수 없습니다. 그래서 의사 누가는 누가복음의 후속편인 사도행전에서 갈릴리 가버나움에서 출발하여 막 예루살렘에 도착한 이 예수님의 복음이 계속해서 어떻게 확산되어 나가고 있는지에 대해 궁금해 하고 있던 자신의 독자 데오빌로에게 추가적으로 설명해 줄 필요성을 느꼈습니다.

누가는 이미 전편인 누가복음에서 이 데오빌로에게 주께서 공생애를 시작하실 때부터 공생애를 마무리하고 예루살렘에서 승천하실 때까지의 일대기를 들려준 적이 있었습니다.

"데오빌로여 내가 먼저 쓴 글에는 무릇 예수께서 행하시며 가르치시기를 시작하심부터 그가 택하신 사도들에게 성령으로 명하시고 승천하신 날까지의 일을 기록하였노라"(1:1-2).

　이제 누가는 자신의 복음서가 끝나는 예수님의 승천 기사를 다시 출발점으로 삼아 사도행전 네러티브를 이어나갑니다. 주님은 승천 직전에 제자들을 모두 불러모아 놓고 마지막으로 몇 마디 당부의 말씀을 했습니다.
　먼저, 그들에게 "예루살렘을 떠나지 말고 내게서 들은 바 아버지께서 약속하신 것을 기다리라"고 분부했습니다(4절). 제자들은 주님의 이 "예루살렘에 유하라"는 최후 명령에 그대로 순종했습니다.

> "제자들이 감람원이라 하는 산으로부터 예루살렘에 돌아오니 이 산은 예루살렘에서 가까워 안식일에 가기 알맞은 길이라"(12절).

　그래서 사도들은 마침내 10일 후 오순절 날 아버지께서 약속하신 것, 즉 '성령'이 그들의 머리 위에 임함으로써 교회사의 획을 긋는 '오순절 성령 강림'이라는 전무후무한 대(大) 기적 사건을 체험하게 될 것입니다.

● 예수님의 하나님 나라 vs 제자들의 하나님 나라

　주님의 당부의 말씀 후에 제자들의 질문이 이어졌습니다.

> "그들이 모였을 때에 예수께 여쭈어 이르되 주께서 이스라엘 나라를 회복하심이 이때니이까?"(6절).

　이 문장을 헬라어 원문 그대로 직역하면 "주여, 당신께서 이스라엘에 그 나라를 회복하시는 것이 바로 이때입니까?"가 됩니다. 이 제자들의 질문의 강조점은 이스라엘에 하나님 나라가 회복되는 때에 있습니다. 예수님께서는 언제 그 나라가 회복될 것인가에 대한 대답은 철저히 함구하셨습니다.

> "이르시되 때와 시기는 아버지께서 자기의 권한에 두셨으니 너희가 알 바 아니
> 요"(7절).

그것은 하나님 아버지의 고유 권한이기 때문에 인간이 자꾸 알려고 하는 것은 바람직하지 않다고 분명히 못을 박으셨습니다. 그러므로 우리 신앙인들은 자신이 하나님의 직통계시를 받아 그 날이 몇 년 몇 월 며칠이라고 구체적으로 거명하며 허튼소리를 지껄여대는 거짓 선지자들의 음성에 현혹되는 우(愚)를 범하지 말아야 할 것입니다.

그런데 6절에서 왜 제자들의 입으로부터 '회복'이라는 말이 나왔을까요? 왜냐하면 예수님 당시 이스라엘은 로마의 식민지였기 때문입니다. 이스라엘은 나라를 잃어버린 지가 꽤 오래 되었습니다. 중간에 마카비가 나타나서 이스라엘을 한 100년 정도 독립 국가처럼 회복시킨 적도 있었지만 그것도 다 일시적인 현상에 불과했고 결국 수백 년 동안 나라 구실을 제대로 못하고 바벨론, 페르시아, 이집트, 시리아, 그리고 마침내 로마의 속국이 되어 계속해서 압제와 착취 속에 고통 받고 있었습니다. 그래서 이스라엘 사람들은 오래 전부터 하나님께서 구약에 약속하신 메시아가 오기만을 간절히 사모하며 기다리고 있었습니다.

예수님의 제자들은 그 대망의 메시아가 바로 자기 스승이라고 생각하고 그를 통하여 이스라엘이 회복될 것을 기대하며 열심히 좇았습니다. 하지만 예수님이 십자가에 달려 돌아가시자 그런 기대를 잠시 접어 두고 있다가 죽

은 지 삼 일 만에 다시 부활하자 자신들의 기대도 동시에 살아나기 시작했습니다. 그래서 이런 죽음의 권세까지도 정복하실 수 있는 분이라면 로마 제국쯤이야 한 방에 두드려 엎고 이스라엘을 독립[회복]시켜 수백 년 동안 맺힌 이 민족의 한을 풀어줄 수 있을 것이라고 생각하고 "이스라엘 나라를 회복하심이 이때니이까?"라고 묻고 있는 것입니다. 이 질문 속에서 우리가 알 수 있는 것은 제자들이 꿈꾸는 하나님 나라는 '이스라엘 나라'라고 하는 사실입니다.

제자들이 생각하는 이스라엘 나라는 스승 예수가 생각하는 하나님 나라가 아니었습니다. 주님께서는 제자들이 성령을 받으면 자연스럽게 깨달을 것을 내다보셨기 때문에 하나님 나라에 대해 그들이 오해하고 있는 것을 즉석에서 책망하지 않으시고 자신의 생각만 그대로 피력하셨습니다.

> "오직 성령이 너희에게 임하시면 너희가 권능을 받고 예루살렘과 온 유대와 사마리아와 땅끝까지 이르러 내 증인이 되리라"(8절).

이 주님의 답변은 하나님 나라에 대해서 제자들이 가지고 있었던 두 가지 근본적인 문제점을 지적하고 있습니다.

첫째는, 제자들이 말하는 하나님 나라는 구체적으로 '이스라엘'이라고 하는 세상적인 나라를 지칭했습니다. 반면에 예수의 하나님 나라는 빌라도 앞에서 심문 받을 때 자신이 친히 증언했듯이(요 18:36), 그런 세속적인 하나님의 나라가 아니라 영적인 하나님 나라였습니다. 그러므로 예수님을 믿으면서도 여전히 내세에 갈 하나님 나라, 주님이 다스리는 영적인 하나님 나라에는 별로 관심이 없고 제자들처럼 어떻게 해서든지 이 땅에서 형통의 복을 누리고, 자녀손들이 다 잘 되고, 내 소원이 성취되는 데만 온통 자신의 주의를 집중하고 있다면 참으로 문제가 심각한 것입니다.

사실 오늘날 한국 교회가 세상을 감당하지 못하는 무력증에 빠져있는 이유는 온통 관심이 세상에 있기 때문 아닙니까? 우리가 지향하는 하나님 나라는 오직 내 가족이 잘 되는 하나님 나라, 내 남편 사업이 성공하는 하나님 나라, 내 자녀가 좋은 대학에 가는 하나님 나라 뭐 이런 것 아닙니까? 그러니까 이천 년 전에 사도들이 생각했던 하나님 나라나 오늘날 우리 신앙인들이 생각하는 하나님 나라나 별반 차이 없는 사촌지간 아닙니까? 나의 예수 믿는 목적의 대부분이 세상에 가 있다면 주님이 말하는 하나님 나라와는 결코 부합되지 않는 것입니다. 그렇다면 우리도 제자들처럼 엉뚱한 꿈을 꾸고 있는 것입니다. 이런 시각은 하루 빨리 교정될 필요가 있습니다.

둘째로, 제자들은 하나님의 나라를 단지 이스라엘이라는 영토와 백성에게만 국한시키려고 했다는 점입니다. 이러한 근시안적인 하나님 나라 관점을 예수님께서는 예루살렘에서 땅끝까지 대폭 확대시키셨습니다.

이 8절의 내용은 사도행전의 건물 청사진 혹은 내용 목차에 비유되기도 합니다. "예루살렘과 온 유대와 사마리아와 땅끝까지"라는 복음의 지리적인 확장은 사도행전이 대체적으로 그리고 있는 교회를 통한 예수님의 복음 사역의 전개 구도입니다.

1-7장은 예루살렘에서, 8-12장은 유대와 사마리아 지역에서, 13-28장은 안디옥에서 출발하여 소아시아 지역을 거쳐 로마까지 각각 복음의 전파와 확장을 기록하고 있습니다.

◉ '다수결'이 꼭 하나님의 뜻은 아니다

예수님은 제자들에게 세계 복음화의 청사진을 제시한 후, 예루살렘 동쪽 감람 산에서 부활한 지 40일 만에 하늘로 올라가셨습니다(9절).

바로 앞 5절("너희는 몇 날이 못되어 성령으로 세례를 받으리라")과 8절 ("오직 성령이 너희에게 임하시면 너희가 권능을 받고 … 내 증인이 되리라") 에서 제자들에게 성령을 보내주시겠다고 약속하셨기 때문에 예수님은 하늘로 올라가셨습니다. 이는 예수님의 승천이 있어야만 약속하신 성령을 이 땅에 보내주실 수 있기 때문입니다. 예수님의 승천은 성령 강림의 전제 조건이며 없어서는 안 될 필수 과정입니다.

사도들은 예수님이 승천 직전에 분부한 말씀을 기억하고 예루살렘으로 돌아왔습니다. 그리고 그들이 평소에 거하던 다락방으로 올라가서 이미 와 있던 다른 제자들과 함께 마음을 같이하여 기도에 힘썼습니다. 이 때 모인 무리의 수는 대략 백이십 명 정도였는데 그들 중에는 사도들과 예수님의 어머니 마리아와 다른 여인들 그리고 예수님의 아우들이 있었습니다(12-15절 상).

120문도가 함께 모여 기도하던 중에 베드로가 그들 가운데 일어나서 설교하기 시작했습니다(15절 하). 사도행전에는 여러 사람들의 설교(예를 들면, 7장의 산헤드린 공회 앞에서의 스데반의 설교, 15장의 예루살렘 종교회의 중의 야고보의 설교, 20장의 에베소 장로들 앞의 바울의 고별 설교)가 등장하는데 이 베드로의 설교는 그 중의 첫 번째에 해당하는 설교였습니다.

베드로는 비록 모인 무리들에게 긴 설교를 했지만 자신이 말하고자 하는 요지는 간단했습니다. 가룟 유다가 예수님을 배신하고 스스로 목을 매 죽음으로써 사도의 한 자리가 비게 된 것은 하나님께서 시편 69편 25절("그들의 거처가 황폐하게 하시며 그들의 장막에 사는 자가 없게 하소서")에 다윗을 통해 예언한 말씀을 성취하신 사건이기 때문에(16, 20절 상), 이제 120문도들은 유다의 그 빈자리를 채울 사람을 세움으로써 또 다른 시편 예언, 즉

시편 109편 8절("그의 직분을 타인이 취하게 하시며")을 성취해야 한다는 것이었습니다(20절 하). 그래서 두 인물이 천거되었는데 한 사람은 요셉이었고 또 다른 한 사람은 맛디아였습니다.

> "그들이 두 사람을 내세우니 하나는 바사바라고도 하고 별명은 유스도라고 하는 요셉이요 하나는 맛디아라"(23절).

저자 누가가 이 두 인물을 소개할 때 좀 특이한 점이 발견되는데 요셉에 대해서는 좀 더 구체적으로 설명하고 맛디아에 대해서는 단순하게 한마디로 그의 이름만 소개하고 있다고 하는 사실입니다. 두 후보 중에 한 사람이 이름을 셋(본명은 요셉이고, 별명이 바사바와 유스도)이나 가지고 있다는 사실은 그가 사람들에게 널리 알려진 유력한 인물이라는 것과 더 나아가서 120문도들은 덜 알려진 맛디아보다는 요셉이 선택되기를 은근히 기대했다고 하는 것을 암시합니다.

그들의 마음은 더 유력한 요셉을 택하고 싶었지만 자기들 마음대로 결정하는 것을 원하지 않고 12사도를 선택하기 위해 예수님이 밤새도록 기도하셨던 것처럼(눅 6:13), 한마음으로 기도하면서 하나님의 뜻에 모든 것을 맡겼습니다. 이러한 점은 오늘날 한국 교회가 본받아야 할 모습입니다. 교회에서 일꾼을 세울 때 세상적인 명성이나 학연, 지연 혹은 인연에 따라서 하는 경향이 있는데 이는 여기 초대교회의 일꾼 세우는 모습을 본받아 반드시 지양되어야 할 것입니다. [44]

결국 제비를 뽑아 한 사람을 결정했을 때 '하나님의 선물'이란 의미의 이름을 지닌 '맛디아'가 선택되어 그가 열한 사도의 수에 들어가게 되었습니다(26절). 사도직은 제아무리 뛰어난 학식과 평판이 있다하더라도 하나님의 전적인 은혜 없이는 불가능합니다. 사람의 눈에 그럴 듯하게 보인 화려한 요셉이 탈락하고 변변히 내세울 것없는 초라한 맛디아가 사도로 선출된 것은 인간의 생각과 하나님의 생각이 같지 않을 수도 있다는 사실을 여실히 보여준 사건이었습니다. 베스트셀러가 꼭 양서(良書)는 아니듯 다수결이 반드시 하나님의 뜻은 아니었습니다.

B(Baptism) 오순절 성령 세례

◎ 약속의 성취

예수님께서는 공생애 사역을 본격적으로 시작하시기 전에 먼저 열두 사도를 세웠습니다(눅 6:12-16). 이와 마찬가지로 남은 제자들도 주님께서 맡기신 세계 선교 사역을 정식으로 담당하기에 앞서 유다의 배신으로 결원된 사도직을 맛디아로 보충함으로써 열두 사도의 원형을 회복하였습니다(행 1:15-26). 이로써 이들은 예수의 증인으로서 지상 대 위임령을 감당할 만반의 채비를 갖추었습니다.

이제 남은 한 가지는 첫 장에서 주님께서 승천하시기 전에 약속하신 '성령의 권능'을 덧입는 일뿐이었습니다. 그리고 드디어 '때가 차매' 주님께서는 약속하신 대로 성령을 보내주셨습니다.

"오순절 날이 이미 이르매 그들이 다같이 한 곳에 모였더니 홀연히 하늘로부터 급하고 강한 바람 같은 소리가 있어 그들이 앉은 온 집에 가득하며 마치 불의 혀처럼 갈라지는 것들이 그들에게 보여 각 사람 위에 하나씩 임하여 있더니 그들이 다 성령의 충만함을 받고 성령이 말하게 하심을 따라 다른 언어들로 말하기를 시작하니라"(2:1-4).

1절에서 저자 누가는 일부러 날이 '완전히 찼다'는 의미를 가진 동사('심프레로오')를 사용하여 제자들이 기다리던 기간(10일)이 다 찼음을 보여줄 뿐만 아니라 이 날의 성령 강림이 결국 주님께서 1장 5절("너희는 몇 날이 못되어 성령으로 세례를 받으리라")에서 하신 약속의 성취임을 분명히 했습니다.

○ 술 취해서 쉰 소리하는 것이 아니다

오순절 날에 120문도가 한 장소에 모여 있을 때 성령 강림의 표로 세 가지 초자연적 현상이 발생했습니다. 먼저 귀로 들을 수 있는 "하늘로부터 오는 급하고 강한 바람 같은 소리"가 있었습니다. 이어서 눈으로 볼 수 있는 "불의 혀 같이 갈라지는 것들"이 있었습니다. 끝으로 각 사람이 성령의 말하게 하심을 따라 "다양한 외국어 방언"을 하기 시작했습니다.

오순절 날 예루살렘의 한 곳에 모여 있던 제자들에게 성령이 임했을 때 천하 만국 출신의 경건한 유대인들도 예루살렘에 함께 머물고 있었습니다(5절). 이 사람들의 귀에 제자들이 자기네 말로 방언하는 소리가 들리자 호기심이 발동하여 제자들의 회합 장소로 구름 떼같이 몰려들었습니다.

몰려온 사람들의 첫 번째 반응은 '의아함'이었습니다. 어떻게 외국어를 전혀 배워 본 경험이 없는 갈릴리 촌뜨기들이 무려 15개 국어를 이렇게 유창하게 말할 수 있는가 도무지 이해가 가지 않았습니다. 그래서 그들은 몹시 놀라고 당황하면서 이 일이 어찌 된 것인지 자초지종을 알고 싶어했습니다(6-12절).

놀라움 뒤에는 '조롱'이 뒤따랐습니다. 사람들은 자기들이 듣고 보는 사실을 부인할 수는 없었지만 이해할 수 없었으므로 몹시 당황했습니다. 그래서 그런 현상을 본 사람들 중에 하나님의 역사하심을 믿지 못하는 어떤 이들은 방언으로 말하는 제자들을 두고 새 술에 취하였다며 조롱하기도 했습니다(13절)

이렇게 의아해하고 조롱하는 무리들에게 제자들 중 누군가 나서서 이 하나님의 놀라운 역사를 설명해 줄 필요가 있었습니다. 그래서 제자들의 대표격인 베드로가 일어나서 장문의 설교를 했습니다. 베드로는 먼저 조롱하는 이들을 향해 자신들이 술 먹고 혀 꼬부라진 소리하고 있는 것이 아님을 분명히 했습니다.

"때가 제 삼 시니 너희 생각과 같이 이 사람들이 취한 것이 아니라"(15절).

제자들은 지금 '그류코스'라는 아직 다 발효되지 않은 신선하고 달콤한 포도주에 취해서 쉰 소리하고 있는 것이 아니었습니다. 왜냐하면 때가 '제 3 시,' 즉 우리 시각으로 오전 9시였기 때문입니다. 이 이른 아침에는 술고래들과 주연에 참가하는 사람들조차도 술을 입에 대지 않는 것이 유대 나라에서 하나의 문화요 전통이었습니다. 45)

◉ 신약 교회의 탄생

사도 베드로는 "우리네 관습에서 이렇게 이른 아침시각부터 낮 술하는 사람이 누가 있느냐?"고 조롱하는 이들을 크게 호통친 후에, 구약 본문들을 세 군데나 구체적으로 인용하면서 오순절 성령 강림 사건의 의미를 예수의 삶과 직접 연결시켰습니다.

먼저 베드로는 지금 그들이 보고 있는 제자들의 외국어 방언 현상은 예수께서 승천하셔서 성령을 보내주심으로 말미암아 '말세에 모든 육체에게 성령을 물 붓듯 부어주리라'고 약속한 요엘서 2장 예언이 성취되고 있는 것이라고 예루살렘 거민들에게 설명해 주었습니다(16-21절).

그리고 추가적으로 두 편의 시편(시편 16편과 110편)을 인용하여 예수가 메시아로 와서 큰 권능과 기사와 표적을 그들 앞에 많이 베풀었으나 예루살렘 사람들은 무지하여 그를 영접하지 않고 오히려 법 없는 자의 손을 빌려 죄 없는 예수를 십자가에 못 박아 죽게 했지만 하나님께서 그를 다시 살리시고 하늘로 올리셔서 '주와 그리스도'가 되게 하셨다고 증거하였습니다(22-36절).

베드로의 이 말을 들었던 자들은 마음이 찔렸습니다. 37절 전반부의 '마음에 찔려'라는 표현은 날이 뾰족한 송곳 같은 것으로 사람의 심장을 있는 힘껏 찌르는 것을 의미합니다.

그들은 그동안 예수를 자기들이 죽였다고 생각하지 않았습니다. 빌라도나 로마 군병들이 죽였다고 생각했습니다. 그러다가 "너희들이 십자가에 못 박은 이 예수, 법 없는 자들의 손을 빌어 죽인 예수는 그들이 죽인 것이 아니라 너희가 죽였다"(22-23절)라는 사도 베드로의 충격적인 선언을 듣고 그제서야 자신들이 저지른 죄를 깨닫고 양심의 가책을 뼈저리게 느꼈던 것이었습니다.

자신들이 저지른 죄로 인해 마음의 고통스러운 충격을 감당하지 못한 이들의 이어진 반응은 "우리가 어찌할꼬?"였습니다(37절 하). 이 질문은 자신들의 한계를 겸손히 인정하고 '어떻게 해야 우리가 구원을 얻을 수 있겠습니까?'라고 묻는 것입니다.

그래서 베드로는 "너희가 회개하여 각각 예수 그리스도의 이름으로 세례를 받고 죄 사함을 받으라 그리하면 성령의 선물을 받으리라"고 주문했습니다(38절). 그리고 베드로의 이 권면에 순종하여 그들이 자신들의 죄를 철저히 회개하고 주님의 이름으로 세례를 받음으로써 구원받게 되었습니다(41절 상).

이 날 하루 구원받은 사람이 무려 '삼천 명'이나 되었습니다(41절 하). 오순절 성령 강림으로 결국 신약 교회가 태동된 것입니다.

C(Cure) 못 걷게 된 자 치유

● 시간을 정해 놓고 기도하라

사도행전 2장과 3장은 흥미로운 대조를 이룹니다. 2장에서 베드로는 '설교가(preacher)'였습니다. 그러나 3장에서는 '기적을 행하는 자(miracle worker)'로 등장합니다. 2장에서는 '삼천 명'이라는 다수가 주님께 돌아왔다면, 3장에서는 '단 한 명'이 구원받습니다. 3장은 이렇게 시작합니다.

"제 구 시 기도 시간에 베드로와 요한이 성전에 올라갈새"(1절).

베드로와 요한은 야고보와 더불어 예수님의 최 측근 3인방이었습니다. 그리고 동시에 '기도하는 사람들'이었습니다. 이들은 기도 시간을 정해 놓고 기도했습니다. 이들이 기도한 시간은 '제 9시'였습니다. 이는 우리 시각으로 오후 3시에 해당됩니다. 이스라엘은 사막 지역으로 이 시간이 가장 활동하기 힘든 시간 중 하나였습니다. 하지만 이런 시간대를 이용해서 두 사도는 열심히 하나님께 기도 드렸습니다.

기도는 일정한 시간을 정해 놓고 해야 합니다. 경건한 유대인들은 하루에 3번, 즉 오전 9시, 오후 3시, 오후 6시(오전 9시, 12시, 오후 3시라는 얘기도 있습니다)에 정기적으로 기도했다고 합니다. 이렇게 기도 시간을 정해 놓고 하나님을 만나는 사람은 결코 실패하지 않습니다.

◉ 기도의 '동지'를 확보하라

베드로와 요한은 성경에 종종 함께 등장합니다. 베드로와 요한은 안드레와 야고보와 더불어 갈릴리 호숫가에서 함께 고기를 잡던 동업자였습니다(눅 5:10). 이 둘은 주님을 위해 최후의 유월절 만찬을 같이 준비했습니다(눅 22:8). 부활절 아침에도 함께 예수님의 무덤을 향해 달려갔습니다(요 20:3-4). 그리고 여기 사도행전 3장에서 함께 기도하러 성전으로 올라갔습니다.

베드로와 요한은 함께 기도하는 '기도의 동지(同志)'였습니다. 기도에는 이와 같이 함께할 '동지'가 있어야 합니다. 기도에는 '후원자'가 필요합니다. 후원자 없는 신앙생활은 외롭고, 고달픕니다. 그러므로 기도는 혼자 하는 것보다 같이 하는 것이 좋습니다.

베드로와 요한은 예수님의 최 측근 제자들이었습니다. 그래서 오늘날 같으면 "나는 예수님의 수제자야," "나는 예수님의 가장 사랑 받던 제자야"라고 자기 주장하며 서로 주도권 싸움을 했을 것입니다. 서로 다툼이 있었을 것입니다. 하지만 경쟁관계에 있었어야 할 두 사람이 기도의 동역자가 됨으로 상호 보완하는 관계가 되었습니다. 함께 기도함으로써 서로 도와주는 관계가 되었습니다. '환상의 콤비'가 되었습니다. 이렇게 함께 기도

하는 사람들 사이에는 경쟁이나 시기나 질투는 결코 있을 수 없습니다. 오늘날 교회의 지도자라고 하는 목사와 장로들 간에, 그리고 장로들과 장로들 사이에 다툼이 있는 것은 서로 손에 손을 잡고 기도하는 일이 없었기 때문입니다.

예수님은 "두세 사람이 내 이름으로 모인 곳에는 나도 그들 중에 있느니라"고 약속하셨습니다(마 18:20). 초대교회 성도들은 이 약속의 말씀을 믿고 함께 모여 한마음으로 오로지 기도에 힘썼습니다(행 1:14). 이렇게 한 자리에 모여 합심해서 기도할 때 성령이 그 개개인에게 역사하여서 각자의 마음을 두드리고 교정시켜 줍니다. 그래서 결국 다양한 마음들이 하나님의 마음으로 통일됩니다. 합심 기도를 통해 개개인의 이기적인 마음과 충동들이 하나님의 마음으로 하나가 됩니다.

◉ 생명의 빵을 주라

베드로와 요한이 기도하러 성전에 올라갔을 때 성전 동쪽 미문(美門)에서 구걸하는 나면서부터 못 걷게 된 걸인을 보게 되었습니다. 그래서 베드로는 그를 주목하며 "우리를 보라"고 소리쳤습니다(4절). 이 말을 듣고 걸인은 그들에게 무엇을 얻을까 하여 바라보았습니다(5절).

그러면 황금을 방불케 하는 화려한 고린도의 동(銅)으로 만들어진 미문 앞에 앉아 구걸하던 이 선천성 환자가 원했던 것은 무엇이었을까요?

그것은 두 말 할 것도 없이 '금과 은,' 즉 빵을 살 '돈'이었습니다. 하지만 초대교회 신자들은 자신들의 소유와 재산을 팔아 필요한 자들에게 나눠주기 위해 그 재원을 공동 관리하였기에 두 사도는 그에게 줄 돈이 없었습니다(행 2:44-45). 그래서 베드로는 "은과 금은 내게 없거니와"라고 외쳤습니다

(6절 상).

사도는 그저 적선 몇 푼 하는 것으로 자신의 종교적 의무를 다했다고 생각하지 않고 이 불쌍한 병자의 실질적인 문제에 관심을 보였습니다. 그에게는 빵도 필요했지만 진짜 필요했던 것은 생명의 빵(요 6:35)인 예수 그리스도였습니다.

육신의 빵은 한 끼의 요기는 될 수 있어도 사마리아 야곱의 우물물처럼 먹고 나면 또 다시 갈증을 느낄 수 밖에 없습니다. 그러나 생명의 빵인 예수 그리스도는 영원히 목마르지 않는 영생수입니다(요 4:13-14). 그러므로 우리 신앙인들은 불신자들에게 빵보다는 '복음'을 주어야 합니다. 은과 금보다는 '예수'를 주어야 합니다.

○ '예수'를 주목하라

사도 베드로는 "나사렛 예수 그리스도의 이름으로 일어나 걸으라"고 명령하면서 그 나면서부터 걷지 못하는 걸인의 오른손을 잡았습니다. 베드로의 손을 잡는 그 순간 이 장애우는 자신을 일으키기 위한 주님의 자비와 사랑의 손길을 느낄 수 있었습니다. 그래서 발과 발목에 힘을 얻고 벌떡 일어날 수 있었습니다(7절). 기적이 일어났습니다.

나사렛 예수의 이름, 즉 예수의 권세로 회복된 이 걸인은 너무 기뻐서 자신의 기쁨을 주체하지 못하고 주님의 전인 성전에서 경망스럽게 뛰기도 하고 걷기도 하고 하나님을 큰 소리로 찬양했습니다.

그가 얼마나 오도방정(?)을 떨었던지 성전 안에 있던 모든 백성이 그를 주목하여 보았습니다. 그리고 그가 본래 성전 미문에 앉아 구걸하던 나면서부터 걷지 못하게 된 자라는 사실을 알고 심히 놀라서 솔로몬의 행각에 있는 그와 베드로, 요한에게 일제히 달려왔습니다(8-11절).

베드로는 이 솔로몬의 행각에 모여든 이스라엘 백성들이 행해진 치유 사건을 통해 자기와 요한을 주목하자 "이스라엘 사람들아 이 일을 왜 놀랍게 여기느냐 우리 개인의 권능과 경건으로 이 사람을 걷게 한 것처럼 왜 우리를 주목하느냐?"고 소리치며 그들의 관심과 초점을 예수님께로 돌렸습니다(12절). 베드로와 요한은 그리스도께 돌아가야 마땅할 영광을 자신들이 중간에서 가로채지 않고 전적으로 그리스도에게 돌렸습니다.

바울도 "그러나 내가 나 된 것은 하나님의 은혜로 된 것이니 내게 주시는 그의 은혜가 헛되지 아니하여 내가 모든 사도보다 더 많이 수고하였으나 내가 한 것이 아니요 오직 나와 함께 하신 하나님의 은혜로라"고 하나님께 영광을 돌렸습니다(고전 15:10). 이러한 '무익한 종'의 태도가 바로 주의 일을 하는 사역자들의 바른 자세인 것입니다.

D(Daring Witness) 담대한 증거

◉ 예수님처럼 고난 받는 사도들

베드로의 솔로몬 행각 설교는 한편으로는 몰려든 일반 백성들의 상당수를 회심시켰지만 다른 한편으로는 유대 종교지도자들의 심기를 건드려 사도들은 옥에 갇히게 되었습니다.

> "(베드로와 요한이) 예수 안에 죽은 자의 부활이 있다고 백성을 가르치고 전함을 싫어하여 그들을 잡으매 날이 이미 저물었으므로 이튿날까지 가두었으나"(4:2).

사도들의 가르침을 방해하고 그들을 체포한 장본인들은 제사장들, 성전 맡은 자와 사두개인들이었습니다(1절). 제사장들은 성전에서 백성들을 가르칠 수 있는 합법적인 권한을 유일하게 가진 자들이요, 성전 맡은 자는 성전의 수비대장으로 성전과 성전 주위의 질서와 치안 유지를 총책임지고 있는 자이며, 사두개인들은 종교 귀족들로 죽은 자의 부활을 부인하는 자들입니다.

베드로와 요한이 이들의 심기를 불편하게 했던 이유는 성전에서 백성을 가르칠 권세가 전혀 없는 사도들이 하나님의 백성을 가르친 것과 예수 안에서 죽은 자들의 부활을 선포한 것이었습니다. 전자는 직접적으로 제사장들과 성전 수비대장에 관련된 문제였고, 후자는 부활을 부인하는 사두개인들에게 문제가 되었습니다.

그들은 예수님이 성전에서 그들의 권위에 도전할 때 참지 못했듯이(눅 20:1-8), 그의 제자들이 그리할 때 역시 참지 못했습니다. 누가는 이미 예수께서 그들과의 논쟁에서 승리하신 사실을 기록했기 때문에 여기서도 제자들 역시 승리할 것을 예고합니다. [46)]

◉ '예수'만이 구원이다

사도들은 옥에서 하룻밤을 보내고 다음 날 심문을 받기 위해 산헤드린 공회 앞에 섰습니다. 이스라엘 지도자들은 베드로와 요한을 가운데 세우고 "너희가 무슨 권세와 누구의 이름으로 이 일을 행하였느냐?"고 물었습니다 (5절). 베드로는 부활하신 예수 그리스도의 이름과 권세로 이 일(못 걷게 된 이의 치유 이적)이 일어났다고 대답했습니다(6-10절). 그리고 나서 예수님의 정체를 건축자들의 버린 돌이 모퉁이의 머릿돌이 되신 분이라고 밝히고 그 예수 외에는 구원이 없음을 분명히 말했습니다(11-12절).

오늘날 소위 '종교 다원주의자'라고 하는 사람들은 산 정상은 하나이지만 그 정상에 오르는 길은 여럿인 것처럼 구원은 하나이지만 그 구원을 이루는 방법 또한 여럿 있는데 '왜 기독교에만 구원이 있다고 하는가? 어째서 예수를 믿어야만 구원이 있다고 말하는가?'라고 반문하면서 타종교에도 구원이 있다고 주장합니다.

정말 그렇습니까? 불교에 구원이 있습니까? 유교에 구원이 있습니까? 회교에 구원이 있습니까? 석가나 공자나 마호메드를 믿어도 구원 받습니까? 결단코 그렇지 않습니다. 기독교에만 구원이 있습니다. 예수 외에는 구원이 없습니다. 다른 이로서는 구원을 얻을 수 없습니다. 오직 예수, 예수 그리스도만이 인류의 유일한 구세주이십니다.

석가나 공자, 마호메드가 제아무리 훌륭한 성자일지라도 그들은 우리와 같은 인간이요 죄인에 불과합니다. 죄인은 죄인을 구할 수 없고, 물에 빠진 자는 물에 빠진 자를 구할 수 없습니다. 하지만 예수님은 하나님이십니다. 그분이 죄로 죽어가는 인류를 구원하시기 위해 인간이 되셨고 인류의 죄를 대속하기 위해 십자가에서 피 흘려 죽으셨습니다. 그리고 다시 살아나심으로써 구원의 문을 활짝 열어 놓으셨습니다. 그러므로 '예수'만이 구원입니다. '십자가'가 유일한 구원의 방편입니다.

● 성령 받으면 '깡'이 생긴다

베드로의 거침없는 대답에 유대 종교지도자들은 엄청난 충격을 받았습니다.

> "그들이 베드로와 요한이 담대하게 말함을 보고 그들을 본래 학문없는 범인으로 알았다가 이상히 여기며"(13절 상).

이들이 놀란 이유는 사도들의 '담대함' 때문이었습니다. 예전에 베드로는 비겁하고 소심한 '시몬'이었습니다. 그래서 힘 없는 계집종 앞에서조차 예수와 한패라는 사실이 탄로나서 잡혀 죽을까 봐 겁을 잔뜩 집어 먹고 스승을 세 번이나 부인했습니다(마 26:69-75). 그러나 그 겁쟁이 시몬이 지금 서슬이 시퍼런 이스라엘 지도자들 앞에서 용사 '베드로'가 되어 기탄없이 할 말을 다하고 있기 때문에 심문자들은 놀랐던 것입니다.

베드로가 세상 말로 이렇게 깡다귀가 생긴 이유가 뭡니까? 그것은 성령께서 그의 심령에서 강하게 역사하셨기 때문입니다(8절, "성령이 충만하여"). 옛 술인 소주나 막걸리에 취하면 '객기'가 생깁니다. 그래서 '만용'을 부립니다. 하지만 새 술인 성령에 취하면 '깡,' 즉 '배짱'이 생깁니다. 그래서 베드로와 요한처럼 '용기'를 발휘할 수 있는 것입니다. 선천적으로 겁이 많습니까? 공포에 사로잡혀 있습니까? 성령 받으면 담대해질 수 있습니다. 성령 충만하면 두려움이 사라질 것입니다.

그러므로 사도 베드로처럼 성령 받아서 변하여 새 사람 되시기를 축원합니다(삼상 10:6, "여호와의 신이 크게 임하리니 … 변하여 새 사람 되리라").

● 기도로 만 가지 장벽을 허물라

성령이 주신 담대함을 당해 낼 재간이 없자 종교지도자들은 공회 석상에서 베드로와 요한을 잠시 밖으로 내보내고 서로 의논을 했습니다(15절). 이들은 두 사도들로 인해 일어난 나면서 못 걷게 된 걸인 치유 사건은 예루살렘에 사는 모든 사람이 다 아는 유명한 표적이었으므로 더 이상 부인할 수 없다는 결론을 내렸습니다(16절). 그래서 그들을 다시 불러 도무지 예수의 이름으로 말하지도 말고 가르치지도 말라고 경고했습니다(18절).

이에 베드로와 요한은 한목소리로 "하나님 앞에서 너희의 말을 듣는 것이 하나님의 말씀을 듣는 것보다 옳은가 판단하라 우리는 보고 들은 것을 말하지 아니할 수 없다"고 거절의 뜻을 분명히 했습니다(19-20절). 그들 앞에 이 치유 이적으로 병이 나은 확실한 물증(22절, 사십여 세 된 나면서 못 걷게 됐던 자)이 엄연히 있고 사도들을 처벌했다가는 사건의 전후 관계를 다 알고 있는 백성들이 어떤 일을 벌일지 몰라서 관리들은 베드로와 요한을 한 번 더 위협한 후 놓아주었습니다(21절).

사도들은 풀려나자마자 성도들이 모여 있는 곳으로 달려갔습니다. 그리고 그들에게 주님의 이름으로 전도하지도 말고 가르치지도 말라는 제사장들과 장로들의 경고와 위협의 말을 전해 주었습니다(23절). 두 사도의 보고를 들은 온 교인들은 박해자들의 위협에 굴복하지 않고 담대히 복음을 전할 수 있게 해달라고 합심하여 하나님께 기도 드렸습니다(24-30절). 하나님께서는 그들의 기도에 즉시 응답하셨습니다.

"빌기를 다하매 모인 곳이 진동하더니 무리가 다 성령이 충만하여 담대히 하나님의 말씀을 전하니라"(31절).

초대교회는 기도로 모든 장벽을 뚫는 교회였습니다. 오순절 날 다같이 한 곳에 모여 기도할 때 성령이 강림했습니다(2:1). 온 교회가 오로지 기도에 힘쓸 때 폭발적인 부흥이 일어났습니다(2:42, 47). 박해의 위협에 굴복하지 않게 용기를 달라고 일심으로 빌었을 때 모인 곳이 진동하며 무리가 성령이 충만하여 담대히 하나님의 말씀을 증거할 수 있었습니다(4:31). 베드로가 옥에 갇혔을 때 온 교회가 모여 간절히 하나님께 간구하자 옥문이 열렸습니다(12:5, 10).

1세기 예루살렘에 살던 성도들은 기도로 자신들 앞을 가로막고 있던 오만 가지 장벽들, 난관들을 모조리 허물어 버렸습니다. 그러므로 21세기 동방의 예루살렘에 살고 있는 우리도 하나님께 뜨겁게 기도함으로써 우리 앞에 닫혀 있는 문이란 문들은 죄다 열어 젖혀야겠습니다.

○ '권위자' 바나바

예루살렘 교회가 합심하여 기도한 후 성령을 충만히 받아서 담대히 하나님의 말씀을 전했다는 보도에 뒤이어 이 교회의 아름다운 공동체 생활에 관한 기사가 나옵니다.

> "믿는 무리가 한마음과 한뜻이 되어 모든 물건을 서로 통용하고 자기 재물을 조금이라도 자기 것이라 하는 이가 하나도 없더라 사도들이 큰 권능으로 주 예수의 부활을 증언하니 무리가 큰 은혜를 받아 그 중에 가난한 사람이 없으니 이는 밭과 집 있는 자는 팔아 그 판 것의 값을 가져다가 사도들의 발 앞에 두매 그들이 각 사람의 필요를 따라 나누어 줌이라"(32-35절).

누가는 초대교회의 아름다운 구제 사역을 "밭과 집이 있는 자는 팔아 그 판 것의 값을 가져다가 사도들의 발 앞에 두매 그들이 각 사람의 필요를 따라 나누어 줌이라"는 진술로 마무리하면서(34-35절), 자신의 재산을 처분하여 교회에 구제 헌금을 바친 구체적인 한 사례를 제시합니다.

> "구브로에서 난 레위족 사람이 있으니 이름은 요셉이라 사도들이 일컬어 바나바라(번역하면 권위자[위로의 아들]라)하니 그가 밭이 있으매 팔아 그 값을

가지고 사도들의 발 앞에 두니라"(36-37절).

신약 성경에 무려 30번이나 언급되는 바나바의 본명은 '요셉'이었습니다. 그런데 그는 자신의 본명보다는 사람들이 지어준 '바나바,' 즉 '권위자'라는 별명으로 더 잘 알려져 있었습니다.

여기서 '권위자(勸慰者)'라는 말은 어떤 방면의 전문가를 뜻하는 것이 아니라 권고하고 위로하는 자를 의미합니다. 자기의 닉네임에 어울리게 바나바는 밭을 팔아 그 값을 가지고 사도들의 발 앞에 두었습니다. 그가 드렸던 밭은 적지 않은 것이었습니다. 밭에 해당하는 헬라어 '아그로스(agros)'는 제법 규모가 있는 밭을 의미하기 때문입니다.

35절과 37절에 '사도들의 발 앞에 두었다'는 표현은 이어지는 5장의 아나니아와 삽비라의 경우에도 그대로 사용되었는데(5:2), 이는 사도들에게 개인적으로 선물했다는 말이 아니고 사도들이 구제금을 궁핍한 교인들에게 나누어주는 책임을 지고 전적으로 관여했음을 나타내는 말입니다. 여기에 언급된 사도들의 기부금 관리와 배분은 6장에 기록된 구제금의 불공평한 배분 사건으로 인해 야기된 문제를 준비시킵니다.

아울러, 누가가 사도들의 발 앞에 구제금을 기탁한 많은 성도들 중 바나바 한 사람을 예로 든 것은 곧 이어지는 5장에 나오는 그 반대의 경우인 아나니아와 삽비라의 부정직한 재산 기탁 행위를 예시합니다.

E(Enemy) 교회의 대적 아나니아

◉ 변장의 마술사

4장이 요셉 바나바의 모범적인 사례로 끝났다면 5장은 아나니아와 삽비라 부부의 타산지석적인 사례로 시작합니다. 이 둘은 외형상 모두 재산을 팔아 사도들에게 줬지만, 전자는 칭송을 받았고, 후자는 정죄를 받게 되었습니다. 아나니아와 삽비라 부부는 바나바가 재산을 교회에 기탁한 다음에 교인들에게 인정과 존경을 받게 되자 자신들도 남들의 이목을 끌기 위해 소유를 팔았던 것 같습니다.

"아나니아라 하는 사람이 그 아내 삽비라로 더불어 소유를 팔아"(5:1).

하지만 불순한 동기는 온전한 헌신을 이끌어낼 수 없었습니다. 막상 바치려니까 '이 돈 다 갖다 주면 우리는 뭘 먹고 사나!'하는 생각이 들었습니다.

그래서 일부만 기부했습니다.

"그 값에서 얼마를 감추매 그 아내도 알더라 얼마만 가져다가 사도들의 발 앞에 두니"(2절).

참된 선(善)은 동기가 순수해야 합니다. 표나 의식해서 선거 때만 반짝 고아원이나 양로원을 방문해서 구제하는 것은 진정한 선행이라 볼 수 없습니다. 아나니아의 헌신의 동기 또한 때문은 정치가들처럼 하나님 중심이 아니라 사람 중심이었습니다. 예수님께서는 이렇게 사람을 의식해서 행하는 바리새인과 서기관들을 가리켜서 '외식하는 자들'이라고 책망하셨습니다(마 23:23-36).

본래 '외식자(hypocrite)'라는 말은 '가면 배우'를 뜻하는 헬라어 '히포크리테스(hypocrites)'라는 말에서 유래되었습니다. 희랍의 배우들은 극장에서 연극을 하게 되면 한 가지 역할만을 맡는 것이 아니라 경우에 따라서 두 가지 이상의 배역을 맡기도 했다고 합니다. 그래서 미리 마련한 여러 가면들을 번갈아 쓰고 관객들 앞에서 연기를 했습니다.

혹시 저와 여러분도 이 배우들처럼 상황에 따라서 가면을 바꿔 써가며 주님 앞에서 쇼를 하고 있는 사람들은 아닌지요? 다른 사람은 몰라도 신자가 이러한 외식의 가면을 쓰고 이중 인격자로서 인생을 살아간다면 그는 심각한 결과에 직면하게 될 것입니다. 이는 열왕기상 22장이 잘 보여줍니다.

선지자 미가야는 이스라엘 왕 아합이 길르앗 라못으로 아람 군대와 싸우러 올라가면 죽으리라는 예언을 했습니다(왕상 22:17). 이 말을 듣고 올라가지 말았어야 했는데 미련한 아합은 참 선지자의 목소리는 외면하고 아첨하기 좋아하는 거짓 선지자들의 말을 따랐습니다. 그리고 미가야의 예언을 어떻게든 피해보려고 변장을 하고 전쟁터에 나아갔습니다(30절). 하지만 한 적병이 우연히(?) 쏜 화살에 부상을 입고 종국에는 죽고 말았습니다(34-35절). 그리스도인으로서 자신의 정체를 끝까지 숨긴 채 아합처럼 위선의 가면을 쓰고 변장의 마술사로 인생을 살아간다면 결국 파국을 맞이하게 될 것입니다.

◉ 신(新) 아간 아나니아

사도 베드로는 위선의 탈을 쓰고 소유를 판 값의 전부를 드린 양 시치미를 뚝 떼고 있는 아나니아를 책망했습니다.

> "베드로가 이르되 아나니아야 어찌하여 사탄이 네 마음에 가득하여 네가 성령을 속이고 땅 값 얼마를 감추었느냐"(3절).

여기에서 흥미로운 사실은 아나니아가 재산을 처분하여 얻은 금액의 일부를 감추는 행위가 '횡령하다 혹은 훔치다(노스피조마이)'는 희귀 동사를 사용하여 표현되고 있다는 점입니다. 이 동사는 신약에서 총 세 번 발견되는데 2절과 여기 3절, 그리고 디도서 2장 10절입니다. 디도서에서는 종이 주인의 물건을 도둑질하는 것과 연관되어 사용되었습니다.

구약에서는 이스라엘 백성이 여리고 성을 점령할 때 전리품 중 일부를 취한 아간의 도둑질과 관련해서 단 한 번 이 동사가 사용되었습니다(수 7:1). 따라서 누가는 아간의 저주받은 행위를 묘사할 때 유일하게 한 번 사용된 동사를 여기서 다시 반복함으로써 지금 아나니아를 새 언약 백성을 위협하는 '새 아간'으로 소개하고 있는 것입니다.

아울러, 하나님의 것을 노략질한 죄로 인하여 아간과 그의 가족이 이스라엘 온 백성에 의해 심판을 받아 죽었듯이 아나니아 부부 또한 동일한 죄로 인해 비극적 최후를 맞이할 것을 예고하고 있는 것입니다. 하나님의 백성 중 그 어느 누구도 하나님께서 금하신 노략물에 손을 대지 않았는데 아간 혼자 손을 댔던 것처럼, 초대교회의 모든 성도들이 교인 중의 궁핍한 자를 구제하기 위해 재산을 처분하여 얻은 돈을 하나도 아낌없이 다 교회에 바칠 때 아나니아 부부는 홀로 물질에 대한 탐욕 때문에 이 정신과 배치되는 행동을 했던 것입니다. [47]

● 성령 충만인가? 탐심 충만인가?

아나니아가 이렇게 땅 값의 일부를 횡령할 생각을 가지게 된 이유는 사탄이 그의 마음을 지배했기 때문입니다.

> "아나니아야 어찌하여 사탄이 네 마음에 가득하여 성령을 속이고 땅 값 얼마를 감추었느냐"(3절).

여기서 베드로의 '어찌하여 사탄이 네 마음에 가득하냐?'는 말은 사탄이 아나니아의 마음에 침입하여 그 속에 충만했다는 의미가 아니라 사탄이 아나니아의 마음을 성령에게 거짓말하고 땅 값의 일부를 착복할 생각으로 가득 채웠다는 뜻입니다. 아나니아가 사탄이 주는 이러한 생각으로 심령이 가득 찼다는 말은 4장에 두 번(8, 31절) 언급된 '성령으로 충만하다'는 표현의 정반대 표현입니다. 베드로와 모든 성도들이 성령으로 충만할 때 아나니아는 성령과 교회 공동체의 생각에 반대되는 불순한 생각, 즉 탐심으로 충만했던 것입니다.

신자란 자신의 심령에 내주하는 성령의 인도함을 받는 자인데 아나니아는 이러한 성령의 인도를 중도에 포기하고 사탄이 주는 생각으로 충만하여 그의 유혹적인 인도를 택함으로써 결국 성령 하나님을 기만하고 속이는 중죄를 범했던 것입니다. 그래서 베드로는 "네가 사람에게 거짓말 한 것이 아니요 하나님께로다"고 책망했습니다(4절). 아나니아는 이 책망의 말씀을 듣고 땅에 엎드러져 곧 숨이 끊어졌습니다(5절 상).

사도 베드로가 한 것은 책망밖에 없었습니다. 그런데도 아나니아가 쓰러져 즉사한 것은 베드로의 말에 충격을 받아 단순히 쇼크사한 것이 아니라 하나님의 즉결 심판에 따른 죽음으로밖에 볼 수 없습니다.[48] 이러한 지엄하신 하나님의 심판을 전해 들었을 때 사람들은 큰 두려움에 사로잡히게 되었습니다.

"이 일을 듣는 사람이 다 크게 두려워하더라"(5절 하).

○ 부창부수(夫唱婦隨)

아나니아가 죽었을 때 교회의 청년들은 그를 천으로 싸서 들고 나가 즉시 매장했습니다(6절). 남편 아나니아가 죽은 지 3시간 정도 지났을 때 그의 부인 삽비라가 사도들이 있는 곳으로 들어왔습니다. 그녀는 그동안 되어진 일에 대해 아무 것도 알지 못했습니다(7절).

삽비라가 들어왔을 때 베드로는 즉시 남편 아나니아가 가져온 돈이 땅 값의 전부냐고 물어보았습니다. 그러자 삽비라는 자신의 남편과 똑같이 '예'라고 대답했습니다(8절). 그 남편의 그 아내였습니다. 이에 베드로는 "너희가 어찌 함께 꾀하여 주의 영을 시험하려 하느냐 보라 네 남편을 장사하고 오는 사람들의 발이 문 앞에 이르렀으니 또 너를 메어 내가리라"고 하나님의 심판을 선언했습니다. 그리고 삽비라는 아나니아처럼 즉시 쓰러져 죽었습니다(10절).

하나님께서는 아담이 혼자 사는 것이 안스러워서 돕는 배필로 하와를 주셨습니다(창 2:18). 그래서 둘이 서로 짝을 이뤄 상대의 약점을 커버해 주면서 살게 하셨습니다. 그러나 우리는 때로 서로를 보완하고 조화를 이루기보다는 나쁜 일을 위해서 뜻을 모으고 죄 짓는 일에 죽이 잘 맞는 부부들을 보게 됩니다. 구약의 경우 아합과 이세벨이 그렇고, 신약은 여기 아나니아와 삽비라 부부가 그런 경우입니다.

아나니아와 삽비라의 범죄와 관련하여 두 낱말이 독자의 이목을 끕니다. 1-2절을 보면 "아나니아라 하는 사람이 그의 아내 삽비라와 **더불어** 소유를 팔아 그값에서 얼마를 감추매 그 아내도 알더라." 여기서 '더불어'라는 말이 인상적입니다. 이들은 '더불어' 소유를 팔았고, '더불어' 그값에서 얼마를 횡령하는 도둑질을 저질렀습니다.

또한 9절을 보면 "너희가 어찌 **함께** 꾀하여 주의 영을 시험하려 하느냐 보라 네 남편을 장사하고 오는 사람들의 발이 문 앞에 이르렀으니 또 너를 메어 내가리라." 여기서는 '함께'라는 말이 눈에 띕니다. 이 부부는 '함께' 나쁜 일을 꾀하여 성령을 시험했고 그 결과 '함께' 망하게 되었습니다. 어쩜 이렇게도 죄 짓는 일에 손발이 착착 맞는지요? 우리는 아나니아와 삽비라 부부를 반면교사로 삼아서 악을 도모하는 일에 부창부수가 되어서는 안 될 것입니다.

주께서는 이제 막 피어나는 어린 초대교회에 탐심과 기만성의 죄를 들여와 퍼뜨림으로써 원수 마귀의 하수인 노릇을 하는 아나니아와 삽비라를 일

벌백계(一罰百戒)하셨습니다. 그로 인해 죄의 싹을 초장에 잘라 버리고 하나님의 교회의 순수성과 일치성을 보호하셨습니다. 아나니아와 삽비라의 죄가 제거되자 교회에 다시 한 번 부흥이 일어났습니다.

"믿고 주께로 나아오는 자가 더 많으니 남녀의 큰 무리더라"(14절).

F(Food Fighting) 구제 분쟁

◎ '만능가'가 아니라 '전문가'가 되라

5장은 사도들이 가르치기와 전도하기에 힘쓰는 모습으로 끝을 맺습니다 (42절). 그리고 6장은 이러한 그들의 수고로 인해 제자의 수가 더 많아지게 되었다는 언급과 함께 시작합니다(6:1 상). 교회가 양적으로 성장한 것은 고무적인 현상입니다. 하지만 짧은 시간에 감당할 수 없을 정도로 증가하게 되자 구제 문제가 발생했습니다.

> "헬라파 유대인들이 자기의 과부들이 매일의 구제에 빠지므로 히브리파 사람
> 을 원망하니"(6:1 하).

여기 '헬라파 유대인들'이란 디아스포라 출신의 유대인들로서 당시의 세계 공용어인 헬라어를 모국어로 사용했던 사람들을 지칭합니다. 마침 구제 프

로그램을 관장하고 있던 사람들이 모두 히브리파 유대인들 −사도들은 모두 본토 유대인들− 이었기 때문에 헬라파 유대인 과부들은 본의 아니게 매일의 구제에서 소외되었던 것으로 보입니다.

자신들의 과부들이 매일의 구제에서 제외되자 헬라파 유대인들 사이에 원망이 터져 나왔습니다. 헬라파 유대인들은 예루살렘 교인들의 구제금을 받아서(4:35, 37), 그것을 공평하게 나누어 주도록 되어 있는 사도들에게 투덜거렸습니다.

헬라파 유대인들의 불평을 접수하자마자 열두 사도들은 문제 처리를 위해 즉시 온 교회를 소집했습니다(2절 상). 그리고 서로 의논한 후에 이러한 해결책을 내놓았습니다.

> "우리가 하나님의 말씀을 제쳐놓고 접대를 일삼는 것이 마땅하지 아니하니 형제들아 너희 가운데서 성령과 지혜가 충만하여 칭찬 받는 사람 일곱을 택하라 우리가 이 일을 그들에게 맡기고 우리는 오로지 기도하는 일과 말씀 사역에 힘쓰리라"(2하-4절).

열두 사도들은 식탁에서 봉사하는 부업에 너무 많은 시간을 소비한 나머지 말씀 사역이라고 하는 주업을 소홀히 해왔음을 깨달았습니다. 그래서 사역의 우선 순위를 재 확인했습니다. 그들은 자신들의 본연의 업무인 불신자들에게 말씀을 전파하는 전도 사역과 신자들에게 말씀을 가르치는 양육 사역으로 복귀할 것을 선언했습니다(2절 하, 4절). 그리고 다른 사람들이 맡아도 잘 할 수 있는 분배 사역은 따로 칠 인을 세워 대신 감당하게 했습니다(3절).

한마디로 말하면, 사도들은 말씀 사역을 하고 집사들은 구제 사역을 하는 식으로 역할을 분담함으로써 일의 효율을 극대화 시키고자 했습니다. 이렇게 일을 나누어 하는 분업의 결과는 두 가지로 나타났습니다.

첫째로, 온 교회가 기뻐했습니다.

"온 무리가 이 말을 기뻐하여"(5절 상).

둘째로, 교회가 부흥했습니다.

"하나님의 말씀이 점점 왕성하여 예루살렘에 있는 제자의 수가 더 심히 많아지고 허다한 제사장의 무리도 이 도에 복종하니라"(7절).

20세기 전도 왕 드와이트 무디(Dwight Moody)가 잘 지적했듯이, 목사 한 사람이 열 사람의 일을 하는 것보다 열 사람이 일하게 하는 것이 더 낳은 법입니다. 그것은 목회자 자신에게도 좋고, 목회자가 일 시키는 사람들에게도 유익하며, 결국 교회에도 플러스가 되는 것입니다.

개혁파 변증학의 선구자이며 웨스트민스터 신학교 조직신학 교수를 역임한 코넬리우스 반틸(Cornelius Van Til) 박사는 언제나 'VDM(Verbum Dei Minister)'이라 불리기를 바랐다고 합니다. 이는 '하나님의 말씀을 섬기는 자'라는 의미로 목사의 정체성을 한마디로 대변해 주는 말입니다.

목사는 '말씀의 종'입니다. 구제를 포함하여 교회의 모든 사역은 중요하지만 교회의 가장 중요한 사역은 '말씀 증거'입니다. 말씀을 통해서만 죽어가는 영혼들이 거듭날 수 있기 때문입니다. 말씀을 통해서만 사람들의 삶 속에 진정한 변화가 일어날 수 있기 때문입니다. 말씀을 통해서만 교인들의 믿음이 성장할 수 있기 때문입니다.

그러므로 교회의 과중한 행정적인 업무로 인해 목사가 기도가 동반된 말씀 준비를 게을리해서는 곤란합니다. 교회의 잡다한 업무 때문에 제대로 기도하지 못하고 말씀 연구도 못하는 우를 범해서는 안 될 것입니다. 초대교회 사도들처럼 맡겨야 할 것은 교인들에게 과감히 맡기고 목사는 기도와 말씀의 본질적인 사역으로 복귀해야 할 것입니다. 모든 것을 다 잘 할 생각 말고 자신의 주종목 한 가지(말씀 증거)만이라도 제대로 하는 사람이 되어야 할 것입니다. '만능가'가 아니라 '전문가'가 되어야 할 것입니다.

◎ '5중'으로 충만한 인생

온 교회는 업무를 나눠 맡자는 사도들의 제의를 흔쾌히 받아들였습니다. 음식과 생필품을 궁핍한 과부들에게 매일 분배하는 일에 있어서 히브리파 교인들에게는 전혀 문제가 없었기 때문에 온 교회는 이들 가운데서 한 사람도 선택하지 않고 헬라파 유대인 신자들 가운데서 사도들이 제시한 자격 기준에 적합한 인물들을 선택하기로 했습니다. 이렇게 해서 선정된 7인은 스데반, 빌립, 브로고로, 니가노르, 디몬, 바메나, 니골라였습니다(5절).

이 명단에서 주목을 끄는 것은 첫 두 사람인 '스데반'과 '빌립'입니다. 이 두 인물은 6-8장에서 핵심적인 역할을 합니다. 그동안 2-5장은 초점이 베드로와 요한을 위시한 사도들의 말씀 선포 사역에 있었습니다. 그러나 6-8장에서는 스데반과 빌립을 중심으로 한 평신도들의 복음 전파 활동으로 옮겨집니다.

스데반은 알이 꽉찬 게처럼 속이 꽉찬 사람이었습니다. '성령'과 '지혜'가 충만했습니다(3절). '믿음'이 충만했습니다(5절). 그리고 '은혜'와 '권능'이 충만했습니다(8절 상). 5중으로 충만한 인생이었습니다. 그래서 자신에게 맡겨준 구제 사역 만으로는 양이 차지 않아서 사도들의 뒤를 이어 큰 기사와 표적을 행하면서 말씀을 전하는 일을 병행했습니다(8절 하).

스데반이 복음 사역을 열심히 펼치자 그를 대적하는 사람들이 일어났습니다. 그 반대 세력은 구레네, 알렉산드리아, 길리기아와 아시아에서 온 헬라어를 사용하는 회당 소속의 사람들이었습니다.

> "이른 바 자유민들 즉 구레네인, 알렉산드리아인, 길리기아와 아시아에서 온 사람들의 회당에서 어떤 자들이 일어나 스데반과 더불어 논쟁할새"(9절).

여기서 눈에 띄는 지명이 하나 발견되는데 그것은 '길리기아'입니다. 길리기아의 수도가 다소로서 사울이란 이름을 가진 바리새인이 그곳 출신이기 때문입니다. 틀림없이 사울은 이 회당에서 스데반을 만났을 것이고 그것은 나중에 그 자신의 생은 물론 세계사를 바꾸어 놓는 결과를 가져올 것입니다.

이 회당의 지도자들은 스데반과 더불어 논쟁을 했지만 충만에 충만으로 무장한 그를 당해낼 재간이 없었습니다(10절). 그래서 스데반에 대하여 없는 이야기를 지어 퍼뜨려서 결국 그는 체포되어 앞선 사도들처럼 공회 앞에 세워지게 되었습니다(11-12절).

전도하다가 잡혀 온 스데반을 바라본 공회원들은 깜짝 놀랐습니다. 그의 얼굴이 천사의 얼굴과 같았기 때문입니다(15절). 이는 한편으로는 호렙산에서 하나님을 만난 뒤에 광채가 났던 모세의 얼굴을 연상시킵니다(출 34:29, 35). 그리고 다른 한편으로는 변화산에서 예수님의 빛나는 얼굴을 생각나게 합니다(눅 9:28-29).

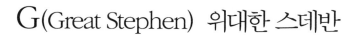

G(Great Stephen) 위대한 스데반

◎ 얼굴로 간증하는 사람이 되자

억울한 누명을 쓰고서 억울한 재판을 받는 사람은 일반적으로 그 마음이
근심과 분노로 가득 차서 표정이 어둡고 안면이 일그러지는 법인데 스데반
의 얼굴은 기쁨으로 충만하고 햇빛보다 더 밝은 천사의 모습이었습니다. 그
가 이처럼 아름다운 용모를 유지할 수 있었던 비결은 대체 무엇이었을까요?

그것은 내가 지금 예수님 때문에 고난 받고 있다고 생각했기 때문이었습
니다. 사도행전 5장 40-41절을 보면, 이스라엘 지도자들이 아무 죄 없는 사
도들을 잡아서 채찍질하며 예수의 이름으로 말하는 것을 금하고 놓아주었
을 때 그들은 그 이름 때문에 능욕을 받는 것을 기뻐하면서 공회 앞을 회심
의 미소를 지으며 당당히 떠나갔습니다.

참된 신앙인은 산상수훈에서 주님께서 하신 "나로 말미암아 너희를 욕하
고 박해하고 거짓으로 너희를 거슬러 모든 악한 말을 할 때에는 너희에게 복

이 있나니 기뻐하고 즐거워하라 하늘에서 너희의 상이 큼이라 너희 전에 있던 선지자들도 이같이 박해하였느니라"는 말씀(마 5:11-12)을 자신의 고난받는 삶 가운데 실천하는 사람입니다.

헨리크 생키에비치(Henryk Sienkiewicz)의 유명한 소설 '쿼바디스(Qua vadis)'를 보면 사자에게 찢기고 십자가의 형틀에서 죽어가는 신자들이 찬송을 부르면서 그 얼굴에 기쁨과 평화가 가득한 것을 보고 미치광이 황제 네로는 이렇게 외칩니다.

"저들이 웃으면서 죽어가는 그 이유가 무엇인가?" "도대체 저 그리스도인들이 웃으면서 죽어가는 그 이유가 무엇인가?"

초대교회 성도들은 순교의 그 고통스러운 순간에도 웃으면서 죽음으로써 불신자들에게 얼굴로 간증을 했습니다.

● 회개하면 살고 강퍅하면 죽는다

거짓 증인들은 이 천사처럼 화사한 스데반을 성전과 율법을 모독하는 발언을 했다고 참소했습니다(6:13-14). 이에 대제사장은 "이것이 사실이냐?"고 그에게 물었습니다(7:1). 그래서 스데반은 장문의 설교를 하게 되었습니다.

스데반의 설교는 사도행전에 기록된 설교 가운데 가장 긴 설교로 이스라엘 전(全) 역사에 관한 것이었습니다. 스데반에 따르면, 이스라엘 역사는 한마디로 말해서 하나님께서 세우신 지도자들을 배척한 불순종의 역사였습니다.

창세기에서 하나님은 요셉을 리더로 세우셨지만 그의 형제들이 시기하고 배척하여 결국 애굽에 종으로 팔려가게 되었습니다(9-19절). 출애굽기에서는 모세를 이스라엘의 지도자로 삼으셨는데 이스라엘 백성들이 그를 배척하고 아론과 함께 금송아지 우상을 만들어 숭배했습니다(20-40절).

계속되는 배척에도 불구하고 하나님께서 이스라엘을 바른 길로 인도하시기 위해 끊임없이 선지자들을 보내셨습니다. 하지만 그들은 이 주의 종들을 핍박하고 심지어는 죽이기까지 했습니다(52절 상). 이러한 배척의 역사에 정점을 찍은 것이 자신들을 구원하기 위해 오신 예수 그리스도를 끔직한 십자가의 형틀에 처형한 사건이었습니다(52절 하).

그래서 스데반은 설교를 듣는 유대인들을 향해 자신들의 조상들처럼 목이 곧고 마음과 귀에 할례를 받지 못한 사람들, 즉 항상 성령을 거스르는 사람들이라고 책망했습니다(51절). 이 불 같은 질책을 듣고 그들은 마음에 큰 충격을 받았습니다.

"저희가 이 말을 듣고 마음에 찔려 저를 향하여 이를 갈거늘"(54절).

앞에서도 말씀 드렸지만(2:37), 여기서 '마음에 찔려'라는 표현은 날카로운 송곳으로 사람의 마음을 후벼 파는 것을 말합니다. 스데반은 죄를 신랄하게 지적함으로써 그들의 심장에 비수를 꽂았습니다. 하지만 반응은 오순절 날과 정반대였습니다.

동일한 복음을 전해 들었지만 이들은 완전히 다른 반응을 보였습니다. 베드로의 설교를 들은 사람들은 마음에 찔리자 마음 문을 활짝 열고 죄를 자복함으로써 들은 자신들도 살고, 전한 베드로도 살았습니다. 그러나 스데반의 설교를 들은 자들은 마음에 찔리자 귀를 틀어막고 그에게 달려들어 돌을 던짐으로써 결국 스데반도 죽고 자신들도 정죄를 받게 되었습니다. 회개하면 같이 살고, 강퍅하면 함께 망하는 겁니다.

◎ 인자가 하나님 우편에 '서신 것'을 보노라

스데반이 정곡을 찌르는 말씀을 선포했음에도 불구하고 완악한 이스라엘 백성들은 회개하기는커녕 이를 갈며 반항했습니다. 당장이라도 해할 것 같은 이러한 살벌한 분위기 속에서도 스데반은 차분히 눈을 들어 하늘을 바라보았습니다. 그리고 영안이 열려 하나님 보좌 우편에 계신 인자(人子) 즉, 예수님을 보았습니다(55절). 그런데 희한하게도 주님은 하나님의 보좌 우편에 '서' 있었습니다. 신약은 한결같이 높임 받으신 예수님께서 하늘 보좌 우편에 '앉아' 계신 것으로 증거하는데(막 16:19; 행 2:33; 5:31; 롬 8:34 등), 왜 여기서는 서셨다고 했을까요?

이는 주님께서 스데반을 변호하는 증인 역할을 하고 계심을 보여줍니다. 왜냐하면 법정에서 증인의 적절한 자세는 '서 있는' 자세이기 때문입니다. 예수님은 자신을 목숨 걸고 증거하는 스데반을 하늘 보좌에 편안히 앉아서 보고 계실 수가 없었습니다. 그래서 자리를 박차고 '벌떡' 일어나서서 그의 신실한 증인됨을 하나님 앞에서 변호하고 그가 신실함을 잃지 않고 끝까지 굳게 해달라고 하나님께 중보 기도했던 것입니다. [49]

이러한 천상비전은 스데반에게 엄청난 용기를 북돋아 주었습니다. 그래서 적대적인 상황 가운데서도 "보라 하늘이 열리고 인자가 하나님 우편에 서신 것을 보노라"고 담대하게 외칠 수 있었습니다(56절). 하지만 아무 것도 보지 못한 유대인들은 이러한 발언을 한 스데반을 하나님을 망령되이 일컫는 자로 오인하고 돌을 들어 내리쳤습니다(57-59절).

스데반은 돌에 맞아 죽으면서도 자신을 향해 돌을 던지는 자들의 죄를 용서해 달라고 주님께 기도 드렸습니다(60절). 이제 곧 스데반이 한 알의 밀알이 되어 썩어진 바로 그 자리에 '바울'이라는 새 생명의 꽃이 피어날 것입니다.

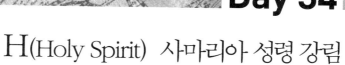

H(Holy Spirit) 사마리아 성령 강림

◉ 지구촌 복음화 제 2단계 돌입

스데반의 죽음은 교회 박해의 기폭제가 되었습니다.

> "사울은 그가 죽임 당함을 마땅히 여기더라 그 날에 예루살렘에 있는 교회에
> 큰 박해가 있어"(8:1 상).

예루살렘 교회의 박해는 스데반의 제거로 일단락된 것이 아니라 그것으로
인해 본격적으로 시작되었습니다. 예수의 적들은 복음 확산을 저지하기 위
해 복음의 증인 스데반을 돌로 쳐 죽였습니다. 그리고 그것에 만족하지 않
고 사울을 내세워 교회를 잔멸하려고 했습니다. 이로 인해 사도들을 제외한
나머지 성도들은 유대와 사마리아 모든 땅으로 뿔뿔이 흩어지게 되었습니
다(1절 하).

이 박해로 인해 흩어진 일은 교회의 종말을 가져온 것이 아니라 오히려 교회로 하여금 하나님의 은밀한 섭리 가운데 세계 복음화의 사명을 감당하는 데 한 걸음 더 앞으로 나아가는 계기가 되었습니다. 스데반 한 사람의 제거는 오히려 더 많은 무명의 그리스도인들을 복음의 증인으로 일어서게 하였습니다.

"**그러므로** 그 흩어진 사람들이 두루 다니며 복음의 말씀을 전할새"(4절).

본문은 '그러므로(운)'[50] 라는 결과 접속사로 시작합니다. 이는 스데반의 순교를 필두로 한 예루살렘 교회에 임한 큰 박해의 결과로 교인들이 흩어지게 되었음을 보여줍니다. 하지만 그들은 수동적으로 박해를 피해서 흩어진 것이 아니라 하나님의 굿 뉴스인 복음을 선포하면서 각 지역을 돌아다녔습니다.

이들은 사실 유대와 사마리아뿐만 아니라 멀리 소아시아 지역까지 흩어져서 선교했습니다(11:19). 그러나 누가는 현재로서는 그런 먼 지역으로 흩어진 사실을 언급하지 않고 가까운 유대와 사마리아로 흩어진 사실만을 지적합니다. 이는 예루살렘 교인들의 흩어짐이 하나님의 섭리와 간섭에 의한 것으로써 이제 하나님의 말씀이 1장 8절의 로드맵에 따라 지구촌 복음화의 첫 번째 단계인 예루살렘을 정복한 후, 두 번째 단계인 온 유대와 사마리아로 옮겨가고 있음을 보여주기 위함입니다.[51]

◉ '그러나' 빌립은…

박해로 인해 흩어진 교인들 중의 한 명인 빌립은 복음을 증거하기 위해 사마리아 땅으로 내려갔습니다.

"**그러나** 빌립이 사마리아 성에 내려가 그리스도를 백성에게 전파하니"(5절).

초대교회 성도들이 돌아다니면서 복음을 증거할 때 그들은 종교적이고 문화적인 편견 때문에 감히 사마리아 지역에 들어갈 엄두를 내지 못했습니다. 하지만 빌립은 그 시대의 생각을 초월하여 사마리아 도성으로 가서 복음을 전했습니다. 그래서 누가는 이러한 대조를 역접 접속사 '그러나(데)'[52] 를 사용하여 나타냈습니다.

예수님께서는 승천 직전에 사도들을 모두 불러 놓고 성령의 권능을 입은 다음에 사마리아 지역에서도 복음의 증인이 될 것을 명하셨습니다(1:8). 하지만 그들은 유대인과 사마리아인 사이의 수백 년간 지속된 반목과 적대감으로 인해 주님의 지상 명령을 수행하기 위해 사마리아 지역에 들어가 전도할 생각을 잊고 있었습니다. '그러나' 평신도 빌립은 감히 그곳에 내려가 복음을 증거했습니다.

빌립의 행동은 여로보암 2세 때(주전 793-753년) 활동했던 북이스라엘 선지자 요나의 행동과 극한 대조를 이룹니다.

어느 날 여호와의 말씀이 아밋대의 아들 요나에게 임하여서 "너는 일어나 저 큰 성읍 니느웨로 가서 그것의 악독이 내게 상달되었다고 외치라" 명하셨습니다(욘 1:1-2). 그런데 요나는 어떻게 했습니까?

"**그러나** 요나는 여호와의 얼굴을 피하려고 일어나 다시스로 도망하려하여 욥바로 내려갔더니"(3절 상).

'그러나' 요나는 자신의 민족 이스라엘의 원수국인 니느웨가 회개의 선포를 전해 듣고 돌이킬까 봐 하나님께서 자신에게 가라 명령한 것과는 정반대 방향인 다시스로 도망갔습니다. 똑같은 '그러나'지만 요나의 '그러나'는 불순종의 '그러나'였고, 빌립의 '그러나'는 순종의 '그러나'였습니다.

요나는 자신의 선입견에 사로잡혀 하나님의 말씀에 반기를 들고 욥바로 내려갔습니다. 그로 인해 함께 배를 탔던 사람들을 위험에 빠뜨리고 자신도 물고기 뱃속에서 3일 동안 고난을 당했습니다. 반면에 빌립은 편견을 버리고 주님의 명령에 순종하여 사마리아로 내려갔습니다. 그 결과 복음을 통해 사마리아 사람들을 위험에서 건져냈고 큰 기쁨을 주었습니다(행 8:8).

◉ 말씀인가? 표적인가?

빌립이 표적을 동반한 말씀 선포를 하자 사마리아 사람들이 믿고 세례를 받았습니다(12-13절). 빌립을 통해 사마리아도 하나님의 말씀을 받았다는 소식을 들은 예루살렘 사도들은 베드로와 요한을 사마리아로 급히 파송했습니다. 사도들이 이 둘을 보낸 이유는 예수님을 영접한 사마리아 신자들이 성령을 받게 하기 위함이었습니다. 그래서 두 사도가 사마리아에 내려가서 빌립에 의해 복음을 받아들인 사람들에게 안수 기도를 했더니 그들에게 성령이 임했습니다(14-17절).

베드로와 요한의 안수 기도로 사마리아인들이 성령 받는 것을 지켜보고 시몬이라고 하는 사람은 성령의 능력을 자신이 가진 돈으로 사려고 했습니다. 그래서 베드로에게 "내가 돈을 줄 테니 이 권능을 내게도 주어 누구든지 내가 안수하는 사람은 성령을 받게 하여 주소서"라고 어처구니 없는 제의를 했습니다(18-19절).

이 시몬은 자칭 큰 자라고 주장하며 마술을 행하여 사마리아인들을 놀라게 했습니다. 그로 인해 애 어른 할 것 없이 그곳 사람들은 모두 그를 '하나님의 능력'이라고 부르며 추종했습니다(9-11절). 이렇게 신적인 존재로 경배를 받던 마술사 시몬은 빌립이 나타나서 표적과 큰 권능을 행하며 말씀을 선포하자 사마리아인들과 더불어 세례를 받고 그를 좇았습니다(12-13절). 하지만 사마리아인들과 시몬의 신앙에는 한 가지 큰 차이가 있었습니다.

사마리아인들은 빌립이 전하는 '말씀'을 믿었습니다(6절). 반면에 시몬은 비록 사마리아인들과 동일하게 세례를 받았지만 그의 관심은 오로지 빌립이 행하는 '표적과 능력'에 있었습니다(13절). 그래서 제 버릇 개 못 준다고 사도들의 안수를 통해서 사마리아인들이 성령을 받는 것을 보고 돈을 써서라도 그 능력을 사고자 했던 것입니다. 시몬은 이러한 권세를 사도들로부터 사게 되면 자기 마음대로 원하는 자들에게 성령을 주어서 엄청나게 돈을 벌어 들일 수 있으리라고 생각했던 것으로 보입니다.

그는 전에 마술을 통해서 아주 많은 돈을 벌었습니다. 그래서 마술보다 더 좋은 장사를 해서 더 많은 돈을 벌 생각을 한 것입니다. 그리하여 사도들에게 돈을 주면서 안수를 통해 사람들에게 성령을 줄 수 있는 권세를 달라고 요청했던 것입니다. 이때 또 다른 시몬인 베드로는 마술사 시몬의 제의를 단호히 거절하면서 "네가 하나님의 선물을 돈 주고 살 줄로 생각하였으니 네 은과 네가 함께 망할지어다"라고 호되게 책망했습니다(20절).

여러분은 신앙 생활하면서 주된 관심이 어디에 있습니까? '말씀'입니까? 아니면 '표적'입니까? 불신자나 초신자들은 하나님의 말씀이 잘 믿어지지 않으니까 자꾸 뭔가 눈에 보이는 것들을 의지하려고 합니다. 하지만 건전하고 성숙한 신앙은 말씀 하나로 만족하는 것입니다.

초대교회는 아직 성경 계시가 완성되지 않았던 시기였기 때문에 하나님께서는 오늘날보다 더 많은 이적과 능력을 베풀어 주셨습니다. 그러나 이천 년이 지난 지금은 성경 66권이 완성되었기 때문에 그렇게 많은 표적과 기사가 필요하지 않습니다. 우리는 말씀만으로도 충분히 신앙 생활 잘 할 수 있는 시대에 살고 있습니다. 형편이 이러한 데도 여전히 이 어리석은 시몬처럼 뭔가 다른 것을 찾는다면 낭패를 보게 될 것입니다.

마술사 시몬(Simon)은 성령을 돈으로 사려고 했다가 결국 성직 매매를 뜻하는 'simony'라는 불명예스러운 단어를 후대에 남겼습니다. 하지만 갈릴리 시몬은 그의 터무니없는 제안을 일언지하에 거절함으로써 주님이 지어 주신 별명대로 'Peter(반석)'라는 영광스러운 이름으로 기억되고 있습니다.

복음의 유대와
사마리아 여행 (H to L)
Day 35

I(Interview) 에디오피아 내시와 인터뷰

● 주께서 가라시면 어디든 갑니다

빌립은 당시 전도 대상이 결코 될 수 없다고 생각한 사마리아 땅으로 내려가서 복음을 전했습니다. 그리고 하나님의 은혜로 큰 부흥을 이루어 많은 추종자를 거느리게 되었습니다(8:6). 그런데 주님은 갑자기 천사를 보내어 광야로 가라고 지시했습니다.

> "주의 사자가 빌립에게 말하여 이르되 일어나서 남쪽으로 향하여 예루살렘에서 가사로 내려가는 길까지 가라 하니 그 길은 광야라"(26절).

사마리아에서 열심히 선교 사역을 해서 큰 성과를 거두고 있었던 빌립을 아무도 없는 사막으로 좌천시키시는(?) 하나님의 처사가 언뜻 이해가 가지 않습니다. 하지만 종은 주인이 가라면 가는 사람입니다. 때와 장소를 택할 권한이 종에게는 없습니다. 아골 골짝 빈들에도 복음 들고 가야 하는 것이 종의 의무입니다. 그래서 빌립은 사마리아에 안주하지 않고 즉시 일어나 광야로 갔습니다. 그리고 어떻게 되었습니까?

> "일어나 가서 보니 에디오피아 사람 곧 에디오피아 여왕 간다게의 모든 국고를 맡은 관리인 내시가 예배하러 예루살렘에 왔다가 돌아가는데"(27-28절 상).

순종하고 나아간 황무지에서 빌립은 당시 땅끝에 있는 나라 중 하나로 간주된 에디오피아에서 온 내시와 조우하게 되었습니다. 내시라고 해서 이 사람을 우습게 보아서는 안 됩니다. 그의 공식 직함은 에디오피아 여왕 간다게의 모든 국고를 맡은 자로서 권세가 대단한 사람이었습니다. 지금으로 말하면 재무부 장관쯤 되는 아주 지위가 높은 사람이었습니다.

그 많은 추종자들을 떠나서 광야 길로 고독하게 향했던 빌립은 결국 이 에디오피아 장관에게 접근하여 복음을 전하게 될 것입니다. 그리하여 그가 그리스도인이 되어서 자기 고향 에디오피아로 돌아가서 결국 검은 대륙 아프리카에 복음이 전해지는 계기를 마련하게 될 것입니다. 이 내시로 하여금 그리스도 없이 살아가고 있는 아프리카 대륙의 무수한 영혼들을 책임지게 하기 위해서 하나님은 빌립의 이성으로 얼른 이해가 안 가는 광야 길로의 고독한 여행을 그에게 허락하셨던 것입니다.

인간은 하나님의 뜻을 다 헤아려 알 수 없습니다. 때로 하나님은 우리의 이성으로 쉽게 납득할 수 없는 요구들을 하시는 경우가 있습니다. 그럴 때 참 신앙의 사람들은 머리로 주판을 튕기기보다는 발로 순종함으로 반응했습니다.

구약에서는 100세에 나은 하나뿐인 아들을 모리아 산에서 바친 아브라함이 그런 예의 대표적인 인물이었고, 신약에서는 여기 부흥의 현장을 포기하고 광야로 나간 빌립이 그런 사람이었습니다. 여러분도 이 순종의 대열에 합류하시길 주님의 이름으로 축원 드립니다.

◉ '그'를 만나면 기쁨이 샘솟는다

빌립이 만난 에디오피아 내시는 수레를 타고 가면서 선지자 이사야의 글을 읽고 있었습니다(28절 하). 성령께서는 빌립에게 그 수레로 가까이 가라고 지시를 내렸습니다(29절). 빌립은 다시 한 번 성령의 명령에 순종하여 수레를 향하여 질주하다시피 달려갔습니다. 그리고 수레에 탄 내시가 이사야서를 큰 소리로 읽고 있는 것을 듣고서는 "네가 읽고 있는 것을 깨닫느냐?"라고 물었습니다(30절). 그러자 그는 "지도해 주는 사람이 없으니 어찌 깨달을 수 있느냐?"라고 반문했습니다(31절 상).

그는 자신에게 찾아온 불청객이 자신이 읽고 있는 이사야서의 내용을 이해할 수 있도록 도와줄 것이라는 확신이 있었는지 자신의 수레에 올라 같이 앉으라고 간청했습니다(31절 하). 마침 그가 읽고 있던 성경은 고난 받는 여호와의 종에 관한 말씀인 이사야 53장이었습니다.

> "그가 도살자에게로 가는 양과 같이 끌려갔고 털 깎는 자 앞에 있는 어린 양이 조용함과 같이 그의 입을 열지 아니하였도다 그가 굴욕을 당했을 때 공정한 재판도 받지 못하였으니 누가 그의 세대를 말하리요 그의 생명이 땅에서 빼앗김이로다"(32절).

여기서 우리는 하나님께서 이 경건한 이방인 에디오피아 내시 한 사람을 구원하시기 위해서 시간과 장소뿐만 아니라 성경 본문까지도 통제하고 계신 것을 볼 수 있습니다.

이 내시는 예루살렘에 경배하러 올라왔다가 그곳을 떠나 머나먼 고향 땅으로 향하고 있었습니다. 이때 주님은 사마리아에서 한창 잘 나가고 있던 빌립을 느닷없이 불러내어 광야로 인도하여 내셨습니다. 그리고 정확한 타이밍에 내시가 지나가는 길에 나타나게 하셨습니다. 게다가, 구약 929장, 23,214절 가운데 복음의 진수를 담은 이사야 53장 7-8절에 그의 마음을 고정시켜 놓았습니다.

내시는 선지자가 가리키는 '그'가 누구냐고 빌립에게 물었습니다(34절). 이에 빌립은 '그'가 바로 '예수'라고 증거했습니다(35절). 내시에게 '예수'를 만나게 해 주었습니다. 예수를 만나자 내시의 마음이 뜨거워졌습니다. 그래서 광야 길가의 오아시스를 발견했을 때 그 흥분된 마음을 주체하지 못하고 "보라 여기 물이 있도다" "내가 세례 받는 것을 누가 막으랴?"고 외치며 수레에서 내려서 빌립에게 세례를 받았습니다(36-38절).

예수를 만난 사람들의 공통점은 샘솟는 '기쁨'입니다. 신비한 별을 보고 이역만리 동방에서 온 박사들은 아기 예수를 만나자 '매우 큰 기쁨'으로 기뻐했습니다(마 2:10). 빌립의 전도로 개종한 사마리아 성에 '큰 기쁨'이 있었습니다(행 8:8). 그리고 여기 예수를 만난 내시는 '기쁘게' 고향 길로 돌아갔습니다(39절).

자신의 소임을 끝마친 빌립은 광야를 떠나 아소도로 가서 복음을 증거했습니다(40절 상). '아소도(Azotus)'는 블레셋의 5대 도시 중 하나인 아스돗에 해당되는 도시로 가사와 욥바 중간 지점 내륙에 위치합니다. 빌립은 이곳을 중심으로 모든 도시들에 복음을 증거하면서 마침내 가이사랴에 도달하게 됩니다(40절 하).

J(Jesus Meeting) 예수와의 만남

● 다메섹으로 가는 길

8장이 예수님을 만난 후 기쁨 충만한 상태로 고향으로 돌아간 에디오피아 내시의 에피소드로 끝났다면, 9장은 예수님의 제자들을 체포하러 다메섹까지 쫓아갔다가 도리어 그 도상에서 부활의 주님께 체포되어 인생이 180도로 변한 한 사나이, 사울의 이야기로 시작합니다.

사울은 길리기아의 헬라 수도 다소(Tarsus)의 한 독실한 유대인 가정에서 출생하였습니다. 다소는 그 당시 상업의 중심지로서 사울은 그곳에 사는 대다수의 유대인들과 마찬가지로 나면서부터 로마 시민권을 부여 받았습니다. 그는 엄격한 유대교 교육을 받았지만 헬라 도시에 살았기에 그리스어를 능숙하게 구사했습니다. 이 때문에 사울은 이방인들에게 복음을 전하는 특수한 소명에 적합한 인물이 되었습니다.

사울은 어린 나이에 예루살렘으로 유학을 가서 당대 최고의 율법학자 가

말리엘(Gamaliel) 문하에서 수학했습니다. 사울은 자신이 열렬히 옹호했던 바리새파적 유대교에 대해 신흥 기독교 세력이 위협을 가한다고 생각해서 교회를 핍박하는 인물로서 역사의 무대에 처음으로 등장하게 되는데 그것이 바로 사도행전 7장의 스데반 순교 현장입니다.

사울은 당시 길리기아에서 온 헬라파 유대인들이 예루살렘에 세운 회당에서 리더 노릇을 하고 있었는데 스데반이 기독교를 디아스포라 유대인들에게까지 확산시키려고 하자 위기의식을 느끼고 거짓 증인들을 내세워 그를 참소했습니다. 그리고 그 증인들을 배후에서 조종하여 스데반을 돌로 치게 한 후 그가 사형 받아 죽은 것을 마땅하게 여겼습니다(8:1).

그 누구보다도 유대교에 열심이었던 바리새인 사울은 스데반의 죽음에 만족하지 않고 그리스도인 잔당들을 뿌리뽑기 위해 산헤드린에서 대제사장으로부터 공문서를 발급받아 예루살렘에서 무려 240km나 떨어진 시리아의 수도이자 상업 중심지 다메섹(Damascus)으로 향했습니다(9:1-2). 사울은 예수의 사람들을 체포하기 위해서 다메섹에 갔지만 오히려 예수의 손에 붙들리게 되었습니다.

"사울이 길을 가다가 다메섹에 가까이 이르더니 홀연히 하늘로부터 빛이 그를 둘러 비추는지라. 땅에 엎드려져 들으매 소리가 있어 이르시되 사울아 사울아 네가 어찌하여 나를 박해하느냐 하시거늘 대답하되 주여 누구시니이까 이르시되 나는 네가 박해하는 예수라. 너는 일어나 시내로 들어가라 네가 행할 것을 네게 이를 자가 있느니라 하시니 같이 가던 사람들은 소리만 듣고 아무도 보지 못하여 말을 못하고 서 있더라. 사울이 땅에서 일어나 눈은 떴으나 아무 것도 보지 못하고 사람의 손에 끌려 다메섹으로 들어가서 사흘 동안 보지 못하고 먹지도 마시지도 아니하니라"(3-9절).

사람들의 손에 이끌려 다메섹에 들어간 사울은 예수의 제자 아나니야 (Ananias)를 만나서 시력을 회복하였으며 그에게 세례를 받고 모든 사람들에게 다메섹 도상에서 만난 부활하신 주님의 증인이 될 것을 지시 받았습니다(10-19절). 이것이 그 유명한 '다메섹 회심 사건'의 전말(顚末)입니다.

사울의 다메섹 회심 사건은 사도행전에서만도 세 번(9:1-19; 22:1-21; 26:2-23)이나 반복해서 언급되고 있습니다. 다메섹 체험을 통해 바리새인 핍박자 사울은 기독교인 선교사 바울로 거듭났습니다.

● 3D 업종 종사자 바나바

주님의 제자 아나니아의 안수 기도를 통해 다시 보게 된 사울은 다메섹에 있던 다른 제자들과 며칠을 교제한 후, 성령이 충만하여 즉시 다메섹의 각 회당으로 달려가서 "예수가 바로 하나님의 아들입니다"라고 모인 사람들에게 선포했습니다(20절).

하나님의 저주를 받아 나무에 달려 죽은 거짓 선지자를 하나님의 아들이요 메시아로 믿고 신앙 생활하던 예수쟁이 이단들을 모조리 잡아 옥에 처넣기 위해 사울이 예루살렘에서 다메섹으로 올라왔다는 소식을 들었던 회당의 유대인들은 사울의 이같은 변화에 심히 놀라지 않을 수 없었습니다. 그래서 "이 사람이 예루살렘에서 이 이름을 부르는 사람을 멸하려던 자가 아니냐 여기 온 것도 그들을 결박하여 대제사장들에게 끌고 가고자 함이 아니냐"고 반문했습니다(21절). 하지만 사울은 이에 굴하지 않고, 더 큰 능력 가운데 유대인들이 갈망하는 메시아가 바로 십자가에 못 박힌 예수임을 강력하게 증거하여 그들을 당혹하게 했습니다(22절).

어제까지만 해도 교회를 가차없이 핍박하던 자가 오늘 '예수가 그리스도다'라고 정신 나간 소리(?)를 지껄여대자 유대인들은 이제 사울을 자신들의 동료가 아닌 적으로 생각하고 그를 잡아 죽이려고 계획을 짰습니다.

"여러 날이 지나매 유대인들이 사울 죽이기를 공모하더니"(23절).

여기에서 '여러 날'이란 문자 그대로 '며칠'을 의미하는 것이 아닙니다. 다메섹 도상에서의 회심 사건과 관련된 사도 바울 자신의 증언(갈 1:11-24; 고후 11:32)과 비교해 볼 때, 이는 바울이 다메섹에서의 회심 이후, 아라비아로 갔다가 다시 다메섹으로 돌아온 때까지를 포함하는 '약 3년 기간'을 일컫는 말입니다.

사울이 다메섹에서 회심 한 이후로 3년간 계속해서 열정적으로 복음을 증거하고 돌아다니자, 이제 다메섹에 있는 유대인들은 과거에 사울이 그랬던 것처럼 자신들의 '종교적 열심' 속에서 '다른 도(道),' 즉 '예수가 하나님의 아들이요 그리스도'임을 전하고 있는 사울을 죽이고자 계획했던 것입니다. 하지만 이 음모는 하나님의 은혜로 사울에게 알려지게 되었고, 사울은 예수의 제자들의 도움 속에서 간신히 다메섹을 빠져나와 예루살렘으로 갔습니다 (23-26절).[53]

예루살렘으로 내려간 사울은 예루살렘 교회에 소속되기를 원했습니다. 누가는 사울의 이러한 노력을 "그가 제자들을 사귀고자 했다"고 표현했습니다(26절 상). 그는 예루살렘 교회의 공식적인 신자가 되기를 간절히 원했습니다. 그러나 교인들은 사울이 변하여 새 사람 된 것을 도무지 믿으려 하지 않았기 때문에 사울의 노력은 아무런 결실을 거두지 못하고 있었습니다(26절 하).

이들이 사울을 믿지 못했던 데는 그럴만한 충분한 이유 두 가지가 있었습니다. 하나는 그가 전에 스데반을 포함하여 자신들을 얼마나 핍박했는지 생생히 기억하고 있었기 때문이었습니다. 그리고 또 하나는 다메섹에서 회심 후에 3년 동안 사울의 행방이 묘연했기 때문이었습니다. 이렇게 사람들이 모두 사울의 변화를 믿어주지 않고 그와 교제하는 것조차 꺼리는 상황에서 한 사람이 발벗고 나서서 사울의 진심을 믿어주고 사도들에게까지 소개시켜 줌으로써 사울이 교회 안으로 들어오는데 중요한 역할을 했습니다.

"바나바가 데리고 사도들에게 가서 그가 길에서 어떻게 주를 보았는지와 주께서 그에게 말씀하신 일과 다메섹에서 그가 어떻게 예수의 이름으로 담대히 말하였는지를 전하니라"(27절).

하나님께서는 다메섹에서 아나니아를 사용하셨던 것처럼 여기 예루살렘에서는 바나바를 들어 쓰셨습니다. 사도행전에 등장하는 바나바는 항상 남들이 하기 싫어하는 일만 골라서 하는 오늘날로 말하면 소위 '3D 업종'에 종사하는 사람이었습니다('3D'란 더럽고(Dirty), 힘들고(Difficult), 위험해서(Dangerous) 일반인들이 기피하는 일을 말합니다). 4장에서 바나바는 자신의 막대한 부동산을 팔아 사도들에게 위탁함으로 큰 희생을 감수했습니다. 그리고 여기 9장에서 그는 신자들이 하나같이 배격하고 두려워하는 사울을 데리고 사도들에게 인도했습니다.

특히, 27절에 '데리고'라는 말은 '강제로 붙잡고'라는 의미로 이는 바나바의 행동이 사울의 부탁에 의해 이루어진 것이 아니라 그가 자발적으로 사울을 사도들에게 끌고 갔음을 나타냅니다. 다른 사람들은 사울을 만나는 것조차 두려워했는데 바나바는 오히려 그에게 다가가서 그의 손을 꼭 붙잡고 사도들에게 인도했던 것입니다.

이렇게 사람을 신뢰하고 남에게 소개시켜 주는 것이 그리 쉬운 일입니까? 그것도 얼마 전까지만 해도 신실한 주의 종 스데반을 돌로 쳐 죽이는데 앞잡이 노릇을 했고 그것도 모자라서 그리스도인들을 잔멸하려고 다메섹까지 쫓아갔던 자를 말입니다.

'열 길 물 속은 알 수 있어도 한 길 사람의 속은 알 수 없다'는 속담이 있듯이, 하나님을 제외하고 그 누가 사울의 속내를 정확히 알 수 있겠습니까? 행여나 사울이 그리스도인들을 일망타진하기 위해 술수를 쓰고 있는 거라면 바나바가 그동안 쌓아 놓은 명성은 하루 아침에 물거품이 되어 버리고 마는 것입니다. 이는 밑져야 본전이 아니라 밑지면 완전히 망하는 상황입니다. 그럼에도 불구하고 바나바는 다시 한 번 기꺼이 희생을 감수하고 사울을 강제로 끌고 사도들에게 데리고 갔습니다. 바나바의 이러한 대범한 행동은 믿음이 아니고는 도저히 불가능한 것이었습니다.

바나바의 헌신은 여기서 끝이 아니었습니다. 11장에 보면 낙향(落鄕)하여 10년간 이름 없이 다소에서 지내고 있는 사울을 바나바는 안디옥 교회로 데리고 와서 그와 함께 공동 목회를 합니다(11:25). 그는 사울과 한동안 선교사로 동역하기도 했습니다. 만일 사울이 바나바와 같은 사람을 만나지 않았다면 그렇게 위대한 바울이 되었겠는가 의문이 생길 정도입니다.

자신보다 조금이라도 빼어난 사람이 있으면 경계하고 잘 나가지 못하도록 밟아 버려야 속이 시원한 것이 적지 않은 사람들의 심보인데 바나바는 '위로의 아들'답게 자원하여 3D 업종에 헌신함으로써 하나님의 사람을 세워주고 그의 앞 길을 활짝 터주는 사람이었습니다.

◎ 신(新) 스데반 사울

바나바는 사도들에게 인정과 존경을 받고 있었으므로 사울을 그들에게 데리고 가서 그가 다메섹 도상에서 주님을 본 경위와 어떻게 담대하게 다메섹에서 예수의 이름을 선포했는지 소상히 설명해 주었습니다. 그 결과 사도들은 사울을 교회의 일원으로 받아들이게 되었습니다(28절). 사울은 이제 예루살렘에서 주의 제자들과 교제를 나누면서 그곳에 거하는 디아스포라 출신의 유대인들에게 주 예수의 이름을 담대히 증거했습니다(29절 상).

이 헬라파 유대인들은 전에 스데반을 잡아 죽였던 자들이었습니다. 사울은 전에 이들의 핵심적인 지도자들 중의 하나였습니다. 스데반이 이 유대인들과 격론을 벌였던 것과 같이 변화된 사울은 이제 더 이상 그들의 지도자가 아니라 주님을 증거하는 전도자가 되어 스데반을 이어서 그들과 복음을 가지고 설전을 했던 것이었습니다.

몇 년 전에 자신의 그릇된 조치로 인해 순교 당한 스데반의 뒤를 잇는 자가 된 것입니다. 하나님께서는 스데반이 순교하면서 했던 용서의 기도를 만배로 응답하시어 사울을 그보다 몇 단계 업그레이드 된 복음의 증인으로 세우신 것입니다.

이전에 스데반을 제거하는데 성공했던 이 헬라파 유대인들은 새로운 스데반 사울을 자신들을 떠난 배교자로 생각하고 그 또한 제거하려고 했습니다(29절 하). 하지만 그의 생명이 위협받고 있다는 사실을 간파한 믿음의 형제들은 사울을 예루살렘에서 북서쪽 지중해 연안에 있는 항구 도시 가이사라로 피신시켰습니다. 그리고 그곳에서 배를 태워 고향 다소로 보냈습니다(30절).

이제 다소로 보냄을 받은 사울은 11장에 다시 등장하기까지 약 10년간

초야(草野)에 묻혀 지내게 될 것입니다. 이어지는 31절은 지구촌 복음화 제 2단계의 결론을 단 한 줄로 요약합니다.

> "그리하여 온 유대와 갈릴리와 사마리아 교회가 평안하여 든든히 서 가고 주를 경외함과 성령의 위로로 진행하여 수가 더 많아지니라."

스데반의 순교로 야기된 대대적인 핍박에도 불구하고 교회는 내적으로는 평안함과 견고함을 유지하였고 외적으로는 수가 폭발적으로 증가하는 부흥을 맛보게 되었습니다. 박해가 크면 클수록 그만큼 하나님의 위로와 은혜도 큰 것입니다. 마침내 스데반과 빌립을 비롯한 무명의 평신도들의 맹활약에 힘입어 예루살렘뿐만 아니라 온 유대와 사마리아 땅이 하나님의 말씀으로 물들게 되었습니다.

K(Kornelius) 고넬료 회심 사건

○ '선행'을 '소생'으로 보답하다

이제 9장 32절부터 11장 18절까지에서 누가는 사울을 중심으로 한 이야기를 잠시 접어 두고 베드로를 중심으로 일어난 사건으로 화제를 전환합니다. 이 부분은 두 번에 걸친 치유 사건과 환상 체험 사건을 중심으로 이야기가 구성되는데, 그 중 '고넬료 회심 사건'이 가장 비중 있게 다루어지고 있습니다.

빌립의 사마리아 전도사역을 요한과 함께 승인한 후 그곳에서 예루살렘으로 돌아갔던 사도 베드로는 각 지역을 돌아다니면서 순회 선교사역을 감당했습니다. 그러던 중에 그는 룻다에 이르러 중풍병으로 침상에 누운 지 8년 된 애니아(Aeneas)를 예수의 이름으로 일으켜 주었습니다(32-33절). 룻다 지역은 교통의 요지에 위치했기 때문에 애니아의 치유 소식은 거기서 16km 정도 떨어져 있는 욥바에도 전해졌습니다.

지중해 연안의 중요한 항구인 욥바에는 다비다(Tabitha)라는 여인이 있었는데 주님의 제자로 평소에 가난하고 불쌍한 사람들을 위해 선행과 구제를 많이 했습니다. 그러던 중 갑자기 병이 들어 죽게 되었습니다(36-37절). 욥바에서 가까운 룻다에서 최근에 사도 베드로가 8년이나 된 중풍병자 애니아를 일으켰다는 소식을 풍문으로 전해 들은 다비다의 이웃 사람들은 그녀가 죽자마자 바로 장사 지내지 않고 두 사람을 베드로에게 보내어 지체 말고 와서 다비다를 소생시켜 달라고 간청했습니다(38절).

이들의 청에 응하여 현장으로 달려간 베드로는 다비다의 죽음을 서글퍼하는 수많은 과부들로부터 그녀의 선행과 구제에 관한 이야기를 전해 듣고 크게 감명을 받았습니다. 그래서 다비다를 위해 무릎을 꿇고 기도했습니다(40절 상). 기도를 통해 주님께서 다비다를 살리실 것이라는 확신을 얻은 베드로는 시체를 향해 "다비다야 일어나라"고 명령을 했습니다(40절 하). 그러자 다비다는 마치 잠에서 깨어난 사람처럼 눈을 뜨고 일어나 앉았습니다. 하나님께서는 다비다의 '선행'을 '소생'으로 보상해 주셨습니다.

◎ 모르면 '생각'하고 알면 '순종'하라

다비다를 일으킨 후 시몬 베드로는 욥바에서 직업이 무두장이인 또 다른 시몬의 집에 여러 날 유숙하고 있었습니다(43절). 베드로가 머무는 욥바에서 북쪽으로 50km 정도 떨어진 가이사랴라는 항구 도시에는 '고넬료'라는 로마 백부장이 있었는데, 이 백부장 고넬료는 누가복음 7장에 나오는 백부장처럼 겸손한 성품의 소유자로 하나님을 경외하여 백성을 많이 구제하고 항상 기도하는 사람이었기에 주변 유대인들로부터 존경을 받고 있었습니다(10:1-2).

그런 고넬료가 하루는 기도 중에 환상을 보게 되었는데 천사가 나타나서 그에게 "네 기도와 구제가 하나님 앞에 상달되어 기억하신 바가 되었으니 지금 사람들을 욥바에 보내어 베드로라 하는 시몬을 청하라"고 지시했습니다 (3-5절).

천사의 지시를 받은 고넬료는 즉시 행동을 개시해서 집안 하인 둘과 부하 가운데 경건한 사람 하나를 불러 지시 받은 모든 내용을 설명하고 욥바로 보냈습니다(7-8절).

고넬료가 보낸 자들이 욥바 성에 가까이 왔을 때 베드로는 기도하러 지붕 위로 올라갔습니다(9절). 베드로는 아직 점심 식사 준비가 되지 않았기 때문에 기다리는 시간에 기도하려고 지붕에 올라갔던 것이었습니다. 그는 이렇게 자투리 시간까지도 기도에 할애하는 사람이었습니다.

복음서에서는 아무 힘없는 여종 앞에서도 벌벌 떨면서 세 번이나 예수님을 부인하던 겁쟁이 베드로가 사도행전에서 용사요 기적과 능력의 사람으로 거듭날 수 있었던 이유는 하나님과 개인적으로 대면하는 정한 기도 시간이 있었기 때문이었습니다. 3장에서 나면서 걷지 못하게 된 자를 일으켜 세울 때도 '날마다' 시간을 정해 놓고 요한과 더불어 성전에 올라가 기도할 때였습니다. 그리고 9장에서 죽은 다비다를 다시 살린 것도 그녀를 앞에 놓고 홀로 무릎을 꿇고 하나님 앞에서 간절히 기도할 때였습니다.

이런 베드로가 기도하는 가운데 고넬료처럼 환상을 보게 되었는데 하늘이 열리며 각종 짐승 담은 보자기 – 이스라엘 백성이 먹을 수 있는 정한 짐승과 먹을 수 없는 부정한 짐승을 짬뽕으로 뒤섞어 놓은 보자기 – 같은 그릇이 네 모서리가 매여 내려왔습니다(10-12절). 그리고 "베드로야 일어나 잡아먹어라"는 음성이 들려왔습니다(13절).

이에 사도는 어느 유대인처럼 "주여 그럴 수 없나이다. 속되고 깨끗하지 아니한 부정한 것들을 내가 결코 먹지 아니하였나이다"라고 말하며 거부했습니다(14절).

베드로는 혼자 깨끗한 체 했지만 하나님의 아들 예수 그리스도께서 이 땅에 오시므로 부정한 음식과 정결한 음식의 구분, 다시 말해서 하나님의 정결한 백성과 부정한 이방인이라는 구분이 철폐되었다는 사실을 깨닫지 못했습니다. 그래서 이 점을 그에게 각인시키기 위해 하늘로부터 "하나님이 정결하게 하신 것을 네가 속되다고 하지 말라"는 음성이 세 번씩이나 반복되어 울려 퍼졌던 것입니다(16절).

때가 되어 고넬료가 보낸 사람들이 도착하여 문 밖에서 베드로를 찾았습니다(17-18절). 이때 베드로는 방금 본 환상에 대하여 골똘하게 생각하고 있었습니다.

"베드로가 그 환상에 대하여 생각할 때에"(19절 상).

여기 '생각하다(디엔시메오마이)'는 말은 신약 성경에서 유일하게 이곳에만 사용된 동사로 '철두철미하게' 생각하는 것을 의미합니다. 이것은 베드로가 자신이 체험한 환상의 의미를 깨달으려고 얼마나 깊이 고뇌했는가를 단적으로 보여주는 말입니다.

예수님을 믿는다는 것은 덮어놓고 맹목적으로 믿는 것이 아니라 생각하며 신앙 생활하는 것을 의미합니다. 생각이 없는 헌신자를 우리는 '광신자(狂信者)'라고 부릅니다. 무뇌(無腦)한 신자가 되어 사악한 이단에 빠져 인생을 탕진하지 않기 위해서는 우리는 생각하는 신자가 되어야 합니다. 특히, 하나님의 뜻이 어디에 있는지 분명하지 않을 때는 그 뜻을 깨닫기 위해서 깊이 숙고해야 합니다.

하지만 하나님의 뜻을 알게 되면 망설이지 말고 즉시 순종해야 합니다. 하나님의 뜻을 파악하기 위해서 고민하고 있던 베드로에게 성령께서 "내가 보낸 두 사람이 너를 찾으니 의심하지 말고 그들과 함께 가라"고 말씀하시자 (19하-20절), 그제서야 자기가 본 환상의 의미가 곧 하나님께서 이방인들을 깨끗하게 하셨으니 그를 부르러 온 이방인들을 영접하고 그들에게 가서 복음을 전하라는 것임을 깨닫게 되었습니다.

하나님의 뜻을 분명하게 간파한 베드로는 전과 달리 성령의 지시에 지체없이 순종했습니다. 그래서 다른 사람들을 시키지 않고 자신이 친히 지붕에서 내려와 그들을 집안으로 맞아들이고 정결한 유대인이 부정한 이방인들과 하룻밤을 보내게 되었습니다. 베드로가 이처럼 신속하게 성령의 지시에 순종하지 않았다면 그는 결코 이방 선교의 첫 테이프를 끊은 주인공이 되지는 못했을 것입니다.

○ 이방인들의 오순절

베드로는 자기를 찾아온 사람들과 하룻밤을 무두장이 시몬의 집에서 기숙하고 바로 다음 날 욥바에 있던 여섯 형제들과 함께 가이사랴의 고넬료 집을 향해 출발했습니다. 그리고 다음 날 목적지에 도착했을 때 그를 기다리고 있는 상당히 많은 사람들을 발견했습니다(23-27절). 이들은 고넬료가 베드로가 올 것을 확신하고 불러 모은 그의 일가 친척들이었습니다.

베드로는 예수님에 관한 복음의 좋은 소식을 모인 무리들에게 전했습니다 (34-43절). 그가 한창 설교하고 있을 때 성령이 말씀을 듣고 있는 모든 이방인들에게 임했습니다(44절). 오순절 날 예루살렘 교회의 120문도 모두에게 하나도 예외 없이 성령이 임했듯이, 고넬료의 집에 모인 모든 사람에게 성령이 임했습니다. 소위 '이방인들의 오순절'이라 불리는 사건이 일어났습니다.

얼마 후에 유대에 있는 사도들과 형제들이 이방인들도 하나님의 말씀을 받았다는 소식을 듣게 되었습니다(11:1). 이때 이방인들의 구원에 대해 부정적인 생각을 가지고 있었던 할례파 신자들이 사도 베드로가 할례 받지 않은 자의 집에서 식탁 교제한 사실을 노골적으로 비난했습니다. 하지만 베드로에게 일의 자초지종을 들은 후 비난을 멈추고 하나님께서 이방인들에게도 생명에 이르는 회개를 허락하심을 인하여 그분께 찬양을 돌렸습니다(2-18절).

비록 예루살렘 교회가 적극적으로 이방인 선교에 참여하지 않았다고 할지라도 이 교회의 공인은 하나님의 섭리를 바로 인식한 조치였습니다. 하나님께서는 이미 이방인에게 복음을 전하기 위해 이방인의 사도 사울을 택하여 다소에 대기시켜 놓았습니다.

예루살렘 교회가 이방인 선교를 결정적으로 인정했으니 이제는 이방인들에게 본격적으로 복음을 전하는데 심혈을 기울일 교회만 있으면 되는 것입니다. 이는 바로 다음 장에서 다루는 최초의 이방인 중심의 안디옥 교회의 탄생에서 실현됩니다. 54)

L(Location) 사역장소 이전

◎ '주의 손'이 함께할 때

스데반의 순교와 함께 밀어닥친 예루살렘 교회의 큰 환난으로 인해 흩어진 사람들은 인근 유대와 사마리아 지방뿐만 아니라 멀리 떨어진 베니게와 구브로, 그리고 심지어는 안디옥에까지 이르러 복음을 전했습니다(11:19).

이들 대부분은 유대인들에게만 복음을 증거했지만 그중 극소수인 구브로와 구레네 출신의 유대인 신자들은 안디옥에서 헬라인들에게도 주 예수에 관한 좋은 소식을 전파했습니다(20절). 그 결과 전혀 생각하지도 않았던 일이 일어났습니다.

> **"주의 손이 그들과 함께 하시매** 수많은 사람들이 믿고 주께 돌아오더라"
> (21절).

어떻게 기적과 능력의 사도 베드로도 아니고 그저 박해를 피해서 도망온 소수의 무명의 신자들이 성령이 감동하시는 대로 이방인들에게 복음을 증거했는데 이토록 놀라운 일이 벌어진 것일까요?

그것은 '주의 손'이 이들과 함께했기 때문입니다. 하나님의 손길이 함께 할 때 개인에게는 '형통'이 있고 교회에는 '부흥'이 찾아옵니다. 야곱의 아들 요셉은 형제들에게 미움을 받아 애굽의 노예로 팔려갔지만 하나님께서 그와 함께 하시자 손대는 일마다 잘 되는 만사형통의 축복을 받았고(창 39:2-3), 종국에 가서는 애굽의 총리가 되어 천하를 호령하게 되었습니다(창 41:43).

초대 예루살렘 교회 또한 주께서 함께하시자 주변의 모든 사람들로부터 칭송을 받고 구원 받는 사람들이 날마다 더하는 폭발적인 부흥을 맛보게 되었습니다(행 2:47).

◉ 선교 본부 이전

결국 시대적인 사고의 한계를 과감히 뛰어넘어 헬라인들에게까지 복음을 증거한 소수의 이름없는 증인들을 통해서 최초의 이방인 교회인 '안디옥 교회'가 탄생하게 되었습니다. 시리아 안디옥은 당시 인구 50만에 달하는 로마 제국에서 세 번째 큰 도시(첫째는 로마, 둘째는 알렉산드리아)로 도처에서 모여온 다민족 사회였으므로 복음의 불꽃을 피우기에는 가장 적합한 곳이었습니다.

예수님이 공생애 사역을 본격적으로 시작하실 때 고향 나사렛에서 사람들이 많이 사는 가버나움으로 사역 장소를 옮기셨던 것처럼, 하나님은 이제 이방 선교를 본격적으로 시작하는 시점에서 예루살렘에서 땅끝으로 가는 길목에 있는 인구 밀집지역 안디옥으로 선교 본부(Mission Headquarter)를 이

전시키려는 계획을 진행시키고 있는 것입니다.

안디옥에서 허다한 이방인들이 주님께 돌아왔다는 소식이 예루살렘 교회에 전해지자 이미 고넬료 사건을 통해 이방인 선교를 공식적으로 인정했던 교회는 그들에게 복음을 증거한 사람들과 같은 구브로 출신으로 헬라어에 능숙한 바나바를 안디옥으로 파송했습니다(22절). 바나바는 안디옥에 와서 하나님의 은혜를 확인하고 기뻐하며 주님을 영접한 이방인 신자들에게 굳은 마음으로 주님께 계속 신실한 자로 남아 있으라고 권했습니다(23절).

성령과 믿음이 충만한 데다가 인품까지 훌륭한 바나바가 안디옥에 와서 이 이방인 신자들을 열심히 지도하자 안디옥 교회는 더욱 성장하게 되었습니다(24절). 그래서 바나바는 홀로 사역을 감당하기에 버거워서 다소에 가서 사울을 데려와 함께 팀 사역을 하게 되었습니다(25절). 이들 둘이 한마음이 되어 안디옥 교회의 큰 무리를 체계적으로 가르치고 양육한 결과 주변 사람들은 그들을 '그리스도인'이라 불렀습니다(26절).

◉ 먹다 죽다

안디옥 교회가 바나바와 사울의 헌신으로 인해 날로 성장하고 있을 때에 예루살렘에서 '아가보(Agabus)'라 하는 선지자가 안디옥에 와서 천하에 큰 흉년이 들 것이라고 예언을 했습니다(27-28절). 그의 예언은 로마 황제 글라우디오(Claudius)의 통치 기간(주후 31-54년) 중에 실현되었습니다.

아가보의 예언대로 큰 흉년이 있었을 때에 유대 지역에 사는 성도들은 큰 타격을 입었습니다. 이 사실을 알게 된 안디옥 교회는 그들에게 부조를 보내기로 작정하고 구제금을 모아 바나바와 사울을 통하여 예루살렘의 장로들에게 보냈습니다(29-30절).

바나바와 사울이 안디옥 교회 성도들의 구호금을 가지고 예루살렘에 올라가는 바로 그때에 헤롯이 손을 들어 예루살렘 교회 지도자들을 해하려고 하여 요한의 형제 사도 야고보를 칼로 죽였습니다. 그리고 이 일을 유대인들이 기뻐하자 베드로도 잡아 죽이려고 체포하였으나 때가 무교절이어서 옥에 가두었습니다(12:1-3).

여기 1절에 등장하는 악한 임금 헤롯은 예수님 탄생 때에 베들레헴 지경 안에 있던 두 살 이하의 사내아이들을 잔인하게 살해했던 대(大) 헤롯이나 주님께 '여우'라고 비난 받았던 그의 아들 헤롯 안티파스도 아니고 대 헤롯의 손자 '헤롯 아그립바 1세'였습니다.

피는 못 속인다고 그는 야고보를 죽인 것으로 성이 안 차서 베드로마저 죽이려고 그를 옥에 가둔 후 경비를 이중삼중으로 세워 놓고 철통감시를 하게 했습니다(4절). 이러한 극심한 박해 속에서 교회는 베드로마저 잃을까 봐 그를 위해서 하나님께 간절히 기도 드렸습니다(5절). 그리고 하나님께서는 성도들의 기도에 즉시 응답하셔서 천사를 베드로가 갇힌 옥에 급파하셨습니다. 그로 인해 도저히 탈출 불가능해 보이는 감옥에서 베드로는 극적으로 구출되었습니다(7-10절).

여기 사도 야고보의 순교와 사도 베드로의 구출 사건을 지켜보면서 우리 신자들의 마음 한 켠에는 이런 의구심들이 들 수도 있을 것입니다.

왜 하나님께서는 동일한 사도인데 야고보는 데려가시고 베드로는 살려 주셨을까? 야고보와 요한은 세베대의 두 아들인데 어째서 하나님은 야고보는 사도 중 첫 순교의 제물이 되게 하시고 요한은 사도들 가운데 가장 장수하여 거의 100세에 가깝게 평안히(?) 살다가 하늘 나라에 가게 하셨을까? 베드로와 요한은 평소에 잘 보였고 야고보는 밉보여서 하나님께서 그렇게 하셨을까요? 우리 하나님은 편애하는 하나님인가요? 결코 그렇지 않습니다. 속된 말로 오래만 살면 장땡입니까?

창세기 5장을 보면 인류 역사상 가장 오래 산 사람 '므두셀라'가 등장합니다. 그가 몇 살까지 살았습니까? 무려 '969'세까지 살았습니다. 100살까지만 살아도 장수한 것인데 그것의 10배나 살았습니다. 그런데 이 사람이 한 일이 뭡니까? 25-27절에 "그저 먹고, 자녀 많이 나고 살다 죽었더라"고 했습니다. 한마디로 말하면, '먹다 죽다.' 한 일 거의 없습니다. 이렇게 오래만 살면 뭐합니까? 단명하더라도 에녹처럼 하나님과 동행하는 삶을 살아야지요.

오래 사는 것만이 하나님의 축복은 아닙니다. 하루를 살더라도 뭔가 의미 있고 가치 있는 일 하다가 하나님 나라 가는 것이 더 중요합니다. 어떤 면에서 보면 사도 야고보는 하나님 나라에 '일등'으로 골인한 것입니다. 천국에 '제일 먼저' 입성한 것입니다.

◉ 교만한 자의 말로

구출된 베드로는 성도들이 모여 기도하고 있는 마가 요한의 어머니 마리아의 집으로 갔습니다. 그리고 거기 있던 사람들에게 주께서 자기를 이끌어 옥에서 나오게 한 일을 설명하고 예수님의 동생이자 예루살렘 교회의 지도자인 야고보와 장로들에게 이 사실을 알려주라고 말한 후 그곳을 떠나 다른 장소로 피신했습니다(12-17절).

한편 베드로를 가두었던 옥에서는 일대 소동이 일어났습니다. 철통감시를 받고 있던 베드로가 쥐도 새도 모르게 사라지자 흥분한 헤롯은 경계를 서고 있던 죄 없는 병사들에게 분풀이를 했습니다. 그는 수십 년 전 조부 대 헤롯이 베들레헴 지경에서 그랬던 것같이, 베드로의 감시병 16명 모두를 잔인하게 처형했습니다. 그리고 유대를 떠나 가이사랴로 내려갔습니다(18-19절).

헤롯이 가이사랴에서 통치하고 있는 동안 그로부터 식량을 공급 받고 있던 두로와 시돈 지역 사람들이 헤롯을 크게 노하게 했습니다. 그래서 이들은 행여나 식량 공급이 중단될까 봐서 헤롯의 측근 블라스도에게 청탁하여 화해를 요청했습니다(20절). 헤롯은 두로와 시돈 백성들의 제의를 수용하여 한 날을 지정하고 그 날에 화려한 왕복을 차려 입고 그들 앞에서 연설을 했습니다(21절). 연설을 듣던 백성들은 왕에게 잘 보이기 위해서 마음에도 없는 아첨의 말을 내뱉었습니다.

"이것은 신의 소리요 사람의 소리가 아니다"(22절).

이 말을 들은 헤롯은 그들을 만류하기는커녕 오히려 아첨 소리를 즐겼습니다. 당연히 돌려야 할 영광을 하나님께 돌리지 않자 주의 사자가 헤롯을 쳤습니다. 그래서 결국 그는 충(蟲)이 내장을 다 갉아 먹어 죽게 되었습니다(23절).

사도 야고보를 죽였을 때에도 하나님은 그를 심판하지 않았습니다. 베드로를 죽이려고 옥에 가두었을 때도 참으셨습니다. 하지만 그 누구에게도 내어주지 않겠다고 이사야서에서 두 번(사 42:8; 48:11)이나 선언한 '자신의 영광'을 가로챘을 때에는 가차없이 치셨습니다.

하나님은 자신의 독생자 예수까지도 내어주시지만 영광만은 그 누구에게도 빼앗기지 않는 분이십니다. 그러므로 우리 신자들은 헤롯처럼 교만하게 굴다가 불벼락 맞기 전에 마땅히 돌려야 할 영광을 하나님께만 돌려야 할 것입니다.

베드로를 구출한 그 동일한 천사의 손에 의해 교회의 적 헤롯이 제거되자 복음이 급속도로 확산되었습니다.

"하나님의 말씀은 흥왕하여 더하더라"(24절).

　한편 큰 흉년을 당한 예루살렘 교회를 돕기 위해 마련한 부조금을 가지고 안디옥에서 예루살렘을 방문했던 바나바와 사울은 교회 장로들에게 그 돈을 전달한 후, 마가 요한을 데리고 다시 안디옥으로 돌아왔습니다(25절). 이들이 예루살렘에 가서 임무를 마치고 돌아왔다는 말은 그들 앞에 또 다른 임무-이어지는 13장부터 전개될 3차에 걸친 선교 여행-가 기다리고 있음을 시사합니다.

복음의 로마 여행
(M to R)

Day 39

M(Mission Journey) 선교 여행

◎ 3차에 걸친 대장정

12장에서 사도 베드로는 혜롯의 옥에서 풀려나 마가 요한의 어머니 마리아의 집을 잠시 방문한 후 어디론가 떠납니다. 이후 그는 15장의 예루살렘 종교회의에서 한 번 등장하고 더 이상 사도행전에 나오지 않습니다.

사도행전 전반부(1-12장)에서 맹활약했던 베드로가 사라지는 사건은 이제 예루살렘 교회와 그 교회의 리더였던 베드로의 시대는 가고 안디옥 교회를 중심으로 사도행전 후반부(13-28장)를 이끌어 갈 뉴 리더 바울의 시대가 도래하고 있음을 예고합니다.

바나바와 사울은 안디옥 교회로 돌아와서 선지자들과 교사들과 더불어 주를 섬기며 금식하고 있었습니다. 그때 성령께서 "내가 불러 시키는 일을 위하여 바나바와 사울을 따로 세우라"고 말씀하셨습니다. 그래서 이들은 두 사람의 머리 위에 안수하고 선교 현장으로 파송했습니다(13:1-4).

이로 인해 사도 바울의 무려 20,000km에 달하는 '이방인 선교 여행'의 대장정의 서막이 시작되었습니다. 사도행전에는 바울이 총 세 번에 걸쳐서 선교 여행을 떠난 것으로 나와 있는데, 13장 4절-14장 28절에 기록된 1차 여행은 주후 47-48년, 15장 36절-18장 22절에 기록된 2차 여행은 49-51년, 그리고 18장 23절-21장 26절에 기록된 3차 여행은 52-57년에 이루어졌습니다.

◉ '바예수'면 예수의 아들답게 살라

바나바와 사울이 성령의 지시를 받고 떠난 제 1차 선교 여행의 주된 목표는 소아시아 지방의 이방인들을 주께로 인도하는 것이었는데, 그 여행 루트는 안디옥 → 살라미 → 바보 → 버가 → 비시디아의 안디옥 → 이고니온 → 루스드라 → 더베 → 루스드라 → 이고니온 → 비시디아 안디옥 → 버가 → 앗달리아 → 안디옥이었습니다.

바나바와 사울이 안디옥 교회의 파송을 받아 배를 타고 처음 간 곳은 바나바의 고향 구브로였습니다. 이때 예루살렘에서 데려온 바나바의 사촌 마가 요한도 두 선교사의 조수로 동행했습니다.

구브로는 안디옥에서 남서쪽 방향으로 96km 떨어져 있는 큰 섬으로 이들은 먼저 이 섬의 동해안에 위치한 상업 중심지 살라미로 직행하여 그곳에 있는 유대인들의 회당을 찾아 다니면서 말씀을 전했습니다(5절). 이어서 구브로의 북서 해안에 있는 바보로 향했습니다. 바보에는 로마 총독부가 있어서 선교사들은 그 총독부를 찾아갔는데 거기서 유대인 거짓 선지자인 마술사 엘루마를 만났습니다.

이 마술사의 별명은 '바예수'였는데, 자신의 마술을 통해 총독 서기오 바울에게 상당한 신임을 얻고 있었습니다. 그런데 총독이 바나바와 사울을 통해 하나님의 말씀을 듣고자 할 때 극구 반대했습니다(7-8절). 그는 선교사들이 전하는 메시지를 듣고 총독이 복음을 믿게 되면 자신의 마술이 무용지물이 될까 봐 두려워서 반대했던 것으로 보입니다.

성령으로 충만해진 사울은 바예수에게 심한 방해를 받고 있는 상황에서 총독에게 성공적으로 복음을 전파하는 것은 불가능하다고 판단해서 "모든 거짓과 악행이 가득한 자요 마귀의 자식이요 모든 의의 원수여 주의 바른 길을 굽게 하기를 그치지 아니하겠느냐"고 그를 책망했습니다. 그리고 "주의 손이 너를 쳐서 맹인이 되게 할 것이라"고 하나님의 심판을 선언했습니다. 그러자 즉시 안개와 어둠이 그를 덮어 엘루마는 앞을 전혀 보지 못하게 되었습니다. 그래서 자신을 인도해 줄 사람을 더듬어 찾았습니다(9-11절).

'바예수'란 '예수[구원]의 아들'이란 뜻인데 이 자(者)는 자신의 이해관계 때문에 총독이 복음을 듣고 예수를 믿어 구원에 이르고자 할 때 적극적으로 방해했습니다. 그는 실제로 '바예수'가 아니라 '바마귀'였던 것입니다. 그래서 사울은 이 마술사를 '마귀의 자식'이라 불렀던 것입니다(9절). 스스로 바예수라 칭하며 참 선지자 행세하던 자의 위선의 탈을 벗겨 버림으로써 거짓 선지자요, 바마귀로서 그의 정체를 백일하에 폭로했던 것입니다.

이렇게 본인도 믿지 않을뿐더러 타인까지 예수를 믿지 못하게 훼방하는 엘루마와 같은 인간은 제아무리 현란한 매직 쇼를 하면서 자신이 구원을 베푸는 예수의 아들이라고 떠들어댄다 할지라도 결국 마귀의 자녀요 마귀의 하수인에 불과한 것입니다. 그러므로 이런 사악한 자에게는 하나님의 준엄한 심판이 있을 뿐입니다.

사랑하는 여러분! 바예수를 이천 년 전 구브로 섬 바보에서 사도 바울에게 책망 받던 그 바예수로만 생각하지 마십시오. 이천 년이 지난 오늘 예수를 믿는 우리 각자가 바로 '예수의 아들 바예수'입니다. 그러므로 바예수면 예수의 아들답게 예수를 몰라 죽어가는 심령들에게 예수를 전하여 구원에 이르게 합시다. 진정 바예수로 산 사람의 앞 길에는 하나님의 크신 상급이 기다리고 있을 것입니다.

결국 총독 서기오 바울은 선교사 사울을 통해서 역사하시는 하나님의 위대한 손길을 보고 놀라서 복음을 받아들이고 주 예수를 믿게 되었습니다(12절). 그는 구브로 지역의 최고위층 인사였기에 자신의 회심과 더불어 수하의 허다한 무리를 주님께 인도했을 것임이 자명해 보입니다.

서기오 바울 개종사건 이후부터 계속해서 사울은 바울이라는 이름으로 사도행전에 나옵니다. 사울은 유대식 이름이고, 바울은 로마식 이름입니다. 그는 이방인의 사도로 부르심을 받았기에 이방 선교를 시작하는 시점에서 누가는 보다 적합한 이름 '바울'을 의도적으로 사용하고 있는 것입니다. 그리고 또한 이때부터 '바나바와 사울'이라는 표현이 '바울과 바나바'로 바뀌게 됩니다. 이는 선교팀을 이끄는 주도권이 바나바에서 바울에게로 넘어갔음을 시사합니다.

● 죽 쒀서 개(?) 주다

구브로에서 서기오 바울에게 복음을 증거한 바울 일행은 바보에서 배를 타고 그곳에서 280km 정도 북서쪽에 위치한 밤빌리아 지방으로 이동했습니다. 그리고 그 지방의 중심 도시 버가로 갔습니다. 이때 바울과 바나바의 조력자 마가 요한이 어떠한 이유인지는 모르나 선교를 중도에 포기하고 예루살렘으로 돌아가는 불행한 사건이 발생했습니다(13절). 마가가 떠났을 때 두 선교사는 사역을 포기하고 그와 함께 돌아가지 않고 버가에서 북쪽으로 200km 정도 떨어져 있는 비시디아에 있는 안디옥으로 갔습니다 (14절).

비시디아 안디옥에 도착한 바울과 바나바는 살라미에서 그랬던 것처럼 유대인 회당에 들어가서 복음을 증거했습니다(15-41절). 회당에서 바울의 설교를 들은 회중들은 큰 은혜를 받았습니다. 그래서 다음 안식일에도 말씀을 꼭 좀 전해달라고 신신당부를 했습니다. 그리고 그 다음 안식일에는 온 시민이 거의 다 하나님의 말씀을 듣고자 모이는 엄청난 역사가 벌어졌습니다(42-44절).

선교사들이 전한 복음의 메시지를 듣고 사람들이 벌떼처럼 몰려들자 유대인들의 마음 한 켠에 시기심이 쌓이기 시작했습니다. 그래서 이들은 바울이 전한 메시지를 반박하고 비방했습니다(45절). 이에 바울은 "하나님의 말씀을 먼저 너희에게 전했으나 너희가 그것을 버리고 영생을 얻기에 합당하지 않은 자로 자처하기로 우리가 이방인에게로 향하노라"고 담대히 선언했습니다. 그리고 "내가 너를 이방의 빛으로 삼아 너로 땅끝까지 구원하게 하리라"는 이사야 49장 6절 말씀을 인용하여 자신들의 진술을 정당화했습니다(46-47절).

하나님의 구원의 물줄기가 이제 유대인에게서 이방인에게로 돌아섰다는 바울의 말을 들은 이방인들은 크게 기뻐하며 복음을 쌍수를 들어 환영했습니다. 그래서 하나님께서 영생을 주시기로 작정된 자들이 모두 예수 그리스도를 영접하게 되는 놀라운 일이 일어났습니다(48절).

한편 선교사들을 극구 반대하던 유대인들은 경건한 귀부인들과 그 시내 유력자들을 선동해서 바울과 바나바를 박해하게 하여 그들을 비시디아 안디옥에서 쫓아냈습니다(50절). 그래서 두 선교사는 복음을 거부한 유대인을 향하여 너희와 이 복음과는 아무런 상관이 없다는 경고의 표시로 발의 티

끝을 떨어버리고 이고니온으로 향했습니다(51절).

유대인들은 하나님이 바울과 바나바를 통해 복음(Good News)이라고 하는 좋은 것을 손에 쥐어 주었음에도 불구하고 받아 먹지 않고 배척했습니다. 그로 인해 결국 자신들이 '개'처럼 업신여긴 이방인들에게 복음의 바톤이 넘어가게 되었습니다. 속된 말로 죽 쒀서 개 준 꼴이 된 셈입니다.

◎ 자기 우상화를 극복하는 길

비시디아 안디옥에서 동남쪽 방향으로 약 120km 떨어진 고원 지대 이고니온에 도착한 바울과 바나바는 유대인의 회당에 들어가서 복음을 증거했는데 불신 유대인들이 이방인들을 선동하여 모욕하며 돌로 쳐 죽이려고 했습니다. 그래서 그들은 거기에서 남쪽으로 약 30km 떨어진 루스드라로 피신하지 아니할 수 없었습니다(14:1-7).

선교사들이 피신한 루스드라에는 나면서부터 걷지 못하게 된 선천성 불구자가 있었는데, 그는 사도 바울이 전하는 복음의 메시지를 귀 기울여 들었습니다. 바울은 그 사람을 주의 깊게 보고 그에게 구원받을 만한 믿음이 있는 것을 발견하게 되었습니다. 그래서 복음 증거를 중단하고 "네 발로 바로 일어서라"고 큰 소리로 말했습니다. 그러자 지금까지 한번도 걸어 본 적이 없던 병자가 앉은 자리에서 벌떡 일어서는 놀라운 일이 일어났습니다(8-10절)

사도행전 3장에서 베드로가 성전 미문에서 구걸하던 나면서부터 못 걷게 된 병자를 치유할 때는 "나사렛 예수의 이름으로 걸으라"고 명령한 후에 걸인의 오른손을 붙들고 그를 일으켰습니다. 하지만 바울은 단지 말로만 "일어서라"고 했을 뿐 그 사람을 돕기 위해 어떠한 행위도 하지 않았습니다. 그런데도 이 병인은 즉시 스프링처럼 튀어 올라 일어나 걷게 되었습니다.

사도 베드로를 능가하는 바울의 엄청난 치유 이적을 목도한 원주민들은 크게 흥분하여 자기들의 방언으로 "신들이 사람의 형상으로 우리 가운데 내려오셨다"고 외치며 바나바를 그리스 모든 신들의 우두머리인 '제우스(Zeus)'로, 그리고 주된 연설자였던 바울을 그리스의 웅변의 신이며 연설의 창시자로 알려진 '헤르메스(Hermes)'로 칭하며 소를 잡아서 숭배하려고 했습니다 (11-13절).

이에 사람들의 참담한 행동에 대한 자신들의 혐오를 표현하기 위해 두 선교사는 옷을 찢고 무리 가운데 뛰어 들어가서 그들이 하려는 행동을 막고 자신들도 그들과 똑같은 연약한 인간에 불과하니 신으로 착각하여 희생 제사를 드리지 말라고 주장했습니다(14-15절).

바울과 바나바의 이러한 귀감이 되는 행동은 자기 우상화의 유혹에 빠질 수 있는 상황에 처했을 때 우리 신자들이 하나님 앞에서 어떻게 처신해야 할지 바른 모델을 제시해 줍니다.

이 때 선교사들이 그냥 눈 한번 질끈 감고 현 상황을 있는 그대로 받아들였다면 그들은 하루 아침에 스타가 되어서 찬양과 경배를 받을 수 있었을 것입니다. 그 순간은 "내가 하나님이다"라고 굳이 발설하지 않더라도 영광스러운 보좌에 앉을 수 있는 절호의 기회였습니다. 하지만 바울과 바나바는 헤롯처럼 행동하지 않고 자신들을 향한 그 영광을 고스란히 하나님께 돌리고 "우리도 너희와 똑같은 성정을 가진 사람이라"고 선언했습니다.

이렇게 선교사들처럼 창조주가 아니라 피조물로서 자기 주제를 제대로 파악하는 것만이 우리 신자가 사는 길이고, 자기 우상화의 유혹을 극복하는 유일한 비결인 것입니다.

◉ 말발이 서려면 '낙타무릎'이 되라

루스드라 전도 후, 두 선교사는 그곳에서 동남쪽으로 75km 정도 떨어진 더베로 이동해서 거기서 복음을 증거했습니다. 그리고 그들은 지금까지 거쳐왔던 선교지를 역순으로 돌아가면서 방문하고 자신들을 파송한 선교 본부 안디옥으로 돌아왔습니다.

바울과 바나바가 선교지에서 돌아와 안디옥에서 휴식을 취하고 있을 때에 바리새파 계통의 유대인 신자들이 유대에서 내려와 안디옥 교회에 있는 이방인 신자들도 자기들처럼 모세의 율법대로 할례를 받지 않으면 구원을 얻지 못할 것이라고 주장함으로써 논란을 불러일으켰습니다(15:1).

이 일로 인해 이들과 바울과 바나바 사이에 적지 않은 변론이 일어났습니다. 논쟁은 비록 안디옥에서 발생했지만 문제를 야기시킨 장본인들이 유대, 즉 예루살렘에서 내려온 자들이었기에 이곳에서 근본적으로 해결할 수는 없었습니다.

그래서 안디옥 교회는 이와 비슷한 문제(고넬료 사건)를 매끄럽게 처리한 전례가 있는 예루살렘 사도들로부터 이 문제에 대한 최종 판결을 얻기 위해 교회의 두 지도자 바울과 바나바를 중심으로 한 대표단을 그곳으로 파송했습니다(2절).

예루살렘에 도착한 안디옥 교회 파송단은 예루살렘 교회 성도들과 사도들 그리고 장로들의 영접을 받았습니다. 그리고 그들은 하나님께서 자기들과 함께 하셔서 행하신 모든 일들을 말해 주었습니다(4절). 이때 바리새파에 속한 일부 신자들이 일어나 안디옥에서 주장한 것과 비슷하게 이방인들도 자신들과 같이 할례를 받고 모세 율법을 지키는 것이 절대적으로 필요하다고 주장했습니다(5절).

이에 사도와 장로들이 이 문제를 논의하기 위해 모였는데, 이것이 바로 '예루살렘 종교회의'입니다. 이렇게 소집된 종교회의에서 '율법을 지키고 할례를 받아야 구원받는다'는 이 유대인들의 주장을 어떻게 유권 해석하느냐는 참으로 중요한 문제였습니다.

만일 예루살렘 교회의 사도들과 장로들이 일부 바리새파 계통의 유대인 신자들의 주장을 그대로 받아들여 할례와 모세의 율법의 준수를 이방인 신자들에게도 구원받는 필수 요건으로 요구한다면 바울과 바나바가 지금까지 증거한 복음은 하자가 있는 반쪽 복음이요 보충되어야 할 불완전한 복음으로 낙인 찍히고 말 것이기 때문입니다.

회의는 베드로의 설교(6-11절), 바울과 바나바의 선교 보고(12절), 그리고 야고보의 연설(13-18절)의 순으로 진행되었는데, 우상의 더러운 것과 음행과 목매어 죽인 것과 피를 멀리하는 것 외에는 그 어떠한 멍에도 예수 믿는 이방인들에게 짊어지게 하지 말자는 야고보의 중재안이 최종 낙찰되었습니다(19-21절).

예수님께서 이 세상에 계시는 동안 형제들과 더불어 그를 그리스도로 믿지 않았던 야고보가 어떻게 이렇게 베드로와 바울과 같은 쟁쟁한 사도들과 어깨를 나란히 하면서 자기 주장을 펼 수 있었을까요? 게다가, 자신의 안을 제시하여 최종적으로 채택되게 할 수 있었을까요? 육신의 형 예수 그리스도의 후광을 입었기 때문이었을까요?

야고보가 이렇게 단시간 내에 사도 베드로와 요한과 더불어 예루살렘 초대 교회의 인정받는 지도자가 되고 후에 베드로와 요한이 떠난 교회의 의장 역할을 할 수 있었던 데는 그럴만한 이유들이 있었습니다.

첫째로, 그는 사도 바울처럼 부활하신 주님을 목격했기 때문입니다(고전 15:7). 야고보는 예수님이 이 땅에 계실 때는 자신의 육신의 형제로만 알고 그를 그리스도로 인정하지 않았습니다(요 7:5). 하지만 부활하신 주님을 만난 후에 마리아라는 한 어미의 뱃속에서 나온 형 예수를 '주'와 '그리스도'로 고백했습니다(약 1:1). 부활의 주님을 만난 후 완전히 다른 사람이 되었습니다.

둘째로, 야고보는 행동하는 신앙인이었기 때문입니다. 야고보가 가장 싫어했던 사람은 믿음과 행위가 따로 노는 이중 인격자였습니다. 그래서 그는 자신의 편지에서 "영혼 없는 몸이 죽은 것 같이 행함이 없는 믿음은 죽은 것"이라고 선언합니다(약 2:26). 야고보가 이렇게 말할 수 있었던 것은 자신의 신앙고백이 고스란히 반영된 삶을 살았기 때문일 것입니다. 말뿐이고 행동은 없는 사람이 제아무리 달변을 늘어놓는다고 해도 누가 그 궤변에 귀를 기울이겠습니까?

끝으로, 야고보는 기도하는 사람이었기 때문입니다. 초대교회 전승에 의하면 그는 성전에서 주야로 무릎을 꿇고 자기 백성들에 대한 용서를 하나님께 간구해서 무릎이 마치 낙타의 무릎처럼 딱딱해졌다고 합니다. 야고보처럼 기도하는 사람의 말은 남이 귀담아 듣습니다. 그 말을 허사로 흘려 보내지 않습니다. 이는 구약 사무엘서가 잘 증명해 줍니다. 사무엘상 3장 19절은 사무엘이 한 말은 하나도 땅에 떨어지지 않고 그대로 이루어졌다고 증언합니다. 어떻게 이런 일이 가능할까요? 그 비결은 바로 '기도'에 있습니다.

> "나는 너희를 위하여 기도하기를 쉬는 죄를 여호와 앞에 결단코 범하지 아니하고"(삼상 12:23).

사무엘은 쉬지 않고 기도하는 사람이었습니다. 그 결과 이스라엘 백성은 그를 하나님의 선지자로 인정하고 그의 말을 청종했습니다.

아무리 윽박질러도 자녀들이 당신의 말을 한 귀로 듣고 흘려 버립니까? 입에 거품을 물고 말씀을 가르쳐도 학생들이 그대의 말을 씹습니까?

말발이 전혀 서지 않을 때, 말이 도무지 먹혀 들지 않을 때, 말이 제대로 전달되지 않고 중간에 뚝뚝 떨어지는 경험을 하고 있을 때, 상대에게 원망을 퍼붓지 말고 조용히 무릎을 꿇고 야고보처럼 그 무릎에 옹이가 생길 정도로 기도하십시오. 그리고 하늘의 권세를 덧입어 능력자로 거듭나십시오.

◉ 하나가 둘이 되고

선교를 다녀온 지 일년 가까이 흘렀을 때, 바울은 자신과 바나바를 통해 주님의 말씀을 받은 각 성의 형제들이 어떻게 지내고 있는지 궁금하여 바나바에게 1차 선교지를 재 방문하자고 제안했습니다(36절). 바울의 제안을 바나바는 긍정적으로 받아들였습니다. 하지만 한 가지 걸림돌이 있었습니다.

그것은 전번 선교 여행 때 선교지를 무단이탈하여 두 선교사의 사역에 적지 않은 지장을 초래한 마가 요한을 이번 선교 여행에도 데리고 갈 것인가 하는 문제였습니다.

바나바는 이번에도 마가를 데려가야 한다고 주장했습니다(37절). 그는 위로의 아들답게 마가에게 한번 더 기회를 주고 싶었습니다. 게다가, 마가는 함께 사역하기 위해서 그가 예루살렘에서 데려온 사촌 동생이었습니다. 그러나 바울은 바나바와 생각이 달랐습니다. 그는 영혼의 생사가 왔다갔다하는 긴박한 선교 현장에서 철부지처럼 제멋대로 행동하는 럭비공과 같은 마가를 또 다시 대동하는 모험을 강행하고 싶지 않다고 반대의사를 분명히 표시했습니다(38절).

이와 같은 현격한 견해 차이로 인해 결국 바울과 바나바는 갈라서게 되었습니다. 그래서 바나바는 마가를 데리고 자신의 고향 구브로 섬으로 갔고, 유능한 선배 사역자 바나바를 잃은 바울은 새 파트너로 실라를 선택하여 두 번째 선교 여행을 떠났습니다(39-40절).

바울과 바나바와 같은 믿음의 거장들이 마가 요한의 문제 때문에 서로 등을 돌리고 갈라서는 모습을 바라보면서 우리 신앙인들은 안타까운 마음 금할 길이 없을 것입니다.

하지만 하나님께서는 이 비극적인 일조차 합력하여 선을 이루게 하셨습니다. 두 선교사는 선한 하나님의 일을 두고 헤어지는 불미스러운 행태를 보였지만 하나님께서는 그들을 통해 오히려 두 개의 선교팀을 형성하도록 하셔서 하나님의 일을 더욱 확장시켜 나가셨습니다.

게다가, 바울과 헤어지는 아픔을 감수하면서까지 품어주었던 마가는 사촌 형 바나바의 기대를 저버리지 않았습니다. 그는 바나바와 떠난 두 번째 선교 여행을 통해 변하여 새 사람 되었습니다. 마가의 이러한 변화에 대해서는 바나바와 심히 다투었던 바울이 직접 증언합니다.

"네가 올 때에 마가를 데리고 오라 그가 나의 일에 유익하니라"(딤후 4:11).

회복된 마가 요한은 가까운 장래에 오늘날 우리에게 '마가복음'이라고 알려진 최초의 복음서를 성령의 감동을 받아 집필할 것입니다.

◎ 여호와 이레 하나님의 선물

바울이 실라와 떠난 제 2차 선교 여행 루트는 안디옥 → 더베 → 루스드라 → 이고니온 → 드로아 → 빌립보 → 데살로니가 → 베뢰아 → 아덴 → 고린도 → 에베소 → 가이사랴 → 예루살렘 → 안디옥이었습니다.

1차 선교 여행이 지금의 터키 중남부 지역에 해당하는 소아시아 지역을 중심으로 이루어졌다고 하면, 2차 여행은 유럽의 일부 지역을 중심으로 이루어졌습니다.

안디옥을 출발한 바울과 실라는 더베를 거쳐 루스드라에 이르렀습니다. 이곳에서 두 선교사는 '디모데'라는 청년을 만나게 되었는데 누가는 이 디모데가 어떤 사람이었는지 세 가지 방면에서 소개하고 있습니다.

첫째로, 그는 '제자'였습니다(16:1 상). '제자(마쎄테스)'라는 말은 사도행전에서 보통 기독교의 진리를 잘 배움으로써 건전한 신앙을 소유하고 있는 사람을 가리킬 때 쓰는 말입니다. [55]

둘째로, 디모데는 어머니가 믿는 유대인이었고, 아버지가 헬라인이었기 때문에 사도 바울처럼 유대와 헬라의 이중 문화에 잘 적응할 수 있는 이점을 지닌 사람이었습니다(1절 하).

셋째로, 디모데는 '루스드라와 이고니온에 있는 형제들에게 칭찬 받는 자'였습니다(2절). 그는 자신이 활동하고 있는 루스드라 지역에서뿐만 아니라 30km나 떨어진 이웃 이고니온 지역에 있는 그리스도인 형제들에게까지 칭찬과 인정을 받는 신실한 신앙인이었습니다.

이러한 삼차원적인 조건을 지니고 있는 디모데는 마가 요한의 빈자리를 메우고자 사도 바울을 위해 미리 예배해 놓으신 '여호와 이레 하나님의 선물'이었습니다.

● 함께 갑시다 내 아버지 집

루스드라에서 디모데를 얻은 바울 일행은 그곳을 떠나 이고니온 등 1차 선교 여행 때에 복음을 증거했던 지역들을 돌아보았습니다. 그리고 이어서 터키의 남서쪽 끝 지역인 아시아 지방을 다음 선교 목표로 삼았습니다. 그러나 성령이 아시아에서 말씀을 전하지 못하게 하셔서 터키의 중앙 지역인 브루기아와 갈라디아 지방을 거쳐 무시아의 에게 해 항구 드로아로 갔습니다(6-8절).

선교사들을 드로아로 이끈 성령께서는 바울에게 밤중에 환상을 보여주셨습니다. 환상 가운데 마게도냐 사람 하나가 나타나서 그에게 건너와서 우리를 도우라고 간청했습니다(9절). 바울은 이 환상을 마게도냐에 가서 복음을 증거하라는 하나님의 뜻으로 받아들이고 선교팀을 이끌고 마게도냐의 첫 성 빌립보로 건너갔습니다(10-12절).

빌립보는 이방인들이 주를 이루고 있었기 때문에 비록 마게도냐의 으뜸가는 도시들 중의 하나였지만 유대인 회당 하나 없었습니다. 그래서 바울 일행은 안식일에 기도 장소를 찾아 성문 밖 강가로 갔습니다. 그곳에는 여인네들 몇 명이 옹기종기 모여 있었는데, 바울은 모인 자들을 향해 말씀을 선포했습니다. 이때 루디아라는 여인의 마음을 하나님께서 열어 주셔서 바울이 증거하는 복음을 받아들이고 회심하게 했습니다(13-14절).

변화된 루디아는 자기 하나 예수 믿고 구원받은 것으로 만족하지 않았습니다. 그녀는 온 가족을 주님께 인도했습니다. 그녀와 그녀의 온 집은 믿음의 표로 세례를 받았습니다. 그리고 자신의 집을 오픈하여 빌립보 성의 총 선교 본부가 되게 했습니다(15절, 참고. 40절).

이렇게 한 잃은 영혼이 주님께 돌아온 그 여파로 인해 온 가족이 구원받는 축복의 역사가 빌립보 성에서 한 차례 더 일어났습니다.

바울과 실라는 기도하러 가다가 악한 마귀에 사로잡혀 점치는 노예 소녀 하나를 만났습니다. 이 여종은 점으로 그 주인들에게 큰 이익을 주고 있었는데, 바울은 어린 소녀가 귀신 들려 고통 받는 것을 차마 눈 뜨고 볼 수 없어서 예수의 이름으로 귀신을 쫓아냈습니다. 그러자 수입원이 끊어진 포주들은 크게 분노하여 바울과 실라를 관리들에게 고발하고 영문도 모르는 관리들은 두 선교사를 심하게 매질한 후, 발에 차꼬를 채워 옥에 가두었습니다(16-24절).

선한 일을 했다가 억울하게 봉변을 당하고 옥에 갇힌 바울과 실라는 원망하기보다는 오히려 하나님께 기도하고 찬송했습니다(25절). 기도와 찬송 소리를 들으신 하나님께서는 큰 지진이 일어나게 하셔서 옥 터가 움직이고 옥문이 열리고 매었던 차꼬가 저절로 풀어지게 하셨습니다(26절).

잠에서 깨어난 간수는 옥문이 열려 있는 것을 보고 죄수들이 모두 탈출했다고 생각하여 칼을 빼서 자결하려고 했습니다(27절). 그때 바울은 큰 소리로 "네 몸을 상하지 말라 우리가 다 여기 있노라"고 외쳤습니다(28절). 간수는 감방 안으로 달려 들어와 바울과 실라를 데리고 밖으로 나왔습니다. 그리고 엎드려 벌벌 떨면서 "선생님들! 내가 어떻게 하여야 구원을 얻으리이까?"라고 진지하게 물었습니다(29-30절).

이 질문에 두 선교사는 "주 예수를 믿으라 그리하면 너와 네 집이 구원을 받으리라"고 대답했습니다(31절). 간수는 즉시 주님을 영접했습니다. 그리고 바울과 실라를 자기 집으로 데리고 가서 자신의 집에 있는 모든 사람에게 복음을 듣게 해 주었습니다(32절). 그 결과 온 가족이 예수를 믿고 그 징표로 세례를 받았습니다(33절). 루디아와 간수의 회심을 통해 결국 온 가족이 구원받는 놀라운 일이 벌어졌습니다. 그 결과는 34절 후반부에 나옵니다.

"그와 온 집안이 하나님을 크게 기뻐하니라."

성경에서 예수 만난 사람들의 한결같은 반응은 '큰 기쁨'이었습니다(참고, 마 2:10; 눅 2:10; 행 8:8).

이 엄청난 희락을 혼자만 만끽하고 계신 분 있습니까? 사실 사랑하는 사람이 없는 천국이 무슨 소용이 있겠습니까? 내 사랑하는 부모님, 내 사랑하는 아내, 내 사랑하는 남편, 내 사랑하는 자녀가 없는 천국이 무슨 의미가 있겠습니까?

주의 은혜로 내가 먼저 복음을 듣고 예수를 영접했다면, 이제 그 복된 소식을 루디아와 간수처럼 내 가족과 이웃에게도 들려 줍시다. 그래서 믿게 된 형제, 자매들과 손에 손을 잡고 이렇게 찬송합시다.

"함께 갑시다 내 아버지 집 참된 기쁨이 있는 곳."

◎ 데살로니가 유대인인가? 베뢰아 사람인가?

빌립보에서 루디아와 간수를 비롯한 그들의 온 가족을 회심시킨 바울 일행은 암비볼리와 아볼로니아를 거쳐서 데살로니가에 이르렀습니다. 이 도시는 마게도냐의 수도로 당시 인구가 10만 정도였으며 빌립보와는 달리 유대인의 회당이 있었습니다. 그래서 바울과 실라와 디모데는 안식일에 세 번 회당에서 복음을 전파했습니다(17:1-3).

선교사들의 복음 증거에 경건한 헬라인의 큰 무리와 적지 않은 귀부인들이 호응했습니다(4절). 반면에 유대인들은 시기심으로 가득 차서 폭력배들을 동원하여 바울 일행이 머물고 있는 야손의 집을 습격하는 등 일대 소동을 일으켰습니다. 그래서 하는 수 없이 바울과 실라는 디모데만 그곳에 남겨두고 데살로니가에서 남서쪽 80km 정도 떨어진 베뢰아로 피신했습니다(5-10절).

베뢰아에 도착한 바울 일행은 그곳 회당에 들어가서 하나님의 말씀을 증거했는데, 베뢰아 사람들은 데살로니가 유대인들과 달리 마음 문을 활짝 열고 말씀을 들었습니다. 그리고 거기서 그치지 않고 들은 말씀을 날마다 성경을 통해 확인했습니다. 그 결과 많은 사람들이 주님을 믿게 되었습니다(11-12절).

베뢰아에 있는 유대인들과 회당에 소속된 이방인들은 바울과 실라에게 복음만 받아들였지 일체 그들에게 저항하거나 반대하는 일을 하지 않았습니다. 반면에, 데살로니가의 극성스러운 유대인들은 바울이 베뢰아에서도 하나님의 말씀을 선포하고 있다는 사실을 알고 그곳까지 내려와 무리들을 선동하여 소동을 일으켰습니다(13절). 데살로니가에서 원정 핍박 온 자들은 특히 바울에 대하여 반감과 적의를 가지고 있었기 때문에 베뢰아의 신자들은 바울을 배에 태워 아덴으로 피신시키지 않으면 안 되었습니다(14절). [56]

선교사들로부터 동일한 말씀을 전해 들었는데 데살로니가 유대인들과 베뢰아 사람들은 극과 극의 반응을 보였습니다. 전자는 말씀을 거부하고 거기서 한걸음 더 나아가 말씀을 전한 선교사들을 핍박하기까지 했습니다. 반면에 후자는 말씀을 환영했을 뿐만 아니라 그 받은 말씀을 성경을 펴고 일일이 대조하여 진리임을 확인하기까지 했습니다.

오늘 당신은 하나님의 말씀을 어떻게 대하고 있습니까? 데살로니가 유대인처럼 홀대하고 있습니까? 아니면 베뢰아 사람처럼 환대하고 있습니까?

◉ 아이큐와 신앙은 비례하지 않는다

데살로니가에서 원정 핍박 온 유대인들 때문에 실라와 디모데를 이전 선교지에 남겨둔 채 배를 타고 480km가 넘는 길을 항해하여 바울은 홀로 철학과 신화의 도시 아덴에 도착했습니다. 그리고 그곳을 한 바퀴 빙 둘러 본후, 온 성이 우상으로 가득 찬 것을 알고 분개했습니다(16절).

마음 속에 끓어오르는 거룩한 분노를 바울은 도저히 억누를 수가 없었습니다. 그래서 안식일에는 유대인들과 경건한 이방인들이 모이는 회당으로, 그리고 평일에는 헬라인들이 몰려드는 광장으로 달려가서 그들과 열띤 토론을 벌였습니다(17절).

광장에서 바울이 논쟁한 사람들 중에는 에피쿠로스 학파와 스토아 학파 철학자들이 있었습니다. 이들에게 바울이 예수의 부활에 대해 증거하자 냉소적인 반응을 보였습니다(18절). 유물론자인 에피쿠로스 학파는 사람이 한 번 죽으면 육체도 영혼도 모두 원자로 돌아가 사라져 버린다고 믿었기에 사도의 말을 허튼소리 취급했을 것입니다. 숙명론자인 스토아 학파 또한 죽음이란 저급한 몸의 속박으로부터 벗어나 최상의 자유에 도달하는 것으로 생각했기에 바울의 말을 귀담아 들으려고 하지 않았을 것입니다.

하지만 다른 사람들은 그의 새로운 가르침이 무엇인지 알기 원해서 바울을 아레오바고로 데리고 갔습니다(19-20절). '아레오바고'란 문자적으로는 헬라의 전쟁 신 '아레스(Ares)의 언덕(Pagos)'이란 의미이나 실지로는 교육, 철학, 도덕, 종교 문제 등을 다루고 결정하는 법정 혹은 의회였습니다.

최신 사상이라고 하면 사족을 못쓰는 아덴 사람들을 향해 바울은 먼저

"아덴 사람들아 너희를 보니 범사에 종교심이 많도다"고 말하며 그들의 돈독한 신앙심을 인정해 주었습니다(21-22절). 바울이 이렇게 말할 수 있었던 근거는 자신이 도시를 쭉 둘러보니 아덴 사람들이 제우스 신전, 아테나 신전, 데메트리 신전, 아폴로 신전뿐만 아니라 심지어는 '알지 못하는 신에게'라고 쓰여진 제단'을 건립해 놓았기 때문이었습니다(23절 상).

사도는 이 '부지신(不知神)'을 접촉점으로 삼아서 "여러분들이 알지도 못하면서 섬기는 바로 그 신을 이제부터 제가 자세히 설명해 드리겠습니다"라고 선언했습니다(23절 하). 그리고 나서 하나님을 세상을 창조하시고, 섭리하시고, 예수를 죽은 자 가운데 다시 살리셔서 그를 통해 이 세상을 심판하시는 분으로 소개하면서 그들이 더 이상 헛된 우상을 섬기지 말고 참 신이신 하나님께 돌아올 것을 촉구했습니다(24-31절).

바울의 설교를 들은 아레오바고를 가득 매운 사람들의 반응은 냉냉했습니다(32-33절). 서양 철학의 아버지 소크라테스의 후예라고 자부하는 이 아덴의 지성인들은 인간의 지혜로 하나님의 지혜인 십자가의 복음을 어리석은 것으로 간주했습니다(참고, 고전 1:23). 그래서 아덴에서는 아레오바고 관리 디오누시오와 다마리 등 극소수의 사람들만 주님을 영접했습니다(34절).

아덴 사람들은 '너무' 똑똑해서 복음을 받아들이지 못했습니다. 복음이란 이해되기 때문에 믿는 것은 아닙니다. 믿으면 이해가 됩니다. 머리 좋다고 믿음 좋은 것은 아닙니다. 아이큐(I. Q)와 신앙은 전혀 상관이 없습니다.

◉ 회당 옆에 교회를 개척하다

바울은 아덴을 떠나 고린도로 갔습니다(18:1). 아덴에서 서쪽으로 80km

정도 떨어진 고린도는 오늘날 그리스 남부에 해당하는 아가야 지방의 수도로 당시 인구가 75만에 육박하는 초대형 도시였습니다. 그렇지 않아도 동역자가 필요했던 바울은 최근에 이달리야에서 이곳으로 온 아굴라와 브리스길라 부부를 만났습니다(2절).

이 부부는 고린도에 도착하기 전에 이미 주님을 영접한 신자들이었는데, 상당한 재력가로 고린도에서 천막 제조업을 하고 있었습니다. 마침 바울도 천막 만드는 기술이 있어서 이 부부가 운영하는 점포에 취직하여 평일에는 거기서 일하고 안식일에는 회당에 가서 유대인들과 경건한 헬라인들에게 복음을 증거했습니다(3-4절).

그러던 중 마게도냐에서 실라와 디모데가 고린도로 와서 합류하게 되자 바울은 좀 더 많은 시간을 투자하여 회당에서뿐만 아니라 다른 장소에서도 유대인들에게 말씀을 증거할 수 있게 되었습니다. 하지만 대부분의 유대인들은 "예수가 바로 당신들이 그토록 기다리는 메시아다"라고 증거하는 바울의 메시지를 받아들이기를 완강히 거부했습니다. 이에 바울은 비시디아 안디옥 회당에서 했던 것과 유사하게 옷을 털면서 그들을 향해 "너희 피가 너희 머리로 돌아갈 것이요 나는 깨끗하니라"고 엄숙히 선언하고 믿지 않는 유대인들에게서 돌아서서 이방인들에게로 향했습니다(5-6절).

유대인 회당을 떠난 즉시 바울은 회당 바로 옆에 있는 하나님을 경외하는 경건한 이방인 유스도의 집에 아굴라 부부를 동역자 삼아 가정 교회를 개척했습니다(7절). 그리고 유대인 회당의 회당장 그리스보와 그의 온 가족이 회당에서 나와 이 교회로 적(籍)을 옮겼습니다(8절). 이어서 수많은 고린도인들이 주님을 믿고 세례를 받게 되었습니다(9절). 회당 바로 옆에 세워진 가정 교회가 하나님의 은혜로 놀랍게 성장했습니다.

고린도에서 사역을 성공적으로 마친 바울 일행은 자신이 개척한 가정 교회와 작별하고 수리아로 향했습니다(18절 상). 그의 최종 목적지는 선교 본부 안디옥 교회였습니다. 바울은 귀환 중에 동업자인 아굴라 부부를 함께 데려 갔습니다. 바울이 이들 부부를 대동한 이유는 에베소에서 바울의 3차 선교 사역을 위한 전초 기지를 준비하기 위한 것이었습니다. 바울 일행은 고린도 동편 항구 겐그레아로 가서 거기서 배를 타고 에베소로 갔습니다(18절 하).

에베소에 도착한 바울은 홀로 유대인의 회당에 들어가 유대인들과 논쟁을 벌였습니다(19절). 바울의 변론을 들은 유대인들은 긍정적으로 반응했습니다. 그들은 바울에게 좀 더 오래 에베소에 머물면서 말씀을 들려달라고 부탁했지만 그는 후일을 기약하고 안디옥을 향해 떠났습니다(20-21절). 이때 아굴라 부부를 거기에 남겨둠으로써 3차 선교 사역의 거점을 준비하게 했습니다.

바울은 결국 가이사랴와 예루살렘을 거쳐 수리아 안디옥 교회로 돌아옴으로써 3년여에 걸친 제 2차 선교 여행을 무사히 마무리하게 되었습니다(22절).

◉ '양약(兩藥)'을 먹여야 성장한다

선교 본부 안디옥으로 원대 복귀한 바울은 잠시 휴식을 취한 뒤 세 번째 선교 여행을 떠났는데, 그 여행 루트는 안디옥 → 갈라디아, 브루기아 지역 → 에베소 → 드로아 → 마게도냐(빌립보, 데살로니가, 베뢰아) → 그리스 (아덴, 고린도) → 빌립보 → 드로아 → 밀레도 → 가이사랴 → 예루살렘이 었습니다.

사도는 자신과 바나바가 1차 사역 기간 동안 복음을 증거한 갈라디아 땅과 브루기아 땅을 다니며 제자들을 굳건하게 했습니다. 2차 선교 여행 중에 사역했던 마게도냐와 아가야 지방은 3차 선교 여행 마지막 기간에 재 방문할 예정이었습니다.

바울은 1차 선교지를 돌아본 후에, 자신이 남겨둔 아굴라 부부가 있는 에베소로 향했습니다(19:1). 에베소는 당시 인구가 대략 25만 명 정도 되었으며 아시아에서 가장 중요한 도시로 에게해 연안에 위치해 있었습니다. 이곳은 로마에서 동방으로 가는 교통의 요충지요 무역의 중심지였으며, 특히 고대 세계의 7대 불가사의 중 하나로 꼽히는 아데미 신전으로 유명했습니다.

바울은 2차 선교 말기에 방문했던 그 에베소 회당에 들어가 3달 동안 담대히 하나님 나라에 대하여 강론하며 권면했습니다(8절). 이때 일부 유대인들이 마음이 완악하여 그가 전하는 메시지에 순종하지 않고 그것을 비방하기까지 했습니다.

이런 상황이 지속되자 바울은 자신의 가르침의 결과로 예수를 믿게 된 제자들을 데리고 따로 나와서 두란노 서원이라는 곳에서 사역했습니다. 두란노 서원은 사람들이 모여 강의를 들을 수 있는 강당이었는데 그는 여기서 2년 동안 하루도 빠지지 않고 말씀을 강론했습니다. 그 결과 아시아에 사는 수십만의 사람들이 주의 말씀을 듣게 되었고 큰 부흥이 일어났습니다(9-10절, 20절).

바울이 두란노 서원에서 사람들에게 말씀을 집중적으로 가르친 결과로 이와 같은 엄청난 부흥이 도래한 것을 바라보면서 오늘 우리 교회들도 사도의 이러한 아름다운 본을 그대로 닮고 있는지 묻지 않을 수 없습니다. 다 그런 것은 아니지만, 우리는 적지 않은 교회에서 목회자들이 말씀의 꼴을 제대로 먹이지 않아서 양들이 영적 영양실조 상태에 빠져 시름시름 앓고 있는 안타까운 모습들을 목도합니다.

VDM인 목회자들이 하나님 말씀 가르치는 일은 뒷전이고 친목 도모에만 신경 쓴다면 교회는 한낱 사교 모임 정도로 전락될 수 밖에 없습니다. 그러므로 교회는 다시 에베소의 두란노 서원과 같은 기능을 회복해야 합니다. 그래서 성도들에게 양약을 끊임없이 제공해야 합니다.

신구약 '양약(兩藥)'은 그야말로 '양약(良藥)'입니다. 부실한 사람에게 보약을 푹 고아 먹이면 육신이 건강해지지만, 연약한 신자에게 성경 66권 말씀을 잘 달여 먹이면 영육이 강건해집니다. 그리고 성장이 뒤따릅니다.

◉ 함께 울면 함께 웃는다

에베소에서 큰 부흥이 있은 후, 바울은 2차 선교지였던 마게도냐와 아가야 지역을 재 방문하여 자신을 통해 주님을 영접한 신자들의 신앙을 견고하게 하고 유대에 있는 가난한 형제들을 위해 모금하도록 촉구할 예정이었습니다. 그리고 나서 그 모은 헌금을 가지고 예루살렘 교회에 전달한 후, 로마에 가서 복음을 증거하려고 했습니다(21절, 참고. 롬 15:25-26). 그래서 그는 디모데와 에라스도를 먼저 마게도냐로 보냈습니다(22절). 이들을 자신에 앞서 바울이 그곳에 보낸 이유는 아마도 헌금을 위한 준비를 하도록 하기 위해서였던 것 같습니다.

한편 근 2년 간 두란노 서원에서 사도 바울이 유대인들과 헬라인들을 상대로 말씀을 증거하자 기독교 문화가 서서히 자리를 잡기 시작했습니다. 말씀을 듣고 변화된 사람들은 이전에 신주 단지 모시듯 했던 마술 책들을 불사르고 각종 우상들을 폐기 처분했습니다. 이로 인해 에베소를 대표하는 아데미 여신을 중심으로 한 우상 문화는 큰 타격을 입게 되어서 바울과 그가 전한 복음에 대한 강력한 반발이 일어났습니다.

은으로 아데미 신전 모형을 만들어 팔며 짭짤한 수입을 올리던 데메드리오는 밥줄이 끊길 위기에 처하게 되자 동업자들을 선동하여 바울의 동료 가이오와 아리스다고를 연극장으로 끌고 들어갔습니다. 하지만 일촉즉발의 위기 상황에서 에베소 시의 최고 관리 중의 한 사람인 서기장이 극적으로 개입함으로써 소요는 중단되고 모인 무리들은 결국 흩어지게 되었습니다(23-41절).

소란이 진정된 후, 충분히 에베소에서 사역했다고 생각한 바울은 원래 계획대로 마가도냐로 가기 위해 제자들과 작별 인사를 나눴습니다(20:1). 그는 근 3년 에베소에서 보낸 후 아쉬운 마음을 뒤로 하고 이전 2차 사역지였던 빌립보, 데살로니가, 베뢰아를 차례로 재 방문했습니다. 그리고 이들 도시의 제자들에게 많은 권면을 했습니다. 그런 후에 아가야 지역으로 이동해서 그곳에서 3개월간 머물면서 사역했습니다(2-3절).

2차 선교 여행지를 쭉 둘러 본 바울은 이후 예루살렘으로 가기 위해 다시 마게도냐의 첫 성 빌립보로 돌아와서 그곳에서 배를 타고 드로아로 가서 일주일 동안 머물렀습니다(4-6절). 그리고 주간의 첫 날, 즉 주일날 그것도 저녁에 이곳 신자들에게 강론을 했습니다(7절 상).

바울은 내일이면 이곳을 떠나 밀레도를 거쳐 예루살렘으로 갈 예정이었습니다. 그러기에 그의 고별사를 듣기 위해 많은 사람들이 다락방에 모였습니다. 사도는 자신이 가고 나면 언제 다시 올지 모른다는 생각에 평소보다 다소 길게 설교를 했습니다. 그러자 삼층 창문에 걸터앉아 있던 유두고라는 청년이 그만 졸음을 이기지 못하고 아래로 떨어지고 말았습니다(7하-9절).

눈깜박할 사이에 일어난 불상사에 참석한 사람들은 몹시 당황했습니다. 사도는 하던 설교를 중단하고 유두고가 어떻게 되었는지 알아보기 위해 급히 아래로 내려갔습니다. 그런데 아뿔싸! 그는 죽었습니다. 추락사했습니다.

사태에 심각성을 직감한 바울은 죽은 유드고 위에 엎드렸습니다(10절 상). 여기 10절에 '위에 엎드리다'는 동사는 '위에 떨어지다(에피핍토)'라는 뜻으로 9절에서 유드고가 '떨어지다'고 할 때 쓰였던 헬라어 '핍토'와 한 계열의 동사입니다. 따라서 바울은 위에 떨어지는 액션을 취함으로써 주님이 나인 성에서 아들을 잃은 과부와 같은 마음으로 슬퍼하셨듯이, 죽은 유두고와 한마음이 되고자 했던 것입니다.

심정적으로뿐만 아니라 육체적으로 그의 죽음에 동참했던 것입니다. 그러자 죽었던 나인 성 과부의 아들이 관에서 벌떡 일어났듯이, 죽은 유두고의 심장이 다시 뛰기 시작했습니다.

> "(바울이) 말하되… 생명이 그[유두고] 안에 있다"(10절 하).

하나님께서 그의 종 바울의 눈물을 보시고 즉시 개입하셔서 사태를 극적으로 해결해 주셨습니다. 그 결과 슬픔에 빠졌던 성도들은 적지 않은 위로를 받았습니다(12절).

◎ 흐르는 눈물이 바다를 이루다

드로아에서 일주일을 지체한 바울은 오순절 안으로 예루살렘에 이르려고 서둘러서 그곳을 떠났습니다. 그리고 에베소에서 남쪽으로 50km 정도 떨어져 있는 밀레도 항구에 도착했습니다. 이곳에서 사도는 사람을 보내어 에베소의 장로들을 청했습니다(16-17절).[57] 그가 그들을 부른 이유는 마지막 설교를 하기 위함이었습니다. 장로들이 도착하자 바울은 입을 열어 긴 고별사를 시작했습니다.

먼저, 바울은 지난 3년간 에베소에서의 자신의 사역을 회고했습니다. 그는 유대인의 간계로 말미암아 당한 시험을 참고 겸손과 눈물로 주님을 섬겼습니다(18절). 그리고 에베소에 있는 모든 이에게 하나님에 대한 회개와 예수 그리스도께 대한 믿음을 전하고 가르쳤습니다(21절).

이어서, 바울은 자신이 장차 예루살렘에 올라가서 당할 고난들을 에베소의 장로들에게 이야기했습니다. 그는 자신의 선교지들을 돌며 모금한 헌금을 예루살렘 교회에 전달해 주기 위해 예루살렘을 방문할 것입니다. 하지만 그곳에는 결박과 환난이 그를 기다리고 있었습니다(22-23절). 바울은 이 사실을 성령의 증거로 알 수 있었습니다.

보통 사람들 같으면 이러한 상황에서 제 살 길을 찾아갔을 것입니다. 하지만 바울의 최우선 관심사는 어떻게 해서라도 살아 남는 것이 아니라 오히려 그의 갈 길을 끝까지 가면서 주 예수께 받은 사명, 즉 하나님의 은혜의 복음을 전파하는데 있었습니다(24절). 그 일을 위해서라면 자신의 하나뿐인 목숨조차도 얼마든지 초개(草芥)와 같이 내던질 준비가 되어 있었습니다.

끝으로, 바울은 자신이 예루살렘을 향해 떠난 후에, 이제 에베소 교회에 어떤 시련이 닥쳐올 텐데, 그때 당황하지 말고 지난 날 사도가 가르쳐 준 교훈과 모범에 근거해서 그것을 잘 대처해 나갈 것을 에베소의 장로들에게 권고했습니다(28-35절).

설교를 마친 후 무릎을 꿇고 바울과 장로들은 함께 하나님께 기도 드렸습니다(36절). 그리고 이것이 그들이 그를 얼굴과 얼굴로 대하는 마지막 순간이라는 생각에 장로들은 바울의 목을 끌어 안고 사랑과 존경의 표시로 입을 맞추며 크게 울었습니다(37절). 대성통곡을 했습니다. 눈물이 바다를 이

뤘습니다.

그리고 나서 얼굴에 수심이 가득한 채 그들은 사도 일행을 배까지 배웅하며 영원한 이별을 고했습니다(38절). 떠나가는 배를 먼 발치에서 안타까운 모습으로 바라보는 에베소의 장로들은 속으로 일제히 "바울 선생님! 우리 천국에서 다시 만납시다"라고 외쳤을 것입니다.

N(New Visit) 예루살렘 재 방문

⊙ 쫓는 자와 쫓기는 자의 역사적 만남

바울 일행은 밀레도에서 에베소 교회 장로들의 따뜻한 전송을 받고 배에 올라 고스, 로도, 두로, 돌레마이를 거쳐 가이사랴에 도착했습니다(21:1-6).

가이사랴에 이르러 바울은 빌립을 만났습니다(7-8절). 이 둘의 만남은 20년 만에 만나는 역사적인 만남이요, 의미 있는 만남이었습니다.

20년 전 바울은 살기가 등등하여 나사렛 이단을 고발하고 박해하는데 그누구보다도 앞장섰습니다. 그는 스데반을 죽인 것으로도 모자라서 예루살렘 전역을 돌며 집집마다 수색하여 그곳에서 믿는 자가 발견되면 남녀노소 무론하고 다 끌어내서 옥에 가두었습니다.

이러한 사울의 기독교인들에 대한 극렬한 박해 때문에 예루살렘에서 다른 곳으로 피신한 사람들 중에는 빌립도 포함되어 있었습니다. 빌립은 사마리아로 내려가 그곳에서 복음을 전파했습니다.

그 후 20년이 지난 지금 빌립은 핍박자 사울에서 자신과 같은 전도자가 된 선교사 바울을 만난 것입니다. 20년 전에 사울은 쫓는 자였고, 빌립은 쫓기는 자였습니다. 사울은 가해자였고, 빌립은 피해자였습니다. 서로 적이요 원수였습니다. 그러나 20년 후에 이들은 친구요, 동지가 되었습니다. 예수 그리스도 안에서 한 형제가 되었습니다. 이것은 바로 복음이 가져온 결과였습니다.

전해 내려오는 이야기에 의하면, 한 사무라이가 길을 갈 때 맞은 편에서 다른 사무라이가 오면 반드시 칼집에서 칼을 빼서 한 사람을 베어 쓰러뜨리지 않고는 길을 가지 않는다고 합니다. 하지만 만일 복음이 이 두 야수와 같은 사무라이들의 마음에 파고 들어가면 그들은 칼 대신 그 칼을 잡았던 손을 내밀어 교제의 악수를 청할 것입니다.

● 죽으면 죽으리라

빌립의 초청을 받고 그 집에 여러 날 머물고 있을 때 유대로부터 아가보라는 사람이 그곳으로 내려왔습니다(10절). 아가보는 이전에 천하가 크게 흉년들 것을 예언했고, 그의 예언이 그대로 성취되었던 하나님의 선지자였습니다. 이 신령한 선지자가 가이사랴에 와서 바울의 허리띠를 취해 자기 손발을 잡아매고 "성령께서 이르시기를 예루살렘에서 유대인들이 이같이 이 띠 임자를 결박하여 이방인의 손에 넘겨 줄 것이라"고 말했습니다(11절).

아가보와 같은 명망있는 선지자가 말뿐 아니라 바울의 허리띠를 동원해서 시각적으로 생생한 행동 예언을 하자 그의 예언을 들은 바울 일행과 다른 제자들은 일제히 사도에게 울면서 예루살렘으로 올라가지 말라고 신신

당부했습니다(12절).

하지만 그는 그들의 간청을 단호히 거절하면서 "나는 주 예수의 이름을 위하여 결박당할 뿐 아니라 예루살렘에서 죽을 것도 각오하였노라"고 선언했습니다(13절). 주 예수의 이름, 즉 주 예수를 위해서라면 기꺼이 예루살렘에서 죽을 준비가 되어 있다고 단호한 자신의 의지를 천명했습니다.

이러한 분명한 사도의 뜻을 확인하자 성도들은 "주의 뜻대로 이루어지이다"하고 기도한 후에 그를 설득하기를 포기했습니다(14절).

이제 가이사랴를 떠날 때가 되어 바울 일행은 여장을 꾸려 예루살렘으로 올라갈 채비를 했습니다. 이때 가이사랴의 일부 신자들이 바울 일행과 합류하여 그들을 예루살렘으로 안내하는 역할을 맡았습니다. 이들은 가이사랴를 떠나 그곳에서 104km 떨어진 예루살렘의 한 집으로 바울 일행을 인도했습니다. 그 집은 나손의 집이었는데 이 나손이라는 사람은 바나바와 같은 구브로 출신으로 오래 전 - 아마 초대교회 초창기 - 부터 예수님을 믿었던 자였습니다(15-16절).

바울은 결국 3차 선교 여행의 최종 목적지 예루살렘에 도착했습니다. 그는 밀레도에서 만난 에베소 장로들에게 고백했듯이, 성령의 계시로 이곳 예루살렘에 오면 그를 기다리는 것은 결박과 환난이라는 사실을 이미 알고 있었습니다(20:22-23). 그리고 가이사랴의 아가보를 통해서 이 계시가 사실임을 분명히 확인할 수 있었습니다. 그러나 바울은 자신의 주 예수를 위해서라면 그 어떠한 고난도 감수할 준비가 되어 있었습니다. 죽음까지도 마다하지 않았습니다.

왕비 에스더처럼 죽으면 죽으리라는 순교자적인 각오로 선지자들을 돌로 치고 메시아인 예수 그리스도까지 십자가에 못 박은 이 예루살렘에 자진해서 올라왔습니다. 이렇게 주를 위해 제 몸 사리지 않는 사람이 진짜 '선교사

(Missionary)'입니다.

결국 사도 바울과 같이 일사각오의 정신으로 포탄이 빗발치는 영적 전쟁
터를 향해 육탄 돌격하는 충성된 증인들이 있었기에 복음은 서방 땅끝 로마
를 거쳐 우리 한반도에까지 이르게 된 것입니다. 복음의 빚진 자로서 저와 여
러분 또한 바울의 이 영혼 구령의 열정을 계승해야 할 것입니다.

◉ 만인을 구원하려면 만인의 종이 되라

몇 해 전에 2차 선교 여행이 끝날 무렵 예루살렘을 방문한 후, 다시 이곳
을 찾은 바울 일행은 나손의 집에서 하룻밤을 묵었습니다. 이때 나손의 집
에 있는 믿음의 형제들은 손님들을 뜨겁게 환영했습니다(17절).

이튿날 바울 일행은 나손의 집을 떠나 예루살렘 교회로 향했습니다. 그리
고 선교지를 돌며 거둬 온 헌금을 전달하기 위해 교회의 수장 야고보와 장로
들을 만났습니다(18절). 바울은 그들에게 문안인사를 하고 하나님께서 자
기의 사역을 통해 이방인들 가운데 행하신 일들을 상세하게 설명했습니다
(19절).

이 말을 들은 예루살렘 교회 지도자들은 먼저 하나님께 영광을 돌렸습니
다. 그리고 나서 바울에게 "예루살렘에 수만 명의 유대인 신자들이 모세의
율법에 열심을 품고 있는데 이들은 당신이 이방 지역에 흩어져 사는 디아스
포라 유대인들에게 모세를 배반하고 자녀들에게 할례를 하지 말고 유대 관
습을 지키지 말라고 한다는 소리를 듣고 불만 가득한 상태에 있습니다. 그
런데 이제 이들이 필시 당신이 여기 온 것을 들으리니 우리가 어찌했으면 좋
겠습니까?"라고 물었습니다(20-22절).

참으로 황당한 이야기였습니다. 바울은 이제껏 한 번도 유대인들에게 그

와 같은 교훈을 가르친 적이 없었습니다. 오히려 2차 선교 사역 중 한 명의 유대인이라도 더 그리스도께 인도하기 위해 굳이 그럴 필요 없는 디모데에게 할례를 베푸는 등 최대한 유대인들의 관습을 존중하려고 애썼습니다(16:3).

이러한 사실 무근의 터무니없는 소문은 예루살렘 교회 지도부 선에서 잠 재웠어야 했는데 이들은 그렇게 하지 못하고 바울 자신이 결례 의식을 행하기 위해 성전에 갈 때 여기 나실인 서원한 네 사람을 함께 데리고 들어가서 그들이 삭발할 수 있도록 비용을 대 주라고 제의했습니다. 그렇게 하는 것을 보면 예루살렘 신자들은 바울도 율법을 지켜 행하는 줄 알고 더 이상 아무 말할 수 없을 것이라는 취지였습니다(23-24절).

바울은 자신이 결백했기 때문에 굳이 그렇게 할 필요가 없었지만, 한 사람의 유대인이라도 더 구원하기 위해서 예루살렘 교회의 지도자들의 제안을 그대로 수용했습니다. 그래서 다음 날 서원한 사람들을 데리고 성전으로 올라 갔습니다(26절). 사도 바울의 모든 사람을 구원하기 위해서 모든 사람의 종이 되고자 하는 이러한 태도는 오고 오는 사역자들의 귀감이 되었습니다.

캐나다 출신의 선교사 제임스 게일(James Scarth Gale)은 한국 최초의 개신 교회인 소래 교회를 세웠던 서상윤의 집에 머물면서 조선 음식만 먹고 조선어와 조선 관습을 배웠습니다. 그로 인해 조선 문화에 대해 잘 이해할 수 있게 되었습니다.

당시 조선에 온 선교사들을 집으로 초청한 조선인들은 귀한 손님이 오면 하던 관습대로 뜨끈 뜨끈한 아랫목에 그들을 앉히고 말씀을 들었습니다. 하지만 이러한 살을 굽는 듯한 아랫목에 가부좌 자세로 장시간 앉아서 말씀을 전한다고 하는 것이 선교사들에게는 영 곤욕이 아닐 수 없었습니다. 그래서 이들은 참다 못해 몸을 베베꼬곤 했는데 가고 난 후에 조선 사람들에게 서양인들은 선교사라도 예의 면에서는 별 수 없다는 인상을 주었다고 합니다.

　그러나 게일은 이러한 사실을 익히 알고 있어서 수종드는 사람에게 한여름에 아궁이에 군불을 잔뜩 지피라고 했습니다. 그러고는 아랫목에서 두꺼운 홑이불을 뒤집어쓰고 땀을 뻘뻘 흘리며 견뎠습니다. 이렇게 단련한 게일은 제아무리 뜨거운 곳에 앉아도 자세 하나 흐트러지지 않고 말씀을 증거했습니다. 그래서 조선 사람들은 이 게일 선교사의 말씀만은 청종했다고 합니다.

O(Opposition) 반대

◉ 역사와 전통을 자랑하는 유대인들의 반대

야고보의 부탁을 받고 예루살렘 성전에 들어가 의식을 거행함으로써 율법에 충실한 신자들의 오해를 해소시키려던 사도 바울은 그곳에서 오순절 절기를 지키기 위해서 아시아로부터 온 유대인들을 만나게 되었습니다.

이들은 바울이 에베소를 중심으로 아시아 지역에서 사역하고 있을 때 수시로 그를 반대하고 여러 차례 해하려고 했으나 바울을 추종하는 많은 신자들과 그를 보호하는 아시아 관리들이 있었기 때문에 뜻을 이루지 못했던 자들이었습니다.

그래서 이들이 성전, 곧 이스라엘 남자의 뜰에서 사도와 마주쳤을 때에 이는 하나님이 자신들에게 허락하신 절호의 기회로 생각하고 그를 붙들었습니다(21:27). 그리고 "이 사람은 각 처에서 우리 백성과 율법과 이 곳을 비방하여 모든 사람을 가르치는 그 자인데 또 헬라인을 데리고 성전에 들어가서 이 거룩한 곳을 더럽혔다"고 사람들을 충동했습니다(28절).

바울이 유대인들이 가장 소중히 여기는 율법과 성전을 비방하고 그것도 모자라서 이스라엘 남자들만이 들어올 수 있는 거룩한 뜰에 불결한 헬라인을 들였다는 충격적인 주장을 들은 예루살렘의 유대인들은 끓어오르는 분노를 주체할 수 없어서 바울에게 벌떼처럼 달려들어서 그를 사정없이 구타했습니다. 그리고 돌로 쳐 죽이려고 성전 밖으로 끌고 나갔습니다(30-31절).

사도행전에서 바울의 동족인 유대인들의 기독교인들에 대한 반대는 빛나는(?) 역사와 전통을 자랑합니다. 4-5장에서 이들은 베드로와 요한을 투옥하고 예수의 이름으로 전하지도 말고 가르치지도 말라고 협박했습니다(4:1-5:42). 7장에서는 신실한 증인 스데반을 돌로 쳐서 순교하게 했습니다(7:54-60). 8장에서는 사울을 전면에 내세워 예루살렘 교회에 대한 대대적인 박해를 가했습니다(8:1-3).

9장에서는 이전에 핍박자였던 사울이 자신들을 배신하고 기독교인이 되자 그를 핍박하고 죽이려고 했습니다(9:23-25, 29-30). 12장에서는 요한의 형제 야고보를 죽이고 베드로를 옥에 가두었습니다(12:1-5).

13장-20장에서는 바울이 3차에 걸쳐 선교 여행을 하는 동안에 계속해서 그를 반대하고 핍박했습니다(13:50; 14:2, 19; 17:5-9, 13; 18:6, 12-17; 19:8-9; 20:3, 19). 그리고 지금 그의 주 예수 그리스도를 십자가에 못 박아 죽였듯이, 바울 또한 성전 밖으로 끌어내어 돌로 쳐 죽이려고 하고 있습니다.

자신을 무고히 비방하고 온갖 수단을 총동원해서 제거하려고 애썼던 이러한 유대인들을 그래도 동족(同族)이라고 바울은 그들을 '부형(父兄)들,' 즉 '아버지와 형제들'이라고 부르고(22:1) 예수 믿고 구원 받게 하려고 최선을 다했습니다. 우리는 사도의 이런 귀감이 되는 모습을 본받아 악한 자들에게 똑같이 악을 행함으로써 악에게 지지 말고 선으로 악을 이겨나가는 성숙된 신앙인이 되어야 하겠습니다.

◉ 곧 죽어도 할 말은 한다

바울은 이스라엘 남자의 뜰에서 여자의 뜰을 거쳐 이방인의 뜰로 끌려 나와 돌에 맞아 순교 당할 찰나에 있었습니다. 하지만 그는 아직 죽을 때가 아니었습니다. 바울에게는 할 일이 더 남아 있었습니다. 로마에도 가서 복음을 증거해야 했습니다. 그래서 하나님은 예루살렘에서 공공 소요가 일어나는지 스물 네 시간 철통감시하는 로마 수비대의 군인들이 그가 끌려가는 것을 목격하게 했습니다.

로마 장군 폼페이가 주전 63년 예루살렘에 입성한 이후 로마 주둔군은 혜롯 성전의 북서쪽 모퉁이에 위치한 안토니아 요새에 30미터 정도 되는 높은 망대들을 여러 개 설치했습니다. 그래서 성전에서 일어나는 일을 즉시 포착하여 상관에게 보고할 수 있게 했습니다. 이 로마 수비대의 초병들은 바울이 온 예루살렘 사람들에게 난타당하면서 성문 밖으로 끌려 나가는 것을 발견하고 즉시 예루살렘에서 소요가 발생했다고 수비대 최고 사령관인 천부장에게 보고했습니다(31절).

골치 아픈 사태가 발생했다는 보고를 받은 천부장 글라우디오 루시아는 급히 군인들과 백부장들을 거느리고 현장으로 달려갔습니다. 예루살렘의 유대인들은 중무장한 로마군인들의 출동을 보고 바울을 치던 일을 멈췄습니다(32절). 천부장은 즉시 바울을 두 쇠사슬로 결박하라고 휘하 군인들에게 명령을 내렸습니다(33절 상). 선지자 아가보의 예언이 그대로 성취되는 순간이었습니다. 그리고 그는 바울을 핍박한 무리들에게 그가 누구이며 무슨 행동을 했느냐고 물었습니다(33절 하).

　이 무리들은 데메드리오의 선동으로 얼떨결에 에베소의 극장에 모였던 군중들처럼(19:32), 각기 다른 소리로 외쳐댔기 때문에 천부장은 현장에서 사건의 진상을 바로 파악할 수 없었습니다. 그래서 바울을 심문하기 위해 주둔군의 진영 안으로 데려가라고 명했습니다(34절). 이에 바울이 포박된 채 진영으로 연결된 계단으로 올라가는데 그를 반대하는 유대인들은 거기까지 뒤쫓아오며 폭력을 행사했습니다. 그리고 천부장에게 그를 제거하라고 소리쳐 댔습니다(35-36절).

　상황이 이쯤 되면 보통 사람들은 하시라도 빨리 그 현장을 빠져나가 영내로 들어가려고 했을 텐데 바울은 그렇게 하지 않고 소요 진압 총사령관인 천부장에게 부탁해서 자기를 잡아 죽이겠다고 아우성치는 유대인들 앞에서 긴 연설을 하게 되었습니다(37-40절). 그는 시쳇말로 곧 죽어도 자기가 하고 싶은 말은 다하는 사람이었습니다.

　바울은 천부장의 허락을 받아 진영 내로 들어가던 발걸음을 멈추고 안토니아 요새 계단 맨 위에 섰습니다. 그리고 백성에게 손짓하여 조용하게 한 다음 히브리 방언, 곧 유대인들의 모국어인 아람어로 "부형들아 내가 지금 여러분 앞에서 변명하는 말을 들으라"고 말하며 자신을 변호하는 긴 연설을 시작했습니다(21:40-22:1).

　그는 연설의 첫 마디를 '폭도 여러분'이라고 하지 않고 '아버지, 형님 여러분("부형들아")'이라고 했습니다. 이 말을 통해 우리는 바울이 자신을 돌로 치려는 유대인들을 여전히 하나님 안에서 한 가족의 일원으로 생각하고 있음을 알 수 있습니다.

　이렇게 자신을 증오하는 유대인들에게 최대한 존경을 표한 후에 바울은 자신의 회심 이전(3-5절), 다메섹 회심 사건(6-16절), 회심 이후(17-21절)에 대해 자세히 이야기했습니다. 유대인들은 바울의 말을 듣다가 '이방인'이라는 말이 나오자마자 더 이상 가만히 듣고 있지 못하고 흥분했습니다. 그래서 "이러한 자는 세상에서 없애자 살려 둘 자가 아니라"고 외치며 분노의 표시로 옷을 벗어 던지고 티끌을 공중에 날렸습니다(22-23절).

유대인들이 이와 같이 상징적인 행동을 하면서 바울을 제거하라고 귀청이 떨어져 나갈 정도로 고함을 지르자 긴장한 천부장은 군인들에게 명령하여 바울을 진영 안으로 끌고 들어가 매질하여 유대인들이 왜 이같이 그를 대항하여 외치는지를 밝혀내라고 지시를 내렸습니다(24절). 그래서 백부장과 휘하 군인들이 바울을 가죽끈으로 동여매고 채찍질하면서 심문하려고 하자 바울은 그에게 "너희가 로마 시민 된 자를 죄도 정치 아니하고 채찍질할 수 있느냐?"고 항의했습니다(25절).

당시 로마 법에 의하면 로마 시민권자는 죄가 입증되지 않는 한 매질할 수가 없었습니다. 그래서 바울은 이렇게 반문한 것이었습니다. 바울을 심문하려던 백부장은 심문을 중단하고 곧장 이 사실을 천부장에게 보고했습니다(26절). 백부장의 보고를 받은 천부장은 즉시 바울에게 달려와서 그가 정말 로마인인지 확인했습니다(27절). 그리고 자신이 로마 시민권을 얻게 된 경위를 바울에게 설명했습니다(28절 상). 천부장은 많은 돈을 주고 그것을 샀다고 말했습니다(28절 하). 당시 로마 시민권은 여러 방법으로 얻을 수 있었는데 부모가 로마 시민권자이거나 전쟁에서 공을 세우거나 그도 아니면 돈을 주고 사는 방법 등이 있었습니다.

천부장은 돈을 주고 비루한 방법으로 시민권을 얻은 반면, 바울은 태어나면서부터 로마 시민권자였습니다. 이에 천부장은 죄가 밝혀지지 않은 로마 시민인 바울을 결박했다는 사실로 인해 로마 당국으로부터 문책을 받을까 봐 두려워했습니다(29절). 그래서 그는 바울의 결박을 풀어 주고 로마인에

상응하는 공식적인 재판 절차를 마련했습니다(30절).

만일 계단에서 바울이 연설하기 전에 천부장에게 로마인이라는 사실을 미리 알렸다면 그는 양손과 양발이 묶인 채 진영 안으로 끌려 들어가는 수모를 당하지 않았을 것입니다. 하지만 그렇게 했다면 또한 유대인들에게 주님을 증거할 기회를 가질 수 없었을 것입니다.

바울은 자신의 고난과 불편은 안중에도 없는 사람이었습니다. 그의 관심은 오로지 동족에게 그리스도를 증거하여 그들이 구원받게 하는 데에만 집중되어 있었습니다. 사도는 "때를 얻든지 못 얻든지 말씀을 전파하라"(딤후 4:2)고 디모데에게 한 명령을 말이 아닌 삶으로 직접 보여주었던 사람이었습니다. 당신은 바울 사도처럼 기회 있을 때마다 복음을 증거하며 살아가고 있습니까?

복음의 로마 여행
(M to R)

Day 42

P(Prison) 감금

◉ 조카를 '조커'로 사용하시는 하나님

바울을 체포한 다음 날 천부장은 유대인들이 무슨 일로 그를 고발하는지 진상을 파악하고자 산헤드린 공회를 소집하고 바울을 데리고 나와 그 공회 앞에 세웠지만, 참석한 사두개인들과 바리새인들이 서로 교리 논쟁이 붙어 싸우는 통에 결국 그 날 재판은 유야무야 되고 말았습니다(22:30-23:11).

이튿날 아침 유대인 40여명이 바울을 죽이기로 맹세하고 결사대를 조직하여 대제사장들과 장로들을 찾아갔습니다. 이들은 바울을 죽이기로 맹세한 사실을 그들에게 알려 주면서 공회가 바울에 대해 조사할 일이 있으니 천부장에게 그를 보내 달라고 부탁하라고 협조를 구했습니다. 그래서 천부장이 바울을 보내면 안토니아 요새에서 공회가 열리는 장소로 오는 길 중간에 매복하고 있다가 단숨에 그를 제거할 계획이었습니다(12-15절).

이 암살단의 계획은 너무도 치밀해서 실패할 가능성이 거의 없어 보였습니다. 하지만 하나님께서는 이들보다 한 발 앞서 움직이셨습니다. 이미 간 밤에 바울에게 환상 가운데 나타나셔서 "로마에서도 증언하여야 하리라"고 말씀하셨기에(11절), 그를 그냥 죽게 놔둘 수가 없었습니다. 그래서 바울의 생질, 즉 조카로 하여금 이들의 음모의 소식을 듣게 하셔서 그는 이 사실을 삼촌에게 알려 주었습니다(16절).

바울은 한 백부장에게 청하여 자신의 조카가 천부장에게 전할 말이 있다 하여 그를 천부장에게 인도하게 했습니다(17-18절). 천부장을 만난 조카는 유대인들의 바울 살해공모를 그에게 소상히 이야기했습니다(19-22절). 이 말을 듣자마자 천부장은 사태의 심각성을 주지하고 즉시 조치를 취했습니다. 그리하여 무려 470명의 병사로 하여금 바울 한 사람을 호위하게 하고 그를 급히 가이사랴에 있는 총독 벨릭스에게로 피신시켰습니다(23-33절).

하나님께서는 죽음의 위기에 처한 바울을 구출해 내기 위해서 그의 '조카' 를 비장의 카드, '조커(Joker)'로 활용하셨습니다. 바울에게 예루살렘에 사는 누이가 있었으며 그녀에게는 아들이 있었다는 사실은 단지 여기 사도행전 23장에 한 번 나옵니다. 그는 이전과 마찬가지로 이후에도 더는 등장하지 않습니다. 여기에서 유대인들의 암살 음모를 누설해 주는 자기 맡은 역할을 충실히 하고 연기처럼 사라집니다.

저도 유학하면서 가장 힘들고 어려웠던 시기에 하나님께서 바울의 조카와 같은 사람을 조커로 보내 주셔서 위기를 탈출한 잊을 수 없는 기억이 있습니다. 2004년 7월에 셋째 딸을 낳고 그렇지 않아도 여유가 없는 살림에 더 경제적으로 어려움을 겪고 있었습니다. 그런데 엎친대 덮친 격으로 갑자기 환율이 급등하여 한국에서 보내 주는 돈의 가치가 거의 절반으로 떨어지게 되었습니다. 그래서 도저히 생활을 할 수 없는 지경에 이르게 되어 중도에 학업을 포기하고 고국으로 돌아갈까 염려하고 있었습니다.

이러던 찰나에 어느 성도가 저의 가정을 위해 매달 헌금을 해 주었습니다. 이 돈은 신기하게도 저의 가정이 생활할 수 있는 최소 생계비에서 부족했던 바로 '그 액수'였습니다. 그 성도의 헌금은 환율이 기승을 부리는 2004년에서 2006년까지 근 2년간 지속되었습니다. 그래서 학업을 무사히 마치고 학위를 받을 수 있었습니다.

사랑하는 성도 여러분! 도저히 헤어날 수 없을 것 같은 곤경에 빠져 있습니까? 그럴지라도 희망의 끈을 놓지 마십시오. 조카를 조커로 사용하시는 하나님께서 여러분을 절대로 홀로 버려두지 않으실 것입니다. 상상을 초월하는 기상천외한 방법으로 반드시 위경에서 건져 주실 것입니다.

◉ 무기한 감금이 오히려 '약'이 되다

가이사랴에 도착한 바울은 당시 총독 벨릭스의 관저로 사용되고 있던 헤롯 궁전에 감금되었습니다. 그리고 5일이 지난 후에, 대제사장 아나니아와 장로들이 더둘로라고 하는 변호사를 대동하고 예루살렘에서 104km 떨어진 이곳까지 내려와서 총독 앞에서 바울을 고소했습니다(24:1-9). 하지만 바울은 이 변호사의 고소 내용을 효과적이고도 완벽하게 반박했습니다(24:10-20). 그러므로 총독 벨릭스는 그에게 신속히 무죄를 선언했어야 했습니다.

그러나 그는 사도에게서 돈을 기대했고, 아울러 자기의 임기 중에 유대인들 -특히, 산헤드린 공회원들- 과의 관계가 어색해질 것을 두려워해서 재판을 연기한 후 아무 죄도 없는 바울을 무려 2년간 옥에 가두어 두었습니다. 그리고 나서 자신의 후임자인 보르기오 베스도가 가이사랴로 왔을 때 그에게 미결수 바울에 대한 재판사건을 떠넘기고 다른 임지로 떠나가 버렸습니다

(21-27절).

이 인간은 바울 사도의 인권 따위에는 관심조차 없었습니다. 하지만 그에게 이 구류 기간은 무익한 시간이 아니었습니다. 독(毒)이 아니라 오히려 약(藥)이 되는 시간이었습니다. 이 2년 동안 바울은 모처럼의 휴식을 만끽할 수 있었습니다. 3차에 걸친 선교 여행의 피로를 풀라고 하나님께서 그에게 '장기 특별휴가'를 주신 것이었습니다.

만일 바울이 벨릭스로부터 무죄를 선언 받고 옥에서 석방되었다면 살해의 위험이 그를 기다리고 있었을 것입니다. 밖에는 사십 인의 유대인 암살단이 먹지도 않고 마시지도 않고 그를 죽이겠다고 대기하고 있었습니다. 따라서 형이 결정되지 않고 감옥에 감금되어 있는 것이 오히려 이러한 살해 위험으로부터 자신을 보호하는 길이었습니다. 군대가 철통같이 지켜주고 먹을 것까지 갖다 주니 바울은 안심할 수 있었습니다. 게다가, 어느 정도 자유가 주어졌기에 복음도 증거할 수 있었습니다.[55]

그는 이 2년간 이곳에 오기 전에 예루살렘에서 환상 가운데 주님께서 약속하신 "네가 예루살렘에서 나의 일을 증언한 것 같이 로마에서도 증언하여야 하리라"(23:11)는 말씀을 되새기면서 장차있을 로마 선교를 준비했을 것입니다.

복음의 로마 여행
(M to R)

Day 43

Q(Question & Appeal) 심문과 상소

○ 키는 '하나님'이 쥐고 계신다

로마 황제 네로에 의해 벨릭스의 후임자로 임명된 베스도는 주후 59년경에 유대 통치 본부가 있는 가이사랴에 이르렀습니다. 그리고 총독으로 부임한 지 3일 만에 신임 인사차 예루살렘으로 올라가서 유대인 지도자들을 만났습니다(25:1-2).

신임 총독을 만나자 유대인 지도자들은 지난 2년간 미결 사건으로 남아 있던 사도 바울 문제를 다시 제기했습니다. 그들은 바울을 고소하면서 전임 벨릭스 총독이 호의를 베풀어 준 것같이, 신임 총독 베스도도 자기들에게 호의를 베풀어 바울의 재판을 이곳 예루살렘에서 열어 달라고 부탁했습니다(3절 상). 이러한 부탁의 진짜 목적은 2년 전에 그랬듯이 길에 매복해 있다가 바울이 올라오면 노상에서 그를 제거하기 위한 것이었습니다(3절 하).

이 유대인 지도자들의 저의를 알 턱이 없는 베스도였지만 하나님께서 그의 배후에서 역사하셔서 바울이 지금 구류되어 있는 가이사랴에서 재판이 열리게 되었습니다(4-6절). 2년 동안 아무 재판도 받지 않고 구금 상태에 있던 바울은 다시 재판정에 소환되어 심문을 받게 되었습니다. 그가 나오자 총독과 함께 내려온 유대인들은 이것 저것 있지도 않은 오만 가지 죄목들을 끌어다가 바울을 고발했습니다. 하지만 자신들의 변론을 입증할 증거는 제시하지 못했습니다(7절).

유대 종교지도자들의 고발이 끝나자 바울이 변명을 시작했습니다. 바울은 유대인의 율법을 범한 일이 없고, 성전을 모독한 적도 없고, 로마 황제 가이사를 대항하여 소요를 일으킨 적은 더더욱 없다고 말하며 자신의 결백을 주장했습니다(8절).

베스도는 양쪽의 고소와 변호를 다 듣고도 판결을 내리지 않고 유대인 대표들의 호의를 얻고자 하여 바울에게 "네가 예루살렘에 올라가서 이 사건에 대하여 내 앞에서 심문을 받겠느냐?"고 물었습니다(9절). 이 질문에 대해 바울은 "내가 가이사의 재판 자리 앞에 섰으니 마땅히 거기서[로마에서] 심문을 받을 것이라"고 대답함으로써 총독의 제안을 거부하고 로마 황제 가이사에게 상소했습니다(10-11절).

바울은 로마 시민권자로 당시 로마 시민권을 소지한 사람은 지금 미국 시민권자처럼 다른 사람들에 비해 적지 않은 특권을 누리고 있었는데 그중 하나는 자신이 지방 재판에서 불리한 심문과 판결을 받을 위험이 있다고 판단될 때 로마 황제 가이사의 법정에 호소할 수 있는 권한이 있었습니다.

바울은 자신이 총독의 제안을 승낙하여 가이사랴에서 예루살렘으로 올라가게 되면 그곳에 가서 재판도 받기 전에 노상에서 살해 당해 객사할 수도 있었고, 설령 무사히 거기에 간다 해도 편파적인 유대인들에 의해 부당한 판결을 받을 것이 불 보듯 뻔했기에 이를 미연에 방지하기 위해서 자신의 로마 시민권자 카드를 사용하여 가이사에게 상소했던 것이었습니다.

바울이 가이사랴도 아니고 예루살렘도 아닌 제 3의 장소 로마에 가서 재판을 받겠다고 상소하자 베스도는 무척 당황했습니다. 그는 이러한 사태의 진전에 대해 전혀 대비가 되어 있지 않았습니다. 총독은 로마의 공명정대함을 해칠까 봐 두려워서 바울에게 유죄를 선고하는 판결을 내릴 수도 없었고 유대인들의 감정을 상하게 할까 봐 두려워서 그를 풀어 줄 수도 없는 딜레마에 빠졌습니다. 그래서 그의 법률 고문들과 협의하고 나서 바울이 상소한 대로 할 수 밖에 다른 대안이 없다는 것을 깨닫고 "네가 가이사에게 상소하였으니 가이사에게 갈 것이라"고 선언했습니다(12절).

겉보기에는 막강한 권세를 가지고 있는 베스도나 그 배후에서 엄청난 영향력을 행사하는 유대 지도자들이 아무 힘없는 죄수 바울을 자신들이 마음먹은 대로 예루살렘으로 몰고 갈 수 있는 것처럼 보였지만 실제로 사도의 인생의 운전대를 쥐고 계신 드라이버(Driver)는 하나님이셨기에 그분이 자신의 종을 보내고자 한 최종 행선지인 로마로 가는 쪽으로 결론이 났습니다.

이 세상의 권세자들은 단지 하나님의 뜻을 이루는 도구와 방편에 불과함으로 결국 베스도도 그분의 뜻에 협조하지 않을 수 없었습니다. 그래서 로마 황제 가이사에게 재판을 받겠다고 하는 바울의 상소를 승낙할 수 밖에 다른 도리가 없었던 것입니다.

◉ 기왕 미칠 바에는 '그리스도'에 미치자

바울을 로마 황제 법정으로 보내기로 결정한 후 며칠이 지났을 때에 헤롯 아그립바 2세와 그의 누이동생 버니게가 신임 총독 베스도에게 문안인사차 가이사랴를 방문했습니다(13절). 아그립바 2세는 사도 야고보를 살해한 헤롯 아그립바 1세의 아들로 비록 아버지처럼 유대, 사마리아, 갈릴리 지역을 얻지 못했지만 대제사장을 지명할 수 있는 막강한 권한을 황제로부터 부여 받았기에 유대인의 왕에 버금가는 권세를 가지고 있었습니다.

이런 아그립바가 베스도에게 문안하러 왔다가 금방 돌아가지 않고 가이 사랴에 여러 날을 머물자 이 기회를 이용하여 총독은 바울의 재판 문제의 자문을 구하고자 그간 있었던 일들을 아그립바에게 소상히 보고했습니다(14-21절). 총독의 보고를 다 들은 후에 호기심이 발동한 아그립바 왕은 바울의 변론을 직접 들어보고 싶다고 제안해서 다음 날 바울에 대한 청문회가 열리 게 되었습니다(22절).

그 이튿날 아그립바와 버니게는 왕족들이 입는 자주색 예복을 입고 이마 에는 번쩍번쩍 빛나는 금으로 된 머리띠 모양의 왕관을 쓰고 심문 장소에 천 부장들과 성 중의 높은 사람들을 대동하고 화려하게 등장했습니다(23절 상). 이들이 착석하자 베스도의 명령으로 바울이 끌려 나왔습니다(23절 하).

총독은 바울이 자신의 입장을 변호하기에 앞서 그곳에 모인 사람들에게 그간 재판 상황을 설명하는 기조 연설을 했습니다(24-25절). 그리고 이어서 바울의 변호가 이어졌습니다. 그는 지난번 안토니아 요새 층층대 맨 위에서 자신의 동족들에게 복음을 증거할 때처럼, 이번에도 회심 이전(26:4-11), 다 메섹 회심(12-18절), 회심 이후(19-23절)의 삶의 세 부분으로 나누어 연설했 습니다.

바울은 회심 이전에는 엄격한 바리새파 유대인으로 하나님의 저주를 받 아 십자가에 달려 죽은 나사렛 예수를 메시아로 믿고 따르는 추종자들을 열광적으로 박해했지만 다메섹 부근에서 부활의 주를 만나서 그가 그리스 도인 것을 확인하고 회심하게 되었고 그로부터 이스라엘과 이방의 복음을 증거하라는 사명을 위임 받아 지금까지 그 부여 받은 사명에 충성을 다하며 살아왔다고 청중들에게 증언했습니다.

사도가 이같이 자신을 변호하자 듣고 있던 베스도는 큰 소리로 "바울아 네가 미쳤도다 네 많은 학문이 너를 미치게 한다"고 외쳤습니다(24절). 총독은 로마인의 합리적인 사고 방식에 깊이 사로잡힌 나머지 바울이 로마인들에 의해 십자가에 처형된 나사렛 예수가 부활하여 다메섹 도상에서 그에게 사명을 부여했다고 하자 그의 말을 정신병자가 하는 헛소리로 간주했던 것이었습니다. 바울이 하도 책상에 앉아 공부만 하다 보니 정신이 어떻게 돼서 이런 허무맹랑한 말을 지껄이고 있다고 생각한 것입니다.

사실 베스도와 같이 땅에 속한 사람 눈에는 바울과 같이 하늘에 속한 사람이 미치광이로 보일 수 밖에 없습니다. 왜 이 자는 사서 고생을 하는가? 왜 죄 없이 감옥에 2년 이상 갇혀 있으면서도 불평불만 한 마디 하지 않는가? 무고히 고난을 받으면서도 뭐가 그리 좋다고 실실 웃는가? 이게 정상적인 사람이 할 행동이겠습니까?

어찌 보면 베스도나 바울이나 둘 다 미친 사람입니다. 베스도가 눈에 보이는 '돈'과 '명예'와 '권력'에 미쳤다면 바울은 보이지 않는 '예수'와 '복음'에 미친 사람입니다. 그러므로 기왕 미칠 바에는 사도 바울처럼 잠시 있다 사라질 세상 것들에 미치지 말고 영원히 존재할 '그리스도'에 미칩시다.

● 너희도 '나'처럼 살라

바울은 자신에게 미쳤다고 소리친 베스도에게 깍듯이 '각하'란 존칭을 붙여 예를 표한 후에 자신이 지금 허튼소리하는 것이 아니라 참되고 신중한 말을 하고 있다고 답했습니다(25절). 그리고 나서 중단되었던 변호를 계속했습니다. 그는 유대인으로서 자신이 말하는 내용에 대해 누구보다도 잘 알고 있는 아그립바 왕에게 단도직입적으로 "선지자를 믿습니까?"라고 질문했습니다. 그리고 곧바로 "믿으시는 줄 아나이다"라고 스스로 답했습니다(26-27절).

이는 왕을 곤경에 빠뜨리는 질문이었습니다. 만일 왕이 선지자들을 믿는다고 하면 결국 총독을 비롯한 이방인들이 어리석게 생각하는 죽은 자의 부활도 믿는다는 말이 되고 말 것입니다. 그러면 이방인들의 최고 관리들 앞에서 자신의 체면이 땅에 떨어질 것입니다. 하지만 믿지 않는다고 말하면 유대인으로서 그의 입지는 약해질 것입니다. 그래서 아그립바는 바울의 질문에 즉답을 피하고 "네가 적은 말로 나를 권하여 그리스도인이 되게 하려 하는도다"라고 말했습니다(28절).[56]

바울은 센스 있게 왕의 대답을 그대로 받아서 "말이 적으나 많으나 당신뿐만 아니라 오늘 내 말을 듣는 모든 사람도 다 이렇게 결박된 것 외에는 나와 같이 되기를 원하나이다"고 대답했습니다(29절).

2세기에 쓰여진 외경 『바울과 테클라 행전』에 의하면, 바울은 키가 아주 작았고, 외모도 볼품이 없었으며, 대머리였고, 눈썹은 짙고, 코는 구부러졌으며, 다리가 휘어졌다고 합니다. 게다가, 지금 푸르죽죽한 죄수복을 입고 손에는 수갑을 차고 있는 상태였습니다. 그런데도 그는 화려하게 치장하고 남부러울 것 전혀 없어 보이는 왕과 총독과 고관들 앞에서 당당히 "너희도 나처럼 그리스도인이 되라"고 소리쳤습니다. 이 얼마나 멋진 모습입니까?

저들은 비록 성공한 사람이요 지금 잘 나가고 있는 것처럼 보일지 모르지만 예수님을 몰라서 온갖 부정과 불법을 자행하여 죄만 축적하다가 종국에는 하나님의 준엄한 심판을 받을 것입니다. 하지만 바울은 세상적으로 출세하지는 못했을지라도 주님을 믿고 그분이 맡겨주신 사명에 죽도록 충성하며 인간답게 살았기에 결국 하나님의 크신 상급을 받을 것입니다. 그러므로 그는 베스도도 아그립바도 그 어떠한 세상의 권력자도 부럽지 않았던 것입니다.

사랑하는 성도 여러분! 여러분도 바울 사도처럼 그리스도께 충성 다하는 아름다운 인생을 살아 이 세상 하직하고 하나님 나라 갈 때에 자식들과 주변 사람들에게 "너희도 나처럼 살아라"고 권면하는 복된 인생 되기를 주님의 이름으로 축원 드립니다. 그렇게만 말할 수 있다면 여러분은 정말 잘 산 것입니다.

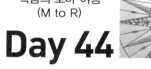

R(Rome) 로마 여행

◉ 예수 믿는 한 사람이 중요하다

바울은 결국 자신의 호소대로 가이사의 법정에서 재판 받기 위해 로마로 향하게 되었습니다. 총독 베스도는 바울의 호송 책임을 백부장 율리오에게 맡겼습니다. 율리오는 자신의 부하 군인들과 바울 일행(바울, 누가, 아리스다고 등), 그리고 다른 죄수 몇 사람과 함께 가이사랴에서 아드라뭇데노에서 온 배를 탔습니다(27:1-2).

배가 시돈을 거쳐 루기아의 무라 시(市) 항구에 도착했을 때, 백부장은 이달리야로 가려 하는 알렉산드리아에서 온 배로 자신이 인솔해 온 사람들을 갈아타게 했습니다(3-6절). 이달리야 로마로 가는 배는 바람의 영향으로 하루면 도착할 수 있는 니도까지 여러 날을 소요해서 갔습니다. 그리고 거기에서 역풍이 더 강해져 앞으로 전진하지 못하고 옆걸음 쳐서 간신히 니도 섬 맞은 편에 있는 그레데 섬의 미항에 이르게 되었습니다(7-8절).

두 차례의 풍랑으로 인해 많은 시일이 소모됐고 항해하기에 위험한 시기에 접어들었기에 바울은 잠시 하던 항해를 중단하고 이 미항에서 겨울을 지내고 떠나자고 동행하는 사람들을 설득했습니다. 그리고 만일 자신의 말을 무시하고 항해를 계속할 경우에는 큰 위험에 직면할 것이라고 경고했습니다 (9-10절).

그러나 선장과 선주를 비롯한 많은 사람들이 미항은 자신들이 겨울을 지내기에 불편하고 불과 65km 정도만 더 가면 월동(越冬)하기에 보다 나은 뵈닉스 항구가 있으므로 그곳으로 이동하자고 주장했습니다.

양편의 의견을 다 들은 백부장은 바울의 이야기보다 다수의 말을 더 신뢰하고 항해를 강행했습니다(11-12절). 그 결과 얼마 가지도 못해서 유라굴로라 불리는 광풍을 만나 배에 탄 모든 사람들이 물귀신이 될 운명에 처해졌습니다. 그러나 하나님은 자신의 종 바울을 기억하고 그들에게 은혜를 베풀었습니다(13-30절).

우리는 다수 때문에 한 사람의 가치를 평가절하하는 경향이 있습니다. 하지만 하나님이 함께하는 한 사람은 그렇지 않은 사람 수백, 수천 명보다도 더 소중합니다.

요셉은 비록 형들의 미움을 받아서 애굽의 종으로 팔려갔지만 하나님이 그와 함께하시자 여호와의 형통의 복이 주인 보디발의 집과 밭에 있는 모든 소유에 미쳤습니다(창 39:5). 한걸음 더 나아가서 그가 애굽의 총리가 되었을 때 요셉 한 사람으로 말미암아 애굽뿐만 아니라 주변의 모든 국가가 기근으로부터 구원 받게 되었습니다(창 41:57).

마찬가지로, 여기 배를 탄 276명이 광풍을 만나서 죽을 수 밖에 없는 지경에 이르렀을 때, 그 배에 하나님이 함께하는 바울이 탔기에 비록 배는 난파되었지만 바울을 무사히 로마에 보내려는 하나님의 계획 덕분에 나머지

275명도 덩달아 구원을 받았습니다.

　예수님을 믿는 한 사람 한 사람은 참으로 소중하고 가치 있는 존재입니다. 신자 한 명 한 명을 구원하기 위해 하나님의 아들 예수 그리스도께서 이 땅에 오셔서 십자가에 달려 피 흘려 죽으셨습니다.

◉ 개선장군 나가신다 길을 비켜라

　바울이 탔던 배는 시칠리아 섬 남쪽에 있는 멜리데에 좌초되었는데, 섬 원주민들은 난파된 배에서 구조된 사람들에게 불을 피워주는 은혜를 베풀었습니다(28:1-2).

　사람들이 활활 타오르는 불에 자신의 언 몸을 녹이고 있을 때 바울은 함께 앉아서 불만 쬐고 있지 않고 근처에 있는 나뭇가지 덤불을 묶어서 원주민들과 함께 불에 던져 넣는 섬김의 본을 보였습니다. 그러던 중에 추위 때문에 덤불 속에 몸을 숨기고 있던 독사가 뜨거운 열기로 말미암아 덤불에서 튀어나와 바울의 손을 물었습니다. 그러나 뱀에 물린 바울이 조금도 상하지 않자 원주민들은 그를 신(神)이라고 칭했습니다. 그리고 추장 보블리오는 바울 일행을 자신의 집으로 초청해서 환대했습니다(3-6절).

　이때 추장의 아버지가 열병과 이질로 앓아 누워 있었는데 바울이 예수님의 능력으로 그를 고쳐 주었습니다(7-8절). 자신들의 추장의 부친이 바울에 의해 치유 받았다는 소문이 삽시간에 섬 전체에 미치자 수많은 병자들이 대거 그에게 몰려들었습니다. 그래서 바울은 그들 또한 예수님의 이름으로 고쳐 주었습니다(9절).

　이러한 놀라운 치유를 통해 바울 일행은 멜리데에서 지내는 3개월 내내 후한 대접을 받고 로마를 향해 떠날 때에도 자신들이 쓸 것을 원주민들로부터 조달 받게 되었습니다(10절).

멜리데 섬에서 약 3개월간 체류한 바울 일행은 다시 배를 타고 로마로 향했습니다(11절). 배는 멜리데 섬의 항구를 떠나 수라구사와 레기온을 거쳐 보디올에 이르렀습니다(12-13절).

보디올에 도착한 이들은 210km 떨어진 최종 목적지 로마를 앞에 남겨두고 일주일간 그곳에서 휴식을 취했습니다. 이때 백부장은 바울에게 호의를 베풀어 보디올의 믿는 형제들의 집에 머물며 그들과 교제할 수 있도록 허락해 주었습니다(14절).

보디올에서 충분히 쉰 후, 바울 일행이 로마를 향해 나아갈 때 로마에 있는 형제들이 그들이 온다는 소식을 전해 듣고 로마에서 각각 69km와 53km 떨어진 압비오와 트레스 타베르네까지 친히 마중 나왔습니다. 그래서 바울은 이들을 보고 너무 기뻐서 하나님께 감사하고 마음의 큰 위로를 받았습니다(15절).

바울이 이렇게 로마로 가는 길에 믿음의 형제들로부터 환대를 받는 모습은 우리 독자들로 하여금 자연스럽게 예수님이 나귀를 타고 예루살렘에 입성하실 때 종려나무 가지를 든 사람들로부터 "호산나, 다윗의 자손이여 어서 오시옵소서"하고 환호를 받는 모습을 연상시킵니다(마 21:8-9). 따라서 바울 사도는 지금 그의 주 예수 그리스도처럼 로마에 개선장군으로 환영을 받으며 당당히 입성하고 있는 것입니다. 이 얼마나 대단한 광경입니까?

● Boys, Be ambitious 'in Christ'

바울은 드디어 자신이 꿈에 그리던 로마에 당도했습니다. 로마에 도착한 그는 즉시 재판을 받지 않고 재판 순서를 기다리는 상태에서 로마 당국자들로부터 자신을 감시하는 병사 한 명만 딸린 채 집을 얻어 따로 거할 수 있는 자유를 허락 받았습니다(16절).

사도는 이곳에 온 지 사흘 후에 유대인 지도자들을 초청하여 그들이 모인 자리에서 자신이 가이사에게 상소한 이유를 설명했습니다

이에 대해 유대인 지도자들은 "우리가 유대에서 네게 대한 편지도 받은 일이 없고 또 형제 중 누가 와서 네게 대하여 좋지 못한 것을 전하든지 이야기한 일도 없느니라 이에 우리가 너의 사상이 어떠한가 듣고자 하노라"고 대답함으로써 바울이 전하는 기독교 사상이 어떤 것인지 경청하기를 원했습니다(17-22절). 그래서 그들은 정한 날에 바울이 유숙하는 집에 찾아와서 그가 아침부터 저녁까지 하나님의 나라를 증언하고 모세의 율법과 선지자의 말을 가지고 예수에 대하여 강론하는 것을 들었습니다(23절).

사도의 말을 들은 후에 늘 그렇듯이 두 가지 반응이 있었습니다. 믿는 자들도 있었지만 믿지 않는 자들도 있었습니다(24절). 그래서 바울은 사람들이 흩어질 때 자신이 전파한 복음을 불신하는 유대인들을 향해 이사야 6장 9-10절을 인용하여 "너희가 듣기는 들어도 도무지 깨닫지 못하며 보기는 보아도 도무지 알지 못하는도다 이 백성들의 마음이 우둔하여져서 그 귀로는 둔하게 듣고 그 눈은 감았으니 이는 눈으로 보고 귀로 듣고 마음으로 깨달아 돌아오면 내가 고쳐 줄까 함이라"고 말하며 책망했습니다(25-27절).

그리고 나서 그는 그들이 복음을 배척해서 결국 하나님의 구원이 믿는 이방인들에게로 넘어가게 되었다고 촛대가 옮겨진 이유에 대해서 설명했습니다(28절).

바울은 2년을 자기가 세든 집에 머물면서 자신에게 오는 사람들에게 하나님의 나라를 전파하며 주 예수 그리스도에 관한 모든 것을 담대하고 거침없이 가르쳤습니다(29-31절). 사도행전은 이렇게 로마의 어느 이름 모르는

초라한 셋방에서 사도 바울이 복음을 증거하는 것으로 끝이 납니다. 하지만 이렇게 골방에서 출발한 하나님의 말씀은 주후 313년 로마의 황제 콘스탄틴 1세가 기독교를 공인하는 '밀라노 칙령(the Edict of Milan)'을 단행함으로써 채 3세기도 지나지 않아 로마 황궁마저도 정복하게 되었습니다.

결국 세계의 수도 로마에도 가서 복음을 전파하겠다고 하는 바울 사도의 숭고한 꿈은 이루어졌습니다 하나님은 이렇게 당신을 향해 고상한 비전과 소망을 가슴에 품고 그것을 성취하기 위해 최선을 다하는 사람을 공수(空手)로 돌려보내시지 않습니다. 반드시 그 마음의 소원을 들어주십니다.

여러분은 'Boys, Be ambitious'라는 말을 들어보셨을 것입니다. 이 말은 원래 'Boys, Be ambitious in Christ'인데 세속적인 일본 교수들이 'in Christ'라는 말을 떼어냈기 때문에 'Boys, Be ambitious'라고만 후대에 전해지고 있습니다.

이 유명한 명언을 남긴 사람은 일본 정부의 초청을 받고 황무지 삿포로에 농림 대학을 세웠던 미국의 식물학자 윌리엄 클락(William Clark) 박사입니다. 그는 독실한 기독교인으로서 농업 기술을 전수해 달라는 일본 정부의 초빙을 받고 일본에 건너왔지만 당국이 원하지 않는 성경 그룹을 만들어 하나님의 말씀을 가르치는 바람에 온 지 8개월 만에 추방을 당했습니다. 그래서 닥터 클락이 마차를 타고 고국으로 떠나가는데 그에게 가르침을 받은 일본 제자들이 달려와서 "선생님, 마지막으로 한 말씀만 해 주세요"라고 부탁했습니다.

이때 클락이 한 말이 바로 "Boys, Be ambitious in Christ"였습니다. 그리스도 안에 꿈을 가져라. 예수 안에서 이상을 품어라. 이 말을 듣고 큰 감명을 받은 사람이 바로 일본이 낳은 세계적인 신학자 우찌무라 간조(內村鑑三)입니다. 그는 다음과 같은 유명한 말을 남겼습니다.

"나에게는 중요한 두 가지 'J'가 있다. 그 하나는 'Japan(일본)'이고, 또 다른 하나는 'Jesus(예수)'다. 내가 '일본'을 위해, 일본이 '예수'를 위해 바쳐질 때 일본은 다시 일어설 것이다."

이런 사람들이 이룩해 놓은 정신적 터전이 있었기에 일본은 2차 세계대전의 폐허 속에서도 벌떡 일어서서 오늘날 세계 제 2위의 경제 대국이 될 수 있었던 것입니다.

사랑하는 성도 여러분! 저도 우찌무라 간조의 이 말을 빌어 한 말씀 드리고 알파벳 사도행전 일주를 마무리하겠습니다.

"나에게도 소중한 두 'C'가 있습니다. 하나는 'Corea(한국)'이고, 나머지 하나는 'Christ(그리스도)'입니다. 내가 '한국'을 위해, 한국이 '그리스도'를 위해 헌신할 때, 한국은 정말로 세계 속에 우뚝 서는 '大~한민국'이 될 것입니다."

에필로그

　무엇보다도 먼저, 「A to Z 80일간의 신약 일주 1」을 완성할 수 있도록 영감을 주신 하나님 아버지께 무한 감사와 찬양과 영광을 돌립니다.

　아울러, 이 글의 추천사를 써 주신 정일웅 총장님, 강문성 국장님, 여현구 목사님께 심심한 사의를 표합니다. 또한 제때 책을 마무리할 수 있도록 어린 네 자녀, 낙기, 혜영, 혜란, 민석을 정성을 다해 보살펴 준 아내 '박경애'에게 고마운 마음을 전합니다.

　이 책은 우선적으로 교회를 염두에 두고 쓴 책입니다. 저는 적지 않은 세월 동안 유학 생활을 한 소위 학자 군에 속하는 사람입니다. 하지만 교회에 이바지하지 않는 신학은 별 의미가 없다고 늘 생각해 온 터라 성도들의 눈높이에 맞추어 최대한 쉽게 풀어 쓰려고 애썼습니다. 그로 인해 각주를 최소화하였고 책의 끝부분에 참고한 서적들을 언급하였습니다.

　저는 이 「A to Z 80일간의 신약 일주 1」을 통해서 신약 성경의 중요한 한 기둥인 내러티브 부분(마태복음~사도행전)을 쉽게 마스터 할 수 있는 비법을 공개했습니다. 조만간 속편인 「A to Z 80일간의 신약 일주 2」를 통해서 또 다른 한 기둥인 러브레터 부분(로마서~요한계시록) 또한 로드맵과 알파벳을 이용하여 줄줄이 사탕처럼 한 코의 꿸 수 있는 책을 선보일 예정이오니 많은 관심과 기도 부탁 드립니다.

참고도서

김상훈·고병찬. "요한복음 구조 이해에 대한 새로운 접근." *신약연구* 9/1 (2010).

김세윤. 「요한복음 강해」 (서울: 두란노, 2001).

목회와 신학 편집부 엮음. 「누가복음」 (서울: 두란노, 2007).

_____. 「마태복음」 (서울: 두란노, 2003).

_____. 「사도행전」 (서울: 두란노, 2003).

양용의. 「마태복음 어떻게 읽을 것인가」 (서울: 성서유니온선교회, 2005).

앨리스터 맥그래스. 「고난이 묻다, 신학이 답하다」 (서울: 국제제자훈련원, 2010).

옥한흠. 「요한이 전한 복음 1-3」 (서울: 국제제자훈련원, 2003).

유상섭. 「분석 사도행전 1, 2」 (서울: 생명의 말씀사, 2002).

_____. 「설교를 돕는 분석 누가복음」 (서울: 규장, 1998).

이동원. 「예루살렘에서 땅끝까지」 (서울: 나침반, 2008).

이필찬. 「이 성전을 허물라」 (서울: 엔크리스토, 2008).

조석민. 「요한복음의 새관점」 (서울: 솔로몬, 2008).

하용조. 「세상을 바꾼 사람들」 (서울: 두란노, 1999).

D. Bock, *Luke Volume 1* (Grand Rapids: Baker, 1994).

E. Haenchen. *The Acts of the Apostles* (Basil: Blackwell, 1971)

J. Köstenberger. *John* (Grand Rapids: Baker, 2004).

J. Timmer. *The Kingdom Equation* (Grand Rapids: CRC Publication, 1990).

1) 한글 개역성경은 '별세'로 번역했으나 원어는 '엑소더스(exodus)'입니다.

2) 이는 단지 명사형 만을 계수한 것입니다.

3) 요한은 자신의 복음서에서는 예수 그리스도의 사랑과 예수 그리스도에 대한 우리의 사랑을 강조한다면, 요한서신에서는 하나님의 사랑과 하나님에 대한 우리의 사랑을 보다 빈번히 언급합니다.

4) 목회와 신학 편집부, 「마태복음」, p. 137.

5) 목회와 신학 편집부, 「누가복음」, p. 127.

6) 유상섭, 「분석 누가복음」, p. 46.

7) 위의 책, pp. 49-50.

8) 목회와 신학 편집부, 「마태복음」, p. 158.

9) Bock, pp. 381-82.

10) 목회와 신학 편집부, 「마태복음」, p. 162.

11) Köstenberger, p. 67. 여기서 복수 '죄들'이 아닌 단수 '죄'라는 용어는 인간이 범하는 수많은 개인적 행동(individual acts)이 아닌 세상 죄 전부(the totality of the world's sin)를 가리킵니다.

12) 옥한흠, 「요한이 전한 복음 1」, pp. 88-89.

13) '시몬(Simon)'은 '들음'이란 의미를 지닌 히브리식 이름 '시므온(Simeon)'을 헬라식으로 음역(音譯)한 것일 수도 있습니다.

14) 이필찬, pp. 139-40.

15) '가나'는 영어로는 'Cana'이지만, 우리식 표기를 따라 'Gana'로 했습니다.

16) 조석민, p. 126.

17) 김세윤, pp. 70-71.

18) 이필찬, p. 178.

19) 옥한흠, 「요한이 전한 복음 1」, p. 119.

20) 김상훈·고병찬, p. 79.

21) 옥한흠, 「요한이 전한 복음 1」, pp. 136-40.

22) 이필찬, pp. 211-14.

23) 김세윤, pp. 73-75.

24) 조석민, pp. 162-63.

25) 김세윤, pp. 86-88.

26) Mcgrath, pp. 13-24.

27) 양용의, p. 146.

28) 유상섭, 「분석 누가복음」, p. 127.

29) 조석민, pp. 99-100.

30) Timmer, pp. 36-38.

31) 양용의, pp. 287-88.

32) 위의 책, pp. 289-90.

33) 위의 책, pp. 291-93.

34) 유상섭, 「분석 누가복음」, pp. 161-62.

35) 본문의 파이디온은 주님이 제자들 앞에 세우기 위해 오라고 했을 때 말귀를 알아 들고 그 부름에 반응한 것으로 보아 최소한 대 여섯 살 정도는 되는 어린 아이였던 것 같습니다.

36) 한글 개역성경은 주기도문의 서두가 '하늘에 계신 우리 아버지'로 되어 있지만, 원문은 아버지를 뜻하는 '파테르(Pater)'가 가장 앞에 오는 단어입니다. 그래서 영어 NIV 성경은 'Our Father in heaven'이라고 이 부분을 번역함으로써 '아버지'라는 단어를 선두에 놓았습니다.

37) 양용의, p. 353.

38) 물론 발을 씻는 것은 뒤따르는 10절의 온몸을 씻는 목욕과 관련해서 해석하는

것이 문맥적으로 자연스럽습니다. 그럴 경우 '몸 전체'를 씻는 목욕 행위는 주님의 속죄, 즉 '칭의'를 의미하고, 신체의 일부인 '발'만 씻는 것은 매일의 '회개'를 뜻한다고 볼 수 있습니다.

39) 양용의, pp. 449-50.

40) 위의 책, pp. 461-63.

41) 옥한흠, 「요한이 전한 복음 3」, pp. 411-12.

42) 양용의, pp. 494-96.

43) 유상섭, 「분석 누가복음」, p. 393.

44) 유상섭, 「분석 사도행전 1」, pp. 89-91.

45) Haenchen, p. 178.

46) 유상섭, 「분석 사도행전 1」, pp. 168-69.

47) 위의 책, pp. 193-94.

48) 위의 책, pp. 195-96.

49) 위의 책, pp. 261-62.

50) 헬라어 원문에는 있는데, 한글 개역성경은 이 접속사를 생략하였습니다.

51) 유상섭, 「분석 사도행전 1」, p. 280.

52) 한글 개역성경은 이 접속사를 생략하였습니다.

53) 목회와 신학 편집부, 「사도행전」, p. 217.

54) 유상섭, 「분석 사도행전 1」, p. 394.

55) 목회와 신학 편집부, 「사도행전」, p. 307.

56) 유상섭, 「분석 사도행전 2」, pp. 106-7.

57) 여기서 '장로들'은 오늘날 교인들의 투표로 선출된 '장로들(elders)'이 아니라, 그리스도의 양떼를 돌보고 먹이고 보호하도록 부름받은 '목사들(pastors)'을 지칭하는 말입니다.

58) 하용조, pp. 390-91.

59) 유상섭, 「분석 사도행전 2」, pp. 369-70.